仰 望 法 治 的 苍 穹　　开 启 律 客 先 生 的 巡 礼

律客先生

智艳军 —— 著

知识产权出版社
全国百佳图书出版单位

图书在版编目（CIP）数据

律客先生/智艳军著．--北京：知识产权出版社，2018.9

ISBN 978-7-5130-5817-9

Ⅰ.①律…　Ⅱ.①智…　Ⅲ.①案例—中国　Ⅳ.①D920.5

中国版本图书馆 CIP 数据核字(2018)第 205057 号

策划编辑：庞从容　　**责任校对：**潘凤越

责任编辑：薛迎春　　**责任印制：**刘译文

律客先生

智艳军　著

出版发行：知识产权出版社有限责任公司　　**网　址：**http：//www. ipph. cn

社　址：北京市海淀区气象路 50 号院　　**邮　编：**100081

责编电话：010-8200860 转 8726　　**责编邮箱：**pangcongrong@ 163. com

发行电话：010-82000860 转 8101/8102　　**发行传真：**010-82000893/82005070/82000270

印　刷：三河市国英印务有限公司　　**经　销：**各大网上书店、新华书店及相关专业书店

开　本：880mm×1230mm　1/32　　**印　张：**9. 125

版　次：2018 年 9 月第 1 版　　**印　次：**2018 年 9 月第 1 次印刷

字　数：244 千字　　**定　价：**49. 00 元

ISBN 978-7-5130-5817-9

荐 言

曹树昌　北京市京都律师事务所原主任

小智是从京都所成长起来的律师，一路走来，也有十多年了。从初出茅庐的律师助理到成熟稳重的优秀青年律师，我见证了他的成长。智艳军律师身上有典型的京都气质，实力足够又比较内敛，能够踏踏实实做事情，把事情做好，精益求精，在现代社会可以称得上难得。这本书是智律师的心血之作，是优秀诉讼律师思辨的集中且有深度的呈现，在市场上我还未看到有此类形式和水准的书籍，此书又可谓之难得，特别推荐。

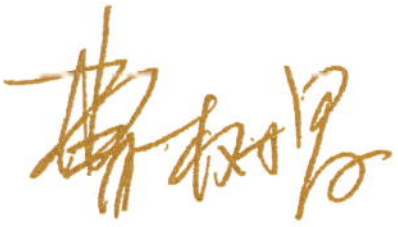

公丕国 北京市京都律师事务所高级合伙人

能办案的律师很多，能写书的律师不多，尤其是年轻律师。智艳军是个既能办案又能写书的年轻律师，实在难得。繁忙的办案之余，智律师坚持做网络节目《律客先生》两年。当四十五期节目内容辑录成书放在我面前，甚为惊叹：抓取现实生活中的热点事件，以法律人的视角思考辨析，共享专业理性，传播法治理念，弘扬人生正气。点赞！特推荐。

仇建达　江苏拙正律师事务所创始合伙人

我与艳军因合作一起重大疑难刑事案件而相识，该案有十多名被告人，辩护人近三十人，唯独他给我留下了深刻的印象。艳军人如其名，庭审发问充满智慧，在质证和辩论环节发言敏锐犀利、逻辑严谨，犹如军人，整体表现令人惊艳。更加难能可贵的是，他对于法律职业有着极高的热情和深刻的思考，在我的执业生涯所遇青年律师中，如此能力、思想和激情兼备的，实属凤毛麟角。当下的中国，不仅需要律师以自身专业技能去维护当事人的权益，也需要律师以其职业素养和社会责任感对司法制度和社会价值导向施加积极的影响。《律客先生》节目及本书，体现了他对于社会发展和国民集体命运的关切，也诠释了他对法治的理解和展望，对我亦有所启发，也推荐各位青年法律人关注。

向东　山西东奥律师事务所主任

智艳军是一名踏实、睿智、勤奋的律师，不仅能最大程度地维护当事人的合法权益，而且还能利用生活中的点滴事件引导人们去思考。本书中，他将各种事件从法律、道德等多层视角进行了深层次剖析，告诉人们如何知法、懂法、敬法，怎样让法律指导我们的生活。本书值得关注。

智艳军　北京市京都律师事务所合伙人

律师执业除了重视课本的内容之外，更多的时候还要有意于传统学徒式的培养。我的执业生涯，是依靠着前辈成长起来的。中国律师业的蓬勃发展仅仅三十几年时间，我们新一代的律师是站在了前辈自我摸索后才有的宝贵经验的肩膀上。更幸运的是，我遇到了田文昌老师和前面写推荐语的四位颇具威望的优秀律师，他们在我的执业道路上均有恩于我，他们是我所需要感谢的所有前辈中的代表，没有前辈，即无我类。如果说本书内容尚有可取之处，前辈的作用和功劳，自应表述。某种程度上讲，本书是积老中青三辈律师智慧的集成之作。

序

中国律师制度真正的发展是在改革开放以后，在短短四十年的时间里，成绩斐然。但是，与律师制度较为完善的国家相比，可以说，我们的制度目前还处于初级阶段。这也是我们现阶段必须正视的客观情况。

三十多年来，中国的律师队伍从无到有，从小到大，律师的概念也逐渐为社会所熟悉和接受。但是，律师的地位却并没有完全与法治化的进程同步提升，在中国社会中律师还处于被边缘化的境地，时不时就会被排斥于法律职业共同体之外，甚至被视为一种异己力量。这种现象在刑事案件中反映得尤为突出。

因此，如何让律师堂堂正正在法治社会立足，是我们全体律师都应该思考的问题。律师要充分地展现自己，遇到问题反求诸己，尽我们的能力让社会正确地认识律师、了解律师。在中国法治化进程中，律师的作用将越来越重要，律师需要做好思想准备，需要以内心生长的使命感迎接一个大时代的到来。

智艳军律师依托京都所，一手创办的《律客先生》脱口秀节目，对社会上出现的热点问题及时地从法律以及律师的角度进行专业的分析、评论，充分展示了律师特有的社会责任，体现了律师崇尚天理、国法、人情的职业精神，令人欣慰。

法律问题存在于社会生活的各个方面，律师与社会政治生活和经济生活紧密相连，成为最能感受和维护社会公众切身利益乃至与民主与法治共存的一种特殊职业。没有律师，以法治为基础的市场经济就难以维系；没有律师，以正当程序为保障的法律天平就难以扶正。所以，律师制度与法治社会是不可分割的统一体，没有律师，就没有法治。

如果律师在履行基本职责的同时，能够在法治全民教育、维护当事人合法权益以及化解社会矛盾中发挥作用，能够在个案为推动立法完善中做出努力，能够从一系列相关的法律事务做起，以自身的努力加快全社会法治化进程的速度，勇敢地捍卫着法律的原则和职业的尊严，那么，我们离法治社会必将越来越近！

本书是智艳军律师为其《律客先生》节目倾力写就的同名著作，希望他以及更多的年轻律师能继续以推动法律的公平和法治社会的发展为己任，尽力而为，勇往直前。

是为序！

自　宾

天地不仁，以万物为刍狗。

身为刍狗，在天地之间谈自主论自由，似乎并不智慧。万物自宾，走好自己宾客之自然行程，或许恰如其分。

殊不知，历代帝王将相在名山大川面前凯旋而来，落败而退，江山易转，爱恨情仇，一幕一幕，早都已灰飞烟灭。徒留后人自以为是的仰望或蔑视。

让我们暂且忘记刍狗的身份，我们是历史的客人，从来都不是自然的主人，举头三尺有神明。敬天，畏地，昭昭中的传承。

中华民族是一个内省的民族，这符合客人的角色。我们重视看不见的内容，不太在意看得见的部分。古代衙门的牌匾上会写：天理国法人情。天理，是看不见的，国法，是看得见的，人情，也是看不见的。自古我们就重视理与情，并不太重视法。很多时候只是把国法推到前方，真正坐镇后方的是天理与人情。国法经常会变，但天理与人情，几千年来从未变过，也不会改变。

法家与儒家的思想也被历史流传下来。法家和儒家都重视规则的作用，在规则之上加入良心，法理合一就来源于此，这就是影响我们几千年的儒道。

世界上没有一个国家是真正的法治国家，也没有一个国家是真正的人治国家，只是法治成分的比例不同而已。只要不是一个人置身于远古的荒野，就需要规则来维护人类的秩序，所以不可能有真正的人治。只要人都还没有变成机器人，就不可能有真正的法治。因此，为了避免进入规则的极端化，则要加入良心；为了避免进入无规则的混乱，又要崇尚规则，法儒两家都注重规则，这是法治的基础。

律客先生，旨在以宾客自处，通过对法律规则技术层面的运用从而能够靠近法律艺术，体现天理、国法、人情的交响境界。这档节目我付出了很多，在律师工作之余，纯公益性质来做。原先安排了四季，一百期结束。第一季，侧重律师这个职业。之所以这么安排是因为当时有一种要取消律师的声音，简直不可思议。但是再往前看一看，曾经检察院被撤销过，法院也名存实亡过，带着章到公安局办公，还有砸烂公检法的历史。所以，当时第一季安排了要为律师这个职业而正名，我们要尊重这一古老的职业。第二季，侧重法治和规则的意义。法治要建立在尊重规则的基础上，而规则要符合道，道就是自然。违背自然和伦理的规则不符合道法自然的要求。我们现在要有规则，有符合道的规则，要尊重规则，才会有法治。第三季，侧重由法律技术到法律艺术的转变。艺术来源于技术，伟大的艺术家首先是技术派，我们无法想象齐白石不会画画却能成就伟大的艺术作品，那是不可能的。法律也一样，我们现在还处在技术不过关的阶段，需要向西方学习后，青胜蓝。第四季，侧重于将法律回归和融入生活。脱离生活的法律乃无源之水、无本之木。法律指导生活，法律源于生活。一切融入生活的熙熙攘攘，法律归于平静。法律极度重要，又不显现，像空气般的存在。后来节目做出结束决定的时候，进行了四十五期，第二季还没有完成。

纵观节目中出现的一起起事件，以及并未因节目结束而停止出现的别的新的事件，无论外在现象如何的五花八门，都是由深层内在的原因导致的。治标又治本，方能内外兼修。

法治的成熟不在于有多少外在的条文，而是建立根植于内心的道德律，在道德律的影响下才会有真正的法治观。道德的层次高于法治，用道德的标准来行事，符合自宾的要求。易经六十四卦中唯一的好卦是谦卦，其他的卦都无所谓好坏，因为会变，而谦虚无论怎么变，都是好的。内心道德的形成除了谦虚，还有很多。

我们似乎要开始学习如何做一名历史的客人，中庸、敬畏、谦逊，以先生的标准，面对上苍大地，问心无愧。

目　录

第一季

路过时间我们都是过客

古代希腊罗马假发辩护士
夏商春秋刀刻简竹刀笔先生
律师，古老的职业

从国际贸易到日常起居
从城市到乡村
律客，大地上的身影

曾经的刀笔先生
今天的律客先生
以法为律与岁月同行

天理国法人情
让我们顺着历史匾额的墨迹
领悟法理合一的境界

中庸敬畏谦逊
让我们续着中华文明的年轮
开启律客先生的巡礼

法律，你我的社会福利

过去的7月份，因电梯夺命事故，被称为“黑色七月”。电梯坠落的几秒钟，那种绝望、无奈和牵挂，我无法体会。我们能做的就是尽量让这样的悲剧少发生，让生命获得应有的位置和尊重。老百姓有权获得公正的法律。法律，你我的社会福利，以生命的名义，以安全坐电梯的形式。

事件回顾

2015年，浦东居民楼电梯突发故障，女居民被夹身亡；

2014年，上海地铁电梯突然“开倒车”，13人受伤；

2013年，上海8岁女孩电梯井坠落身亡；

2012年，上海华联商厦电梯维修，女顾客踏入电梯井从六楼坠亡。

这仅仅是上海一市，全国发生的电梯致人伤亡事故数量更为惊人，且残忍程度远超想象。（来源：网络）

整个7月频发的电梯夺命事故引发了全民的关注和讨论，一篇篇触目惊心的报道，让人们的内心充斥着惶恐和不安。虽然说死亡有很多种，人也终将会面临死亡，谁也逃脱不掉，但这种死亡方式似乎过于恐怖和残忍。

2015年7月，湖北、杭州、广西、沈阳等地均发生电梯致人伤亡事故。我们再将时间往前追溯发现，这个非常严重的问题长期以来都普遍存在。2013年5月的第三周，全国多地集中突发电梯夺命事件，被称为“电梯夺命周”。从2013年5月的“电梯夺命周”到2015年的“黑色七月”，两年多的时间里，电梯，一个为生活提供极大便利又会要人性命的“不定时炸弹”，再次使我们绷紧了神经，生活也似乎变得没有以前那般轻松、自在。

对于事故发生的原因，根据相关调查资料，在诸多导致电梯安全隐患的因素中，制造质量问题占16%，安装不当问题占24%，而保养和使用问题高达60%。针对这一情况，有的地方政府也曾追究事故屡发的原因，着手调研和制定一些新的举措来减少和预防电梯事故高发的势头。尤其是2013年，广东省质监局表现得比较积极。但值得注意的是，目前，有些地方所提倡的解决办法遭到非常大的阻力，比如在法规等制度的制定过程中比较常见的行业利益抑或部门利益之争。因此，制度改良的举措，并没有引发全国效仿之势。时至今日，电梯事故，依旧频繁发生。

解决电梯致人伤亡事件的相关因素中，法律规定起了至关重要的作用。法律是什么？法律是一个民族在漫长的历史进程中形成的、渗透到日常生活中的集体规则。如果说日常起居是可见的，那么，法律制度则是隐性的存在，保障日常生活的运转。如果一旦没有了保障，或者保障失效，后果将无法设想。

回望法律，我国的法律涵盖了电梯事故相关责任人的行政责任、民事责任和刑事责任。比如：行政责任规定在2003年的《特种设备安全监察条例》（2009年修订）和2013年的《中华人民共和国特种设备安全法》中；民事责任规定在2010年开始实施的《中华人民共和国侵权责任法》和《最高人民法院关于审理人身损害赔偿案件适用法律若干问题的解释》中；刑事责任有《中华人民共和国刑法》所规定的重大责任事故罪以及大型群众性活动重大安全事故罪等。可见，从法律规定的各种责任来看，可以说相对比较完备。但事实告诉我们，电梯事故不仅没有因为法律责任规定的完备而减少，反却有增加的趋势。原因是什么？一定跟法律运转的失效有关，即法律执行和责任落实环节的问题。

电梯事故中，责任主体众多，法律规定了很多主体都应承担责任。但是，法律规定的责任主体只有在经过审查应当承担责任的时候才会承担责任。也就是说，责任主体并不代表一定要承担责任。电梯运营中存在的所有权人、使用权人、物业管理权人、技术管理权（维修、维保、检验权）人和每个具体使用者似乎都要承担相关责任，但问题是：各主体又都认为自己可能不用承担责任，甚至认为如果要承担责任还可以相互推卸责任。这一乱象的解决，则需要进一步地在个案处理中理顺电梯制造、安装、使用、管理等各环节权责关系，构建起权责清晰、职责明确的电梯安全运行责任链条。

除了现有法律的执行不到位之外，还需要回到法律制度设计的层面来反思。法律规定的完备并不等同于对纠纷预防的科学性。我国的民事赔偿原则是损失填平原则，也就是说，你损失多少钱赔给你多少钱，没有美国等西方国家的惩罚性赔偿。这一点，我想也是没有止住电梯事故屡发不止的原因之一。道理很简单，如果人命可以用钱来衡量，而且在钱还不多的情况下，生命怎么可能会获得应得的地位和尊重。如果一个恶意的责任主体或几个责任主体要承担几千万元甚至上亿元的惩罚性赔偿时，一方面，类似的悲剧会减少，另一方面，生命，会有尊严。在此，建议应当在民事赔偿领域中，对于关涉公共安全的特殊领域实行惩罚性赔偿制度。

还需要关注的是，在仅有的、可怜的赔偿项目和数额面前，在所列举的责任类型面前，能不能得到不打折扣的执行？我无法给出一个答案。司法实践中，保修期、举证责任、诉讼技术、人为因素甚至城农户籍等因素的相互交错，使得正面责任的落实和反面责任的逃避之界限变得不再像法律条文规定的那样清晰可照。法律条文是不变的，诉讼过程是变化的，慢慢地，法律条文就会变得模糊不清甚至漏洞百出。所以说，诉讼活动体现出条文的本意，只是理想状态，是追求的目标，也是诉讼活动存在的意义和价值。

面对规则和对规则的落实，我们更看重规则所要表达的社会价值和情感初衷。通过上述分析，我们在这里提出一个观点：那就是情绪相抵原则。一项好的法律制度以及能够落实法律制度的司法文化，一定是能疏导情绪的法律。因为，法律，是我们隐形的社会福利，它保障我们的日常起居。

在电梯落下的那几秒，是怎样的一种绝望、无助，心系着多少人的牵挂，我不敢想象。生命的逝去，家属的疼痛，我们考虑过多少他们的情绪？我们的制度，我们制度的落实，是否真正在意他们的情绪？

这个“不定时炸弹”可能发生在我们每一个人的身边。

在悲剧发生后处理时，能够客观、理智，让人为造成的悲伤情绪能够最大程度地化解。当我们处理纠纷的时候，想一想如果不幸死去的人坐在旁边，会不会拿起修改赔偿方案或者法律规则制定的笔？无论是在规则的制定上还是在规则的执行中，那些罹难的人，有权为我们的规则制度和赔偿方案提出意见。因为，他们是我们的同胞，曾经和我们一样活着的人。

法律，你我的社会福利。你我均有权获得，以安心坐电梯的形式，以生命的名义。

天津爆炸，用生命唤醒秩序

这里没有喧闹和浮躁，只有理智、冷静和秩序。

事件回顾

2015 年 8 月 12 日 23：30 左右，位于天津市滨海新区塘沽开发区的危险品仓库发生爆炸。

截至 9 月 11 日下午 3 点，遇难者总人数升至 165 人，仍有 8 人失联。

2016 年 2 月 5 日，检察机关依法对 25 名涉嫌玩忽职守罪、滥用职权罪和受贿罪的犯罪嫌疑人立案侦查，并审查起诉。（来源：网络）

这是一个比较沉重的话题。

天津爆炸发生后，很多人失去了生命。在本期节目正式开始之前，我们特向在这次事故中罹难的人民群众、消防官兵和人民警察进行默哀仪式，以示悼念。无论何时，我想我们都应该对在此次事故中表现出英勇无畏、视死如归、舍生忘死的消防官兵和人民警察致以最崇高的敬意。

在这期节目筹划时，我曾考虑要不要穿上迷彩服，后来决定穿上。我想重温我们当时的感受，对这次事故的感受。因为在我的朋友圈里或者网络的新闻里，越来越多的人在慢慢淡忘这次事故，似乎这已经跟其他新闻一样退出了人们的视野，退出了人们情绪的中心。这种毫无意识又不可阻挡的退出，让我感到紧张。

为什么会有这个现象，我一直在思考。

古代有“守孝三年”的做法，现在很少听说还有人能守孝三年。不可否认，我们也不可能像以前那样对一个事故沉痛很久。如果以古代为标准，现在做得显然不好。另外，我们对于那些抗战牺牲的英雄们，关爱的程度似乎也有限。可以看出，一方面，我们不可能再回到以前的那个时代，去做以前的那些事情。另一方面，我们真的可以如此心安吗？所以说，看似合情合理，却也无情无义。

当情绪被如此复杂的逻辑包裹的时刻，我选择穿上迷彩服。为我自己，也为大家刷新一下那些应该留存在内心里的感动。那些抗战年代的老英雄们以及这次爆炸事故中的消防官兵和人民警察，他们是英雄。我们应当保存更长久的感动，他们应该被永远铭记。

比情绪更重要的是事实。我们说对事实的考虑要重于分析，事实永远是第一位的。以事实为依据，用事实来说话就是这个道理。

关于天津爆炸事故信息的获取，我跟大家一样，都是通过网络媒体去了解这次事故发生、发展的过程以及每一天的进展。所以关于事实方面，我没有什么更新的事实，也没有别的渠道能提供一些新的事实。但是，在事实方面有两点我需要重点说明一下：

第一点，关于谣言。这次事故网上流传的信息里面有很多是谣言，官方也提出应该相信官方的信息不应该轻信谣言。我相信谣言是确实存在的，而谣言的存在会直接影响我们对事实的判断。那么，对于这个问题我们应该怎么看？

什么是谣言？在我看来，谣言是对事实的捏造——这并不是一句废话——谣言区别于对事实的客观描述。比方说，这次爆炸有人说死亡人数为多少人，跟官方统计的不一样。我们不知道哪个是真哪个是假？但两种说法其中必有一假。这就是对事实的传播，对事实歪曲的传播，事实的歪曲则属谣言。网上流传的最夸张的说法是爆炸事故的火光是为某人燃放的生日焰火。我认为，这类说法着实有点过分。先不讨论过不过分的问题，我们现在讨论的是这种说法是对事实本身的捏造还是对事实的看法？显而易见，答案应该是后者。因为爆炸事故跟生日焰火根本毫无关联，这仅是一个人对某一件事情的看法而已，无论过不过分，都属于看法的范畴。看法显然不属于谣言。这是需要我们首先理清楚的问题——谣言是对事实的扭曲，而不是一个人对某一事件的看法。

对谣言的准确认识应当如何用于我们对事实的判断？我们经常听到有人说，我看到某件事情，我听到某件事情。他们是在用眼睛和耳朵对周围世界的信息进行获取。有人说，我想象一件事情，我猜测某一件事情。那是一个主观的意识判断。我之所以要提这个问题，是因为在信息判断的时候我们会经常出现混乱。这一点我想学法律的人，包括一些律师，应该会有更深的体会。法庭上，我们听到证词里经常有：我认为这个人有罪，我认为那个人无罪；我认为他就是个骗子，我认为他是一个坏人；我猜测这个事是怎么回事儿；我想象这个事儿应该是怎么回事儿；我推断他肯定是怎么着怎么着……这些都属猜测、主观臆断和想象。从法律上讲，这根本不属于证人证言的范畴，更不可以作为证据来进行使用。那么什么内容可以作为证据？一定是证人看到的或者听到的或者亲自参与的内容才可以作为证据进行使用。所以，我们在此需要明确的是，对证人看到的或者听到的事实可以作为证据使用，可以作为我们采信的标准，作为事实判断的依据；而对于主观猜测、臆断和臆想，又无常理支撑，是不可以作为证据进行使用的，也不能作为事实判断的依据。

谣言扰乱人心，但我们也不可能禁止，更无法下命令要求大家不听谣言，或者要求大家不能听从别的渠道获得的信息，必须听我这个渠道公布的信息，在这个问题上是没有强制力可言的，在想象的领域里不存在强制。

在人类的发展过程中，可以说想象促进了我们生产和生活方式的改变，提高了生活质量。所有我们现在能够享受到的一切物质生活，都跟人们的想象是分不开的。刚才我讲到想象不可以作为证据使用，但是我们完全不否认想象在我们日常生活中无可替代的巨大的作用。一个苹果掉到牛顿的头上，他可以想象出地心引力。飞机起飞，能够脱离地面腾空而起的时候，牛顿定律在某种意义上又被否定。这就是想象所发挥的作用。我们不否认想象在生活之中的巨大价值。那么对于某一个事故，我们怎么可能阻止具有正常理解能力的人去想象，从而对不同信息做出自己内心的判断？

我们在认识到谣言危害性的同时，也要准确地区分想象所能带给我们的财富。在这次的事故发生之后，媒体上报道，现在的消防设备正在进一步地更新——用导弹可以直接打到灭火的现场，进行灭火。这就是想象——不断地完善我们的工作机制和生活方式，提高我们生活的品质。

第二点与现场有关。在各种纷繁复杂的信息充斥的现今社会，我们很容易淡忘一些从新闻媒体或别的信息途径所了解的事实情况，通过这种方式获得的信息也很难持续形成一个很深的印象。在这次节目录制之前，我考虑过把录制地点放在天津市滨海新区，后来又想如果不能在滨海新区录制的话，我可以自己去一趟现场，亲自去感受一下那种冲击感和震撼力，真实地去体会那个现场所能带给我的所有的信息。后来为了不给救援工作添麻烦，这些都没有去做。节目组最终决定，还是让我以穿上这身迷彩服的方式来表达我们对于这起灾难的悲痛，也可以从侧面体现出我们节目组对现场、对真实的一种追求。

我如此突出地强调现场，是因为科技对我的一点启发和我在律师执业中获得的一些感受。现在的科技越来越发达，有很多人选择去电影院看电影，虽然有了3D电影，部分人还选择看2D电影，还有很多人选择在电脑上看电影，也有人在手机上看。似乎在出租车上听广播、听评书的感觉也还不错，这都是在获取信息。但是我们慢慢发现，电影等再现艺术越来越追求终极的真实。从 2D 电影到 3D 电影是一个变革，以后还可能有更多的技术变革。他们对现场感的极致追求，值得我们借鉴。从理论上讲，广播剧是通过平面的、书面的或者一个讲述类的节目让观众首先在脑子里形成一个画面，这个画面通过意念来形成一个场景，它有一个过程。如果在现场，则可以直接形成一个意境，不需要画面转换意境的过程。这个区别应当引起我们的重视。我穿迷彩服的另外一个原因也就是想省掉那个环节，让大家能够有真实感地去了解那个意境。

法律领域尤其是在诉讼之中，我们已经有所借鉴。比如新修订的《中华人民共和国刑事诉讼法》规定了证人出庭作证的一些情形，还有二审开庭的一些要求，实话实说，这些规定在实践之中执行得并不是很好，但是这个借鉴本身已经是一个进步了。原因在于：无论是证人出庭还是二审开庭，都是在尽力地靠近案件的“现场”，以区别于以往我们的司法人员包括个别律师只看卷宗等书面材料，不重视书面材料以外的现场所能反映出来的一些真实情况。俗话讲：“百闻不如一见”，就是这个道理。诉讼中，如果仅满足于简简单单的卷宗来查明事实，时间久了就会形成一种习惯，这种惯性还会演变为对现场的一种排斥。这一点必须引起注意。关注现场我认为是正确的，包括我本人在内的我们所的律师，对每一件诉讼案件，在有必要且可能的情况下，一定会去现场，去感受现场。这是我们的一个制度、一个规矩，有其合理性和科学性。我在节目刚开始的时候，之所以提到我们容易淡忘，因为我们没有过多地去参与，没有设身处地地去经历那些事情。而对于那些罹难的人的家属来讲，对于亲身经历了那场灾难的人来讲，这很可能是一辈子不会忘记的事情。这就是现场给我们的启示。

事实固然重要，如何能减少类似的悲剧事故，我们很有必要来谈一谈法律方面的问题。

其实法律并不是解决问题的唯一路径。我们现在讲法制、讲依法治国。而在我们中华民族几千年的历史中，经历过道治、德治、仁治、义治、礼治，就是“道德仁义礼”。老子的《道德经》中说：“故失道而后德，失德而后仁，失仁而后义，失义而后礼。”回到这次天津爆炸事故之中，“道德仁义礼”再加上“法治”，我们以此为标尺来分析一下在这次事故之中我们所看到的现象。

分析之前，关于“法”与“道德仁义礼”的关系问题，应该怎么看？我们现在是以礼为本还是以法为本？我关于这个问题的看法是，还是以法为本。

我讲《水浒传》里面的一个小故事：有一天，柴进，柴大官人去救助一个老百姓，不但没有收老百姓的酬谢，反而给了老百姓一些钱财，在梁山广为传颂。又过了一段时间，李忠也救了一个人，却收了酬谢，在梁山很为人不齿。但是裴宣在制定制度的时候说，“我们一定要奖励李忠而不是奖励柴大官人”。因为制度是一个底线，制度可以看作是法律。法律不可以把我们平常提倡或鼓励的标准来作为底线。而一定要以一个最低的标准，或者说大众能接受的标准来作为标准，让大家能强制性遵守，这才是法律存在的意义。至于在法律和制度之上，能够有道、有德、有仁、有义、有礼，则是提倡和鼓励的事情，属于锦上添花的范畴。

法律解决的是雪中送炭的问题，“道德仁义礼”解决的是锦上添花的问题。天津爆炸事故的处理有没有守住底线，达到法律的基本要求？

履行法律职责一般分以下几个层面：最高的一个层面是积极地去作为法律所要求的义务。比如说在这次事故之中，消防官兵和人民警察积极地去作为。第二个层面是正常的作为，就是法律规定应该有什么作为就去做什么样的作为。比如说警察破案，这叫正常的作为。下一个层面可称作消极的作为，就是这次事故中称之为“懒政”的那部分，应当作为而不作为。懒政，在这次天津爆炸事故之中体现得非常充分，多方面的监管问题层出不穷。欣慰的是，国务院已经成立了事故调查组，纪检部门也已经有巡视组进驻。最后一个层面是有加害结果的消极作为。本次事故就属于典型的有加害结果的消极作为，不仅有“懒政”而且还造成了极其严重的后果。相反，消防官兵和人民警察，他们做到了法律所要求的底线。他们不仅履行了职责，还唤醒了我们，在爆炸事故中，通过他们的身体力行唤醒了我们心中沉睡的“道德仁义礼”。坦白讲，近年来很少见这种能够感动心扉的举动。这种情绪超越了法律，唤醒了我们超越法律的道德情感。基于此，我们向他们致以最崇高的敬意。

通过不同角度的分析，我们可以得出一个结论：对法律赋予职责的积极作为与消极的作为，包括加害的消极作为，应当受到不同的区别对待。所以在这次事故之中，我们表达我们的声音——我们要铭记那些应当铭记的英雄们，要吸取这次事故之中应当吸取的教训。

我希望这次事故能够唤醒我们的规则意识。这个社会需要底线。从我本人来说，我要求这个节目里面没有浮躁，没有喧闹，有的只是理智、冷静和秩序。社会也一样，在每个主体都能遵守最基本的法律的时候，都不用谈“道德仁义礼”，每一个主体都能正常作为的时候，社会已经非常有秩序了，那将是一个很美好的社会，一个真正的法治社会。如果我们在法治社会的基础之上，能够更加讲究一点中国传统文化中所提倡的礼治、义治、仁治、德治、道治，那就会更加美好。习主席讲到要实现中国梦，若每个人能在法律的领域内遵守秩序，则是实现中国梦的基础。

最后，我希望这次天津爆炸事故，能够警醒我们，那就是对规则的遵守，对秩序的信仰。没有对秩序的信仰，没有对规则的遵守，将会有更多的人牺牲，有更多的人受难。原因很简单，如果每一个主体都能做好自己该做的事情，若在这次事故之中不存在应当作为而不作为的情节，这次事故完全可以避免。所以，通过这次灾难，请用那些逝去的生命唤醒秩序、对法治的信仰、对规则的信仰。

特赦，四十年后的宪法视野

2015 年，我们国家又重启了特赦，距离上次特赦已过去 40 年。此举与 2014 年首个国家宪法日以及 2016 年 1 月 1 日开始施行的宪法宣誓制度等与宪法有关的事件，一并激活并拓展了人们的宪法视野，前所未有。本期我们对此从规则、传统以及对牺牲精神的敬畏等角度进行了深度解读。

事件回顾

2015 年 8 月 29 日，国家主席习近平签署主席特赦令，根据十二届全国人民代表大会常务委员会第十六次会议 29 日通过的全国人大常委会关于特赦部分服刑罪犯的决定，对参加过抗日战争、解放战争等四类服刑罪犯实行特赦。

根据主席特赦令，对依据 2015 年 1 月 1 日前人民法院作出的生效判决正在服刑，释放后不具有现实社会危险性的四类罪犯实行特赦：一是参加过中国人民抗日战争、中国人民解放战争的；二是中华人民共和国成立以后，参加过保卫国家主权、安全和领土完整对外作战的，但犯贪污受贿犯罪，故意杀人、强奸、抢劫、绑架、放火、爆炸、投放危险物质或者有组织的暴力性犯罪，黑社会性质的组织犯罪，危害国家安全犯罪，恐怖活动犯罪的，有组织犯罪的主犯以及累犯除外；三是年满七十五周岁、身体严重残疾且生活不能自理的；四是犯罪的时候不满十八周岁，被判处三年以下有期徒刑或者剩余刑期在一年以下的，但犯故意杀人、强奸等严重暴力性犯罪，恐怖活动犯罪，贩卖毒品犯罪的除外。

主席特赦令指出，对2015年8月29日符合上述条件的服刑罪犯，经人民法院依法做出裁定后，予以释放。（来源：网络）

特赦，一个既古老又相对陌生的词汇。

古老，是因为在我国古代，不仅有特赦，还有大赦、曲赦、减等、别赦等关于刑罚赦免或者减轻的规定。据记载，我国历史上大大小小的赦免应该有上千次，也就是说在我国古代，有很多次赦免。赦免，是中华法律文化的组成部分。

我国古代之所以有这么多次赦免的行为，原因在于中华传统文化。因为，赦免是法律在一般性的基础之上凸显了特殊性。

什么叫一般性？就是对犯罪行为、对犯罪的人应当追究责任，这是法律规定也是我们民众一种朴素的意愿。犯了罪就应该得到惩罚，就要受到追究，这就是一般性。

那么特殊性指的是什么？对于特定的地区、特定的时间点或者特定的事件所产生的犯罪行为，这些罪犯可以适度地、适当地免除其刑罚，这就是在一般性之中凸显了特殊性。这些规定的背后体现出一种人性、人道。人性、人道并不是只适用于普通人而不适用于罪犯。相反，很多时候人性和人道恰恰就体现在对待这些非正常身份的人上，最明显的就是罪犯或战犯。所以说，赦免是一项古老的法律制度，一种能够体现出人性和人道的法律文化。

为什么又说相对陌生，是因为2015年的这次特赦是从1975年到2015年40年间的首次赦免。而在1982年宪法之前，即在1959年、1960年、1961年、1963年、1964年、1966年和1975年进行了七次特赦。那么像我这个年龄包括跟我一样在40岁以内的人没有经历过特赦事件。赦免的字眼只是停留在宪法、刑法和刑事诉讼法里。所以说，赦免是一个相对陌生的词汇。

2015 年 8 月 29 日，全国人民代表大会常务委员会通过《全国人民代表大会常务委员会关于特赦部分服刑罪犯的决定》并由国家主席习近平签署特赦令。按照下一步的程序应该由人民法院对符合标准的罪犯依法做出裁定，才能完成特赦的程序。

40 年后的今天重新启动特赦程序，我们点赞。全国人大常委会法工委主任李适时在草案介绍中指出，这次的特赦有非常重大的政治意义和法治意义。我们在此不谈政治意义，仅仅关注法治意义。特赦规定在宪法中，宪法是国家的根本大法，是所有法律的法律，所有的法律都是依据宪法而制定并且不得与宪法相违背。所以说这一次特赦首次对宪法给予了高度重视。

还需要指出的是，2014 年《中共中央关于全面推进依法治国若干重大问题的决定》发布，这是有史以来关于依法治国最令人振奋的一次决定，同时提出要建立国家宪法日。2014 年 12 月 4 日，最高人民法院举办了首个国家宪法日的宣传活动，主题是“让法治成为信仰”。2015 年 7 月 1 日，全国人大常委会发布《全国人民代表大会常务委员会关于实行宪法宣誓制度的决定》，2016 年 1 月 1 日起施行，这标志着我国以立法形式规定宪法宣誓制度。决定指出，各级人民代表大会及县级以上各级人民代表大会常务委员会选举或者决定任命的国家工作人员，以及各级人民政府、人民法院、人民检察院任命的国家工作人员，在就职时应当公开进行宪法宣誓。全国人民代表大会选举或者决定任命的中华人民共和国主席、副主席，全国人大常委会委员长、副委员长、秘书长、委员，国务院总理、副总理、国务委员、各部部长等，在依照法定程序产生后，进行宪法宣誓。宣誓誓词为：我宣誓：忠于中华人民共和国宪法，维护宪法权威，履行法定职责，忠于祖国、忠于人民，恪尽职守、廉洁奉公，接受人民监督，为建设富强、民主、文明、和谐的社会主义国家努力奋斗！这一系列的行为表明：我们在依宪治国的道路上，在对宪法的重视程度上，达到了一个前所未有的高度。

可能有人会认为，在1975年之前已经进行过七次特赦，怎么能说现在是前所未有的一个进步呢？这个关系我想非常明晰：发布特赦令并不一定代表着依宪治国或者说把宪法放在很高的位置上；而近期，从2014年到2015年，国家一系列针对宪法的举措无不彰显了宪法的重要地位。这对依法治国这面旗帜之下我们每一个老百姓来说，都是一个值得庆祝和开心的事情。

这次特赦中，设置了一些限制性的条款。主要是将贪污受贿犯罪，危害国家安全犯罪，恐怖活动犯罪，黑社会性质的组织犯罪，以及故意杀人、强奸等严重暴力犯罪和有组织犯罪的主犯以及累犯等，排除在特赦的范围之外。对于参加过中国人民抗日战争、中国人民解放战争和中华人民共和国成立后参加过保卫国家主权、安全和领土完整对外作战的服刑罪犯纳入特赦范围，并受限于上述排除条件。同时，将年满七十五周岁、身体严重残疾且生活不能自理的服刑罪犯和犯罪时未成年被判处轻刑或剩余刑期一年以下的服刑罪犯纳入特赦范围。这是有关这次赦免的内容及赦免人员的条件。一部分赦免，一部分不赦免，标准是什么？标准就是再一次明确了的是非判断或者说“是可忍，孰不可忍”。我们再次强调是非的重要性，是因为是非经常会被混淆，是非往往会被颠倒。而是非的问题是个大问题，能够明确是非、能够把是非理清楚就是一种天大的进步。之所以有这样的感慨，是因为我们长期做一些案件，我们知道是非的重要性。这是关乎某一个人的人身自由或者说生命的重要问题，也关乎他们对法律是否信仰，他们通过自身的诉讼事件如何看待法律，如何看待我们国家的司法制度，等等。这次特赦我们明确了是非，我讲的不是个案的是非，而是一种大是大非。

这次赦免还看到了一种宽容，一种我刚才讲到的一般性中凸显特殊性的情怀。古代如此，我们现在更应该如此。这次的宽容就体现在对于刑罚的执行，不是“一刀切”，而是有所区别。这是司法技术的提高。这里我联想到另外一个有关联的变化，就是在新修订的《中华人民共和国刑事诉讼法》中规定了一个条款，内容是：经过人民法院通知，证人没有正当理由不出庭作证的，人民法院可以强制其到庭，但是被告人的配偶、父母、子女除外。这个规定说明了什么？以前，我们一直主张“大义灭亲”，包括经常在电视上可以看到妻子出来作证，证实丈夫犯罪等一些大义灭亲的“义举”；《中华人民共和国刑事诉讼法》的修订借鉴了中国古代传统的“亲亲相隐”制度。即，父母犯罪，儿子可以隐瞒；丈夫犯罪，妻子可以隐瞒，这是人性，是一种对亲情的仰视。

有目共睹，我们国家的法制，至少在制度设计的时候，在一些大的原则方面慢慢地跟古代一些很好的法制传统相衔接。这次的特赦我们看到了宽容；《中华人民共和国刑事诉讼法》的修订，我们看到了对亲情的仰视。这是对最根本的法律制度，也是对人性的尊重。我们一直讲法理合一，什么叫“法理合一”？简单来说，就是法律和道理的合一。法律不是硬邦邦、冷冰冰的，那样的法律是没有生命力的，那样的法律是不会长久的。这一次，我们看到了“法理合一”的影子。

从表面来看，这次特赦令的主题是纪念中国人民抗日战争胜利暨世界反法西斯战争胜利 70 周年，所以才特赦了一些参加过战争的罪犯。但是我更想提出的是或者说我更想让大家关注的是：为什么要对这些人进行赦免？赦免的理由是什么或者说赦免的深层文化是什么？我认为是一种敬畏——一种对参加过战争或者准确说是对参加过战争的人一种牺牲精神的敬畏。在现实生活之中，这种牺牲精神我们是无法想象的。如果你不去看一些短片或者说不去参观一些展览馆，即使这些只是一些经过改造后的不完全是真实的战争的碎片，也会令人震撼。那种牺牲精神真的值得我们每一个人去敬畏。我们大多数人虽然没有参加过战争，但是，内心保持一种敬畏的精神是很重要的，这也是我对这次特赦的一个相对强烈的个人感受。

我们这次之所以将选题定为特赦，还考虑到一个特殊的原因，那就是现在必须对宪法给予必要的尊重，已经到了迫在眉睫的地步。

宪法应当受到重视，还在于宪法赋予我们根本的权利并规定我们根本的义务，宪法对政府行政权和司法权有约束等，这些宪法内容的落实现在看来都还有很长的路要走。比如说，现在手机信息里经常能看到标题为“离警察倦怠式执法还有多远”的文章。这说明了什么问题？行政权的运行能否顺畅。另外再看司法权，法院一直在提以审判为中心的审判权，提了很多年。所以说从国家行政权、司法权的角度来讲，还有待完善，以达到合法的运转。那么公民呢？公民的住宅权是否遇到强拆等违法行政行为？公民的合法权益能不能得到保护和保障，关键在于宪法规定的权利义务之实现，我们还有很长的路要走。那么如何去走？我想还是应当以尊重宪法为起点。因为，如果说法律体系是一件衣服的话，那宪法一定是这件衣服的领子，最快把衣服拎起来的办法，一定是先拎衣领。宪法就是法律体系的领子，只有尊重宪法，其他的法律才有可能得到尊重。其他的法律是根据宪法制定的，我们必须首先予以遵守。为什么要把宪法放在更加重要的位置上？从课本上，老师教我们宪法是国家的根本大法，具有最高的法律效力，具有最强的权威等；从实际情况来讲，宪法规定了公民最基本的权利和义务，是对国家机关和公权力的一个基本的约束。就是说宪法是底线的要求。如果没有底线，就谈不到飞跃。所以首先必须遵守底线的规则，这个遵守不仅是针对公民，还包括国家机关。

个人私权的保护和保障，公共权力的约束和限制，公民个人自由与社会公共秩序的关系问题，应该如何去处理？可以说：如果没有个人自由的社会公共秩序，即强调牺牲自由的秩序，那是很可怕的；反过来，如果没有秩序的自由，那是无度的，是没有边界的。这两者都是不可取的。所以说，个人的自由与公共秩序的需求之间达成的共识，就是我们的宪法。只有更精准地认识宪法才能够激发我们每一个人对宪法的信仰，进而实现对宪法的维护。还是我刚才的那句话，只有对底线的遵守，才有可能一步步地去提升法治。如果用一句话来总结我们今天节目的主旨，就引用最高人民法院在首个国家宪法日的主题，“让法制成为信仰”。我想我们可以叫“依法治国，首先，让宪法成为信仰”。

最后我想说的是，作为普通的律师，对此次特赦，我们是满心欢喜的。因为身处在一个大时代之中，我们这些小人物看到了对宪法的重视，看到了依法治国和以德治国的曙光，我们非常高兴。透过这些规定，我们也看到了中国传统法律文化的回归。比如说我刚才讲到的宽容、对亲情的信仰等中国传统文化之中应当予以保留和发扬光大的一些因素和情怀，还比如对战争中那种牺牲精神的敬畏。

昨天我在准备这个节目的时候，特意翻了翻《宪法》。《宪法》一开始就说：“中国是世界上历史最悠久的国家之一。中国各族人民共同创造了光辉灿烂的文化，具有光荣的革命传统。”认真读完这一条，我非常高兴。原来学了那么多年的宪法，才发现《宪法》的第一句话是这么写的。

所以，让那些流淌在我们每一个中华儿女血液里的、那些优良传统来主导我们的法制。依宪治国，其次依法治国，再次以德治国。最后，我们对包括这次特赦在内的从 2014 年到 2015 年彰显宪法精神的行为，再一次表示高度赞扬。

罗生门：用法律托起颓败的道德

老人倒地之后扶不扶？讹与被讹的噩梦，像顽疾一样考验着法律，侮辱着道德，冷笑着人性，嘲讽着文明，挥之不去。去疾难，需共治，何为始？且看本期节目，我们在尝试和努力。

事件回顾

9月8日，女大学生小袁骑车遭遇一老人倒地，见老人受伤她拨打了120，随后老人指认小袁撞了自己。8天来，“撞了”还是“没撞”依然没有定论，警方曾调取周边唯一能看到老人与小袁共同出现的监控画面，但没能呈现老人倒地瞬间。双方各自寻找目击者为自己作证，让该事件正在变成一场各说各话的罗生门。（来源：网络）

罗生门，公元7世纪中后叶日本京都平安京中央通往南北的朱雀大道上南端的一个城门。出此大门，即是荒郊野外。在公元9世纪，日本皇室衰败，内战频繁，罗生门破败不堪。

谈到罗生门，大家印象中的罗生门并不是这么一座破旧的城门楼，而是黑泽明导演的影片《罗生门》。故事发生在罗生门附近的荒山上，一个武士被杀害。围绕武士被杀，包括当时第一个发现武士被杀的报案人，武士的妻子，还有凶手等有关联的人，说出了完全不能统一的几个事实版本。我们都知道事实真相只有一个，现在却出现了不同的版本，真相扑朔迷离。由此我想到：我们经常在法庭上遇到双方就案件事实存在完全不同的两种说法，就会跟法官讲：这两种说法要不是一真一假，要不是同假，但绝不会是同真。这个逻辑在武士被杀的案件中同样适用。后来，对于同一事件中，个人因为立场的不同而有不同甚至矛盾的说法的事件，大家称为“罗生门事件”。

近期，网络上又一次针对老人摔倒之后该不该扶的“扶老罗生门”话题开始了热议。事情发生在9月的安徽淮南。据报道：9月8日晚，微博名为“袁大宸”的网友自称，她是一名大三学生，当天早晨扶了一个摔倒的老太太，看到情况严重就拨打了120，结果老太太家属赖上她，要她负全责。后在不到一周的时间里，该大学生找到证人自证清白，老人一方也找到证人证明该大学生确实是撞人者，后来，老人一方的证人因看似照稿念被质疑，舆论又倒向了该大学生。后来，警方认定这是一起交通事故，该大学生骑车经过老人时相互有接触，该大学生承担主要责任，老人承担次要责任。这起事件激起的喧嚣暂时尘埃落定，但是老人摔倒之后该不该扶的问题，再次以单选题的形式出现在人们的视野中。对于这个选择题，据网上所引《新京报》与清研智库所做的联合调查显示，有17.4%的受访者表示遇到老人摔倒不会去扶，有63.0%的人表示会扶，但也表示要做好自我保护措施，比如请别人将全过程拍录下来，另有19.6%的人表示“不好说”。可以得出的结论就是没有一个人愿意毫无顾忌地去扶摔倒的老人。

“扶老罗生门”的讨论在我的印象里已经有好几年了。争论到现在仍然在争论，这种现象值得我们高度注意——我指的是前几年在争论的话题，现在仍然在争论。争论了这么长时间，仍然没有一个得到普遍认可的明确的解决办法。大家可能会认为比较可行的办法就是用录像的方式把过程记录下来，扶人有了安全的保障。我承认，目前好像也没有更好的办法可以选择，但是并不代表这个办法是绝对稳妥的。比如说，发生交通事故（不是单纯的老人倒地），事发后，老人昏迷，肇事者改变现场之后，再自己录像，说老人自己倒地，然后我去扶他，到最后又变成了一个说不清楚的事件。所以录像这个方法也有其局限性，但相比较而言，录像还是一个优选方案，在适当的时候可以用，比如说现场有很多人，老人倒地但意识清醒的时候，可以过去问他意识如何？现在能不能扶？可不可以动你的头、颈、腰？让录像印证老人当时不是在被撞的状态。同时，我还想说明的是，如果说解决方案是一个结果的话，那么怎么找到这个方案，应该如何结出这个解决方案的果，这个探寻的过程是缺失的。我们这一期的节目把话题限定在这个问题上是基于以上几方面的考虑，更想在我们探寻解决方案的这个结果的过程中提供一些不同角度的思考抑或我们自身的一些感受，供大家来考量。

准备这期节目的时候，我特意看了《罗生门》这部电影，电影里面有句台词引起了我的共鸣，这个共鸣源自我很久之前就有的体会。这句台词的大致意思是在公元9世纪，日本发生了地震、洪水、遍地强盗等天灾人祸，人的生命像蝼蚁一样每天都在消失，但是没有一件事情能像刚才所讲的罗生门事件一样带给人们强烈的震撼。我指的共鸣就是讲述者在面对罗生门事件时的那种强烈的反应。我们律师每天会接触很多的纠纷，在纠纷之中，无论是刑事案件还是民事案件，多数都有正反两方面，甚至可以说99%的案件中都存在罗生门的现象，对事实真相的争执相持不下。时间久了，我相信除了我，其他的律师以及现在身处这个社会中的很多人都体会到事实真相像雾里看花一样，这种状态好像慢慢地被接受和习惯。而电影里的讲述者，他把罗生门这种现象对自己影响的强烈程度跟地震、杀人这些行为相对比——他表示可以接受人其他的死亡方式，但是对人扑朔迷离的死亡真相，他在情感上难以接受，甚至感到备受打击。于我，长期接触一些当事人，在解答咨询或者私下聊天的过程中，也会有类似的感受。这种情况往往会发生在那些经历过战争，或者年龄比较大的人身上，他们对追究事实真相的执着，不是我们现在这一代人能够完全理解的。我也只能去感受，试图去理解。后来我在想，是他们对呢，还是我们对呢？我觉得还是他们对。原因很简单，现在发生了老人倒地扶起来以后怕说不清楚，从而讨论扶不扶的问题，这就是最直接的恶果。

上一期节目中讲到了是非问题，我说是非很重要，在这一期节目中，我想谈谈真相。因为真相是判断是非的前提，如果连事实本身都不清楚，如何判断是非？所以说真相的重要性远在是非之上，这层逻辑我们需要明确下来。

通常真相会遇到这样的境遇：我接触的案件中几乎有99%的案件都存在整体或局部真相不明的情况，从而需要通过一些包含证据规则的运用等诉讼手段，在诉讼程序中查明事实真相。但是切记，查明的案件事实是法律事实，而不是客观事实。懂法的人可能都明白这个概念，即客观事实只有一个，但是通过证据所表现出来的事实只是法律事实，与客观事实并非同一概念。所以说，即使法律事实在多数情况下与客观事实一致，那么仍然有一部分事实存在真相无法查明的情形，甚至还有原被告串通一气，利用诉讼手段来达到混淆真相的诉讼之外的目的。回到“扶老罗生门”事件中，如果事实可以查清楚，如果事儿可以说清楚，可能大家不至于有这么多的顾虑。可以看出，民事诉讼中对于事实真相的查明，令人感到有些悲观。刑事诉讼中，情况也不容乐观。新闻报道出来的那些假案、错案，以及这些冤假错案被曝光之后当事司法部门的态度和做法网上也多有提及，我们在追求事实真相的道路上似乎异常艰难。但是，值得一提的、与事实真相有关的事情是，修改后的《民事诉讼法》以及《刑法修正案（九）》均规定了相应的处罚措施。《民事诉讼法》第一百一十二条规定：“当事人之间恶意串通，企图通过诉讼、调解等方式侵害他人合法权益的，人民法院应当驳回其请求，并根据情节轻重予以罚款、拘留；构成犯罪的，依法追究刑事责任。”第一百一十三条规定：“被执行人与他人恶意串通，通过诉讼、仲裁、调解等方式逃避履行法律文书确定的义务的，人民法院应当根据情节轻重予以罚款、拘留；构成犯罪的，依法追究刑事责任。”《刑法修正案（九）》第三十五项规定：“在刑法第三百零七条后增加一条，作为第三百零七条之一：‘以捏造的事实提起民事诉讼，妨害司法秩序或者严重侵害他人合法权益的，处三年以下有期徒刑、拘役或者管制，并处或者单处罚金；情节严重的，处三年以上七年以下有期徒刑，并处罚金。‘单位犯前款罪的，对单位判处罚金，并对其直接负责的主管人员和其他直接责任人员，依照前款的规定处罚。‘有第一款行为，非法占有他人财产或者逃避合法债务，又构成其他犯罪的，依照处罚较重的规定定罪从重处罚。‘司法工作人员利用职权，与他人共同实施前三款行为的，从重处罚；同时构成其他犯罪的，依照处罚较重的规定定罪从重处罚。’”以上规定非常明确，但这也从反面进一步印证了现实生活中突出存在事实虚假的问题。法律对这一问题的解决正在逐步向前推进，至于推进的程度如何有待日后进一步了解和感受，但前进的步伐给了我们更大的信心。

真相应得到重视。我刚才强调，电影里的讲述者可以忍受地震以及被强盗杀害等天灾人祸造成的死亡，但是他无法忍受一个生命不明原因地消失。这说明了什么？这说明无论是强盗还是地震，至少造成死亡的这个基本事实是确定的。而后者所带来的除了要承受生命消逝之外，还要舔舐死因不明造成的伤痕。再比如动车事故发生后，大家至少知道遇难者的生命是怎么消失的；但是在另外一些案件或事件中，死因清楚可能都是一种奢望。这个比较能凸显真相的重要。“罗生门”这一类事件，应引起我们的高度重视，因为只有在重视之后，才有可能解决问题。

很多教授和律师都提出来一个办法，司法实践中也会经常用到这个办法，就是举证责任的分配。比方说，老人摔倒之后，认为正是因为对方撞倒了我，扶起我且为我交了医药费，所以我要求进行赔偿。那么老人必须举证证明是扶人者撞倒了自己，如果没有这个证据，必须天然地免除扶人者的法律责任，这必须作为一条铁定的原则确定下来。司法实践中很多案件都在用此举证责任分配办法。在淮安的这次事件中，有交警队的事故认定，可以作为初步证据证实撞倒的事实；但在很多事件中，可能交警队没有办法作出一个事故认定，当事人均寻找所谓的证人，双方各执一词。那么，类似的事件，就存在证据权威的衡量问题。我们不能拿数量做比较，一方找 100 个证人，另一方找了 99 个，所以证人少的一方输。这种证据在原则上是完全不可以采信的，因为利害关系人形成的证据最后被不正常地采信，已经造成了很多错案。因此，运用举证责任可以解决类似问题，如果撞倒的主张没有证据支持，那么，扶人者不应承担法律责任。

调解与和解也是常见的纠纷解决机制，通常情况下运用于以解决问题为目的，淡化事实真相，模糊争议界限，解决方案你情我愿即可的案件中，至于事实真相则会后退一步。调解与和解运用广泛，因为诉讼是一个很漫长的过程，尤其遇到伤残的话，还需进行伤残等级鉴定等程序，时间成本、经济成本都很大。所以很多当事人为了能尽快脱身，则采用调解与和解的方式结案。我想也正是因为这种不管真相加上不分是非只求脱身之现象的逐步蔓延，让一部分人尝到了甜头，所以才会越来越多地出现类似“扶老罗生门”的事件。

最理想的结案办法就是在适当的案件中运用之前讲过的用录像的办法还原事实真相，以此来作为结案依据。

如果我们的节目做到这里就结束的话我想意义不是很大。我想再追问一个问题，就是这些解决方式是否有效且可以遏制类似事件的发生？很显然，答案是无效。那么，原因是什么？如果是我或者是你，在遇到类似情况的时候，要去扶一个老人起来，你需要考虑：我会不会被讹？我应该如何举证？要不要和解？和解的金额是多少？

现场录像是不是有用？录像能不能录完整？找谁来录？录像的原始载体如果丢失了打官司怎么办……仅仅是因为你好心想搀扶一个摔倒的老人起来，你需要考虑一系列问题。所以说，这些方法是有效解决纠纷的方法，但是并不会因为有这些解决方法就能够让一个你我一样的普通人主动去扶起一个摔倒的老人，我想这点不会有太多的异议。没有一个人愿意为了自己的好心付出那么大的代价，这样对好人是不公平的。

如果我们节目只谈论到这儿，我仍然觉得不完整。如何解决搀扶者的顾虑？我们提出一些粗浅的意见供大家参考。我刚才讲到，之所以不去或者说不情愿去扶老人起来，更多原因是在于诉讼环节的举证困难，还在于有可能被讹的道德危机。解决根本的办法，我想还是应该从原因入手。道德与法律，这两个因素与“扶老罗生门”事件之间存在相互作用的关系。我用一个例子来说明，比如说，存在某一些通过行车记录仪、公共监控、路人的拍摄等记录下来的碰瓷的或假摔的、有明显证据可以证实被讹诈的情形，那么对于这些行为，应当予以严惩。不能说有证据证明的事实，最后不了了之，不仅使这种违反法律、破坏社会公德的人没有付出任何代价，反而纵容此类事件接二连三地发生。反过来，如果对此类行为进行严惩，一定会产生较好的法制宣传示范效应，这样人们才能拾起对法律的信心。道德不是一句空的口号，道德是需要法律来进行保障的，如果说法律不保障高尚的道德，这个道德便会受到怠慢甚至消失。严格执法，一方面，可以让这些违法者、破坏道德者，受到惩罚和谴责；另一方面，可以让好人重拾信心，逐渐净化社会的道德风气。再者，一起诉讼到最后，如果所谓的讹人者没有得到任何利益，我想下一次也不会轻易地再去讹人，道理显而易见——如果扶人者有证据证明是讹，讹人者要接受严惩；如果没有证据证明是讹，通过漫长和复杂的法律程序之后最终也一无所获，对讹人者来讲也是一种惩罚。对公众而言这不失是一种提升信心的办法。

最后，我们提供的建议就是，对于明显的违法者要予以严惩，不严惩则后患无穷；对于证据不充分的纠纷，要通过司法手段，对证据的审查运用尽量使法律事实趋近客观事实。如此，用法律来托起逐渐颓败的道德从而慢慢净化我们社会的道德风气，把这种老人摔倒之后要不要扶的选择题，从礼仪之邦的中华民族日常行为中去除。

青岛大虾，给予的蒙羞

青岛，啤酒之城，海鲜之都。豪爽与悠闲并集，厚重与现代交融。一只虾的蒙羞所带来的疼痛，让这座城市不再曼妙。喧嚣的舆论，惊诧的观点，使豪爽靠边，让悠闲战栗。是非对错、真情假爱，既不能打棒子、扣帽子，更不能对此视而不见。历史的年轮教会了我们成长，我们不敢不学。

事件回顾

2015 年 10 月 4 日，肖先生在青岛吃饭时遇到宰客事件，引发网友热议。在吃饭前，肖先生曾详细询问过菜价，向老板确认过大虾 38 元究竟是一份还是一只，当时老板说的是 38 元一份。但吃完饭后，老板却称大虾价格为 38 元一只。

事后，青岛市、市北区两级物价部门在检查时发现，该烧烤店提供的菜品虽已明码标价，但是极不规范，涉嫌误导消费者。有鉴于此，将根据《价格法》有关规定，责令其退还非法所得，并按照涉嫌价格欺诈、违反明码标价及侵害消费者权益的规定，依法进行立案查处。（来源：网络）

关于“青岛大虾”的新闻事件现在被持续而广泛地进行讨论，按照传媒行业的说法，这则新闻在热搜榜上持续不下，已经突破了新闻热点72小时很难再持续关注的“生死线”。广泛关注体现在针对事件的当事人的遭遇，当地的警方、工商、物价以及旅游部门也在频频表态。讨论点主要集中在这起事件到底是一个单纯的物价纠纷，还是存在公安机关不作为？这起事件又应当如何看待？一时间，各路声音云集、碰撞。

宰客，是一个长久以来都存在的现实情况。印象里上学的时候就听同学讲过，还有身边的朋友也说到经常被宰客，尤其是在旅游景点和火车站附近。不仅在现代在中国，古代和国外也有宰客现象。

由来已久的宰客现象能在今天引发这么多人参与讨论，我想源于今天的互联网时代资讯信息化的快速发展。所以说，以前的那些不寻常的“寻常行为”，遇到互联网时代，也就不可能再一如既往地寻常下去。互联网时代可以迅速引发我们大家对某一个事件的关注。我想这是此次青岛大虾事件高温不下的一个原因。

除了互联网的因素以外，第二个高温不下的理由，是这次事件发生之后的解决过程以及方式不仅引发了无穷无尽的讨论，也顺带着引发了段子手们无休止地造段子。

我们之所以在很多很多评论的基础上再去评论这起事件，在于这次事件本身是一个负面的事情，那么我们能不能想办法把它变成一个好的事情，为以后类似事件的处理方法以及有效避免此类事件的发生提供一些参考。把坏的事件变成好的事件，在我们目前所处的时代，我想这个理念是非常重要的。这次事件涵盖很多的主体，有很多的法律关系，非常复杂。不仅这次事件，现在的日常生活中，经常会碰到牵扯很多复杂关系的社会问题，似乎理不清，越理越乱。因此，在众多的矛盾中，寻求一些不变的规律，在无穷无尽的变化中提炼出来一些不变的原则，供我们去处理一些问题，我想这是我们首先需要达成的一个共识。

这次事件中大家的观点主要集中在两方面。一方面的意见认为应该38元一盘、一份，而不是38元一只，这是一个因物价标注不明而引起的纠纷。另一方面的意见认为，警察不能以是物价纠纷而不作为，这是一起涉及治安管理甚至可以构成犯罪的案件。

还需要注意的是，得出的结论有没有论述以及论述过程如何。我首先需要说明的是所寻找的那个变化之中不变的点，就是得出的结论一定要进行论证，有论有证从而得出结论。

我们之前说百家争鸣、百花齐放，我们不排除、不反对大家对某一个事件发表各自的意见，这是宪法言论自由的应有之义。大家对某一个事件站在不同的角度，甚至相反的立场去发表一些见解，便于我们兼听则明，便于我们发现问题的本质。用那句老话讲，道理越辩越清，所以说我们不反对辩论。相反，一个事件如果只有一个声音出来，或者说只有一个声音出得来，那可能是有问题的。一个丰富的社会，一个由不同职业的人群所构成的聚合体，对同一事件不可能是“一刀切”，不可能只有某一个观点。我们非常赞同并且要发扬这种百家争鸣、百花齐放的状态，丰富的言论里才有丰富的观点，不以单一的观点而限制丰富的言论。

同时，我们也应该警惕并要坚决反对无视事实或者轻视事实，甚至歪曲事实，不能打棒子、定调子、扣帽子。这是很不好甚至可以说是很恶劣的。为什么我有这么大的感触？因为作为律师，我们经常会听到一些对律师职业本身不太客观的评价。在这起事件中，对公安机关的评价有一些情绪化的观点，在我看来是根本就没有论证的环节。而这个问题我们也是要予以明确的。

言归正传，针对这起事件流传的一些观点能不能成立？到底是物价纠纷还是治安案件抑或是刑事犯罪？如果是刑事犯罪的话，触犯的是什么罪名？现在说法不一，五花八门。有观点认为属于物价纠纷，完全没错，是物价纠纷。但是一个笼统的物价纠纷是不是就可以涵盖这次事件的所有行为和定性，显然不是。如果购物因为多了一百少了一百，有优惠券没有优惠券，有积分没有积分等产生争议，大多时候属于单纯的物价纠纷。而青岛大虾这起物价纠纷是不是普通意义上的物价纠纷？显然不是。因为这样的物价纠纷存在较大的治安隐患。那么警察的做法呢？警察认为属于物价纠纷，所以可以不介入。这个理由和做法在警察这个职业里得到了广泛的支持。食客认为它不是单纯的物价纠纷，警察认为这就是一个物价纠纷，双方都有道理但是双方都说服不了对方。

另外，还有一部分律师和法律工作者关于38元是一只还是一份的问题，提到了要约、要约邀请、承诺，是不是真实的意思表示，意思表示的范围是多少等一些拗口的法律概念。这些法律名词作为法律人我们懂，但是作为一般的老百姓根本不懂。所以认为是物价纠纷的以及要约等专业的用词我们就不谈了，它不是一个单纯的物价纠纷。我们主张是治安案件甚至属于刑事犯罪的观点，下文将详细说明。

是否属于治安案件？现在不下结论。

治安这个词源自于《管子·形势解》中提到的一句话："生养万物，地之则也；治安百姓，主之则也。"治理百姓，使之安定，这是治安的意思。本次事件中，是否达到了治理百姓，使之安定？我想答案似乎是否定的。这种受到威胁而交钱的情况不属于安定的状态。可以说这属于一起治安案件。

是否属于刑事犯罪？按照现在的观点，主要集中在三个罪名：涉嫌诈骗、敲诈勒索或强迫交易。

关于诈骗。我仍然使用复杂问题简单化的表述方式来给大家讲述，也作为法律的普及。诈骗，简单讲就是因诈而骗，因诈而受骗，因欺诈并且不知道欺诈而受到了欺骗。这里需要强调的一点是，对于受害人而言，钱财已经被骗走，且是在不知道有诈的情况下把钱财拿出来。而这次事件，在结账的时候已经明确告诉你就是38元一只，只是你不愿意给而已，所以不存在你不明知的问题，不属于因诈而受骗。38元一份变成了38元一只，对这个价格变化你是明知的，之所以拿出来钱财不属于诈骗。

关于敲诈勒索。其实在这三个罪名里面，最难分辨的就是敲诈勒索。什么叫敲诈？我简单讲，敲诈，引用江浙一带民间的一个说法就是“敲竹杠”。敲竹杠是指利用某一个人的短处、弱点或者隐私去敲诈钱财，要有一个短处、弱点、隐私的“竹杠”在，拿着“竹杠”去敲别人，就叫敲竹杠。敲竹杠的出处是清朝李宝嘉的《官场现形记》，第 17 回有句话：“兄弟敲竹杠也算会敲的了，难道这里面有竹杠不成?”敲竹杠也是有典故的：清朝末年的时候有大量的贩毒的行为，毒品就藏在水路运输的竹筏的竹筒里面。一天，缉私官上船检查，都没有查到毒品。这时一个职位比较高的缉私官拿着烟袋走到船尾敲了敲，别人没有反应，但是船主惊慌失措，赶快将这个官员拉到后仓给他银两，叮嘱这件事不要说出去，官员知道怎么回事，就把银两装在兜里，带上其他官员走了。这就是敲竹杠的一个传说。敲竹杠就成了讹诈钱财的代名词并沿用至今。

“难道有竹杠不成?”我想这正是准确区分敲诈勒索罪的一个最核心的特点——一定要有个竹杠，即要有短处、隐私或者有件事让别人抓住把柄。在这儿我们也可以简单理解为所谓的竹杠就是把柄，以此来敲诈勒索。也就是说，没有竹杠，没有把柄，就不存在敲诈勒索。

法律上关于敲诈勒索罪是以非法占有为目的等等表述，很容易让一般人甚至是专业人士理解混乱。此次事件中，食客没有任何的把柄或者竹杠让别人来敲，所以说这起事件不属于敲诈勒索。

关于强迫交易。强迫交易是说，我现在告诉你这只虾 38 元，一共 40 只虾，你开始吃，必须消费，不可以不消费，交易系强迫所为，这叫作强迫交易。此次事件中，强迫交易显而易见是根本不能成立的。

此次事件既然不属于诈骗、敲诈勒索和强迫交易，那么它属于什么？我提出一些观点。

如果网上看到的以下事实是成立的，发生争执系因结账的时候发生了宰客的行为，那么，一开始，如果店员要求支付钱财并限制食客离开，食客选择报警或者向工商、物价等有关部门投诉。在我个人看来，在警察等公权力介入之前这种行为是可取的，是可以的。因为在民事法律关系中有一种叫承揽，比如说你找我做衣服，我衣服给你做好了你不付钱，那衣服我可以先留着，或者说我先保管，你不付保管费，那我可以不给你东西，这叫自力救济。当然，人不可能像物品一样被留置。但是可以参考法律的精神来适用，同样，如果店员没有丝毫自力救济的权利，食客随时可以走，对店员来说也是不公平的，则会有越来越多吃“霸王餐”的人出现。所以在等待公权力的介入的合理限度内可以行使自力救济的权利。

公权力介入之后，店员还有没有类似自力救济的权利？还能不能限制他人不许离开的权利？答案显然是否定的。没有任何人可以限制他人离开，在公权力介入之后，公民的自力救济权就结束了。不管公权力怎么解决，能不能解决，任何人不能限制他人的人身自由。如果限制他人的人身自由，一定是非法拘禁的行为，情节严重的可以构成非法拘禁犯罪。非法拘禁犯罪的构成要件大概是拘禁 24 小时以上，或者一次拘禁三个人以上或者对某一个人拘禁三次以上，或者在拘禁的时候有一些威胁、殴打、辱骂等情节，刑法上有明确的定罪标准。如果没有达到这个标准那就是一般的治安案件，并不是说不够 24 小时就没有任何处罚了；够了 24 小时那是非法拘禁犯罪，这个问题应当予以区别。

此次事件中，警察到现场然后离开。在警察离开之后，如果店员实际上限制他人人身自由，不管是治安案件还是刑事案件，一定是非法拘禁的行为，性质上已经属于非法拘禁。

分析了客观行为之后，我们还可以通过主观故意进行分析。

针对不特定的人、不特定的事，没事找事，这属于寻衅滋事。反过来讲，店员是否构成寻衅滋事呢？假设警察说是物价纠纷他不管，交给店员，店员想怎么处理就怎么处理，在这种情况下店员有寻衅滋事的嫌疑。再假设，店员把这个饭店的门一关，手持喇叭、站到桌子上说：“所有的桌，所有的海鲜都按个计算，警察刚才来过了说这属于物价纠纷，你们都要给钱否则不让出去。”当我们分析到这儿的时候，其实可以试着用慢镜头来把一些细节放大，就能得出很明显的结论。这句话是什么意思？比如说：他现在说一只虾不是38元，而是380元、3800元，就像刚才所说的他把店门一关，要求所有人的海鲜全部按个计算。如果引发冲突导致打斗或者说流血事件，那当然可以肯定是刑事案件。但是在还没有演变到如此严重的程度之前，触犯的就是《治安管理处罚法》。从整个法律体系来讲，《治安管理处罚法》和《刑法》共同构成了处罚不同程度违法行为的逻辑体系。我刚才已经讲到了如果不及时处理，很有可能发生严重的刑事案件，所以这一起案件我们分为在警察介入之前与之后两个阶段进行分析。

物价纠纷归物价部门、工商部门或旅游部门来管，那么治安案件一定是跟公安机关的职责以及职权相关。此次事件，其实是几个方面共同造成的一个结果。首先这的确是因物价纠纷而起，但警察没有权利来认定这是不是物价纠纷，警察也没有权利认定这就是“宰客”行为，尽管事实上是，但警察没有这个权利。物价纠纷也需要有一个严谨的程序来最终认定，商家有没有违反价格法的规定，商家所说的按个来计算属不属于对消费者的价格欺诈？这毫无疑问应该由相关的部门来认定而不应该是公安机关。但是，如果有人限制他人的人身自由，公权力介入之后他们仍然限制他人人身自由或者仍然存在威胁恐吓等行为，那一定是属于治安案件的范畴，严重的话则会涉嫌刑事犯罪。

我的结论也可能会有瑕疵、不成体系，但我还是要把我的意见说出来，供大家参考。因为我刚才讲到，我们一定要提倡百花齐放、百家争鸣，把各自的观点都说出来，这样对解决问题来说，不失为一个很好的路径。

最后我想说的一个问题是关于尊严。

在这一次的报道里面，我看到了媒体虽然没有特别地去说明，但提到了这个词，那就是“屈辱交钱”。屈，是屈服。那么屈服于谁？辱，人格上受到侮辱。交钱，在餐馆吃饭那不叫交钱，那叫付钱。那么给谁的钱叫“交钱”？这几个字很普通，但是连在一起不由得让我想起了关于人的尊严的问题。在这次青岛大虾事件之中，食客有尊严可言吗？

我刚才讲到，在现代化及互联网如此发达的时代，我们竟然要担心在某一个地方吃饭，被人拿着棒子要钱。换成你，你还会去这些地方吗？下次去类似的地方有无顾虑？当不幸遇到这些情况的时候，你的尊严何在？当一个人在尊严都难以获得的情况下，无法奢谈更高的精神层面。所以说这一次的青岛大虾事件，侮辱了人的尊严，也让虾的尊严蒙羞。

夜跑，血色里的绽放

跑鞋，马尾，肆意挥洒的汗水，就像此时的脚步，轻盈、自由，那要跑出的律动是最美的姿势。工作，家庭，成绩，账单，哦，请靠靠边。这里是我的世界，感谢跑步让我遇见了自己。我要跑回我自己，毛巾拭去的汗水是力量的证据。当，血色混入夜色，音符戛然而止，我们要让它滚开，而不是用脚步退缩的方式。汗珠不能凝结、双脚不可禁锢，只因，我们想听到生命绽放的声音——Fun run。

事件回顾

2015 年 10 月 14 日，宝鸡女教师吕某在夜跑时失踪。6 天后，遗体在渭河公园灌木丛中被人发现。20 日晚《华商头条》首发此消息后，迅速被微信朋友圈以及微博等社交媒体上大量转载。25 日 10 时 52 分，公安部刑事侦查局官方微博@公安部刑侦局也发布了名为“陕西女教师夜跑失踪 6 天　遗体在渭河滩被发现”的帖子，在帖子最后，公安部刑侦局还发布提醒：女孩夜跑，尽量选择人多的路线。

而吕某的亲人朋友、同事以及学生得知噩耗后，都难以接受。为了能早日将凶手绳之以法，吕某的同学甚至发出了一条名为“海捕文书”的帖子，悬赏万元缉凶，还留下了联系电话、QQ 号码和邮箱地址，在微信朋友圈里引起关注。

2015 年 10 月 26 日凌晨 1 时许，宝鸡警方破获了宝鸡

文理学院女老师被害案，犯罪嫌疑人被抓获，系流窜至宝鸡拾破烂者所为。（来源：网络）

夜跑，有一个很好听的英文名叫“fun run”，是指自由的、快乐的、有意思的奔跑，是一个很美好的运动。夜跑出现在人们的视野中并被广泛地接受而成为一种健康的运动方式是在近两年。网上有人说夜跑是年轻人的广场舞，受到很多年轻人喜爱。还有人讲，夜跑的精髓或者说精神跟跑步无关，跟快乐有关。

2011 年，美国开始流行“The Color Run”彩色跑，被誉为“地球上最欢乐的 5 公里跑”。这种运动不管是在内地还是在港澳台地区，都广受欢迎。很遗憾的是，2015 年 6 月，台湾新北市彩色跑活动中的粉末发生了爆炸，这之后上海、沈阳和重庆紧急宣布取消彩色跑。可喜的是，本文形成之时彩色跑活动已经恢复正常。据不完全统计，截至目前，大概有 60 多万人次参加了彩色跑。彩色跑的魅力在于，大家跑步不分性别、不分年龄，甚至还有三岁的小孩子也在跑跳，很有意思。在一个五彩缤纷的世界里去享受这种非奥林匹克或者田径运动赛场上速度与激情。在彩色跑暂停以后，这种快乐并没有停止，随后就有了荧光夜跑。至于政府暂停彩色跑的决定我完全赞同，大家是为了快乐，如果存在公共安全的隐患，在未解决之前紧急暂停也是为了快乐。

荧光夜跑，顾名思义是佩戴荧光圈，荧光眼镜、手环、脚环，手执荧光棒，还有比较俏皮一些的兔子耳朵形状的荧光头饰在夜里跑步。因为也是很多人参与，所以有人戏称荧光夜跑“秒杀”彩色跑。可以看到，大家追求自由和快乐不会因为一个隐患而停止，反而会在更加安全和美好的环境中进行下去。这件很美好的运动不由得让我想起了 2500 年前即刻在古希腊埃拉多斯山岩上的三句话：“如果你想强壮，你就跑步吧！如果你想健美，你就跑步吧！如果你想聪明，你就跑步吧！”

除跑步本身的魅力之外，之所以会选择今天这个话题，是因为前段时间发生在陕西省宝鸡市的一个恶性的刑事案件，有一名音乐系的舞蹈女老师在夜跑的过程中被强奸致死。这起案件在夜跑的人群之中引起了非常强烈的震惊和不小的恐惧，并给跑步这么一种美好的事物中掺入了一抹血色。我们今天所要讨论这个话题，也不仅仅是因为它带来了很强的反响，还因为这个反响中有异样和模糊的疑问。我本人所接触的一些夜跑的朋友中流传着这起案件和夜跑的一些信息，有一个现象是，大家都关注这个事情，但是都觉得一头雾水，似乎跟一般的刑事案件没有太大区别，但总是感觉隐隐有些异样。

那么异样是什么？

之所以在谈论这个案件之前先来分析不好描述难以言说的隐隐的异样，是因为我经常跟比较年轻的律师讲：律师不仅要关注一个事情的现象，更要关注这个现象背后的因素，这才有助于我们去分析现象，进而做出改进。

谈到深层次的因素，以我个人之见，改革开放几十年以来，人们对物质的追求使得生活价值趋于单一。生活中围绕金钱的话题和新闻不绝于耳，“一切向钱看”的朴素概括更能印证人们奔波在生命的时光轴里。当然，这无可厚非，我不会也没有资格说这些不应该，但是太过单调。每一个职业都有自己职业的价值，并不应该一切向钱看，唯钱是从。尽管我们价值多元化的进程还不太尽如人意，但是一些可喜的痕迹仍然能够给人信心。经过这么多年，价值的追求也在改变，开始变得多元。在刚刚突破那些意识重围，追求更值得推崇的一种天然纯粹的快乐之时，发生这样的刑事案件，会带来什么样的影响？我想会不会是这个原因。

通常意义上，人们对刑事案件的理解主要有以下几种：一类是威胁到整体生存的案件，比如在汶川大地震及天津爆炸事件之后或者当人们生存面临严重挑战的时候，大家万众齐力、赈灾救济之时，发生一些不和谐的事件，比如哄抬物价、克扣救灾物资等情形。类似于地震的突发事件中人们正面临着灾难，挣扎在生死的边缘，在这个时候发生的刑事案件，人们是不可忍受的。第二类，比较常见的发生在日常生产生活中的刑事案件，我们把它称为中间层。另外的一类，则是侵犯了人类的精神领域，当人们在烦琐的日常生活过后，去追求那种刻在古希腊山脉上更高的精神追求的时候，发生的刑事案件同样会带来跟一般刑事案件所不一样的感受和影响。

所以在我的分析看来，虽然都是刑事案件，但是要把案件背后的不同点找出来，这是我作为一名律师应该有的敏锐度。我想把这个敏锐度推广开来，带给大众，我们大家都可以去判断，不仅知道事件本身，更要发现我们内心的那一点点异样的情绪。

在此，有必要说明一下法律是什么?

在我看来法律是一个调整社会结构的渐变体。它应当与社会事件的复杂性、偶发性，更重要的是要与人们的期待之间有相互作用的过程。社会的复杂性已经凸显，法律应当与之相匹配，这是法律应有功能所在。如果法律应有的功能发挥不足甚至缺失，那么将会引起民众不必要的情绪。这也是我做这期节目的初衷。

视线回归到当事人身上，回归到夜跑。坦白来讲，夜跑之所以受到这么多人的推崇，有很多的原因。无论是埃拉多斯山岩上刻着的三句话，还是通过运动获得的快乐感和幸福感，我想更多的是人心灵的需要。科学已经证明包括跑步在内的运动对人身心有益、精神愉悦。当我们送走日常的琐事，自己静下心来去思考事情，能够自己跟自己对视的时候，这种活动我觉得应该是突破了我们日常物质的层面，而是在追求更高的精神层面。

这个刑事案件肯定会有一个结果，但是我们希望不要结果出来就结束了，而是能够更多地去探讨，讨论法律以及法律以外的深层意义，无论对与错，大家可以去探讨。

到了该总结的时候了。我不好说发生在更高的精神层面的犯罪就一定罪不可赦，发生在中间层面的犯罪就情有可原，发生在生存层面的犯罪就更加的不可饶恕。我很难讲这三者中间有一个什么样的轻重关系，但我需要强调的是，如果没有压倒骆驼的最后一根稻草的话，虽然很累压力很大但至少还是个骆驼，但是如果把这根稻草摞上去，就会发生从量到质的变化。以此为逻辑分析，似乎有在精神领域的犯罪更加不可饶恕，似乎这个就是结论。暂且如此论述吧。因为目前这类的话题好像很少有人去讨论，我也是在尝试。

虽然说我们每天背负着沉重的生活，也耳闻很多的犯罪，但是我们的意志都还没有被摧毁。当突破这些重围，终于觉得战胜了困难的时候又一个重击下来，那是最后一根邪恶的稻草，更是对意志的摧毁，所以说对于此类犯罪，我们需要加以区别。就像在刑法里面，有关于战时犯罪的规定，规定发生在战争期间的犯罪处罚会更加的严厉，道理是一样的。

法律不是一个平面的拼图，应有所区分以便于保障人类社会的进步和能够更精准地生活。

为了我们能够生活得更加美好，每一个职业能够有自己的价值、追求，而不是一切向钱看，大家逐渐在追求更加多元化的价值，这是一件非常好的事情，我希望这个势头大家能够维护好。法律是其中的重要保障，当然也需要更多的社会学家来参与。人的生命有限，让我们活得精彩一些。

电信诈骗：令人厌倦的溃烂

当镖局的镖车再一次出征茫茫远途，车轮撵出的是信任和责任。古老的镖旗已落满尘埃，取代而来的是手机、基站、服务器、银行等现代化而冰冷的物件。无孔不入的电信诈骗让我们在这些物件面前一遍遍地听到“警方提示”的咒语，这个念遍大江南北的咒语泣诉着溃烂的信任，早已令人厌倦。灯红酒绿中，那远去的镖旗，落满尘土却让人怀念。

事件回顾

2009 年以来，中国一些地区电信诈骗案件持续高发。此类犯罪在原有作案手法的基础上手段翻新，作案者冒充电信局、公安局等单位工作人员，使用任意显号软件、VOIP 电话等技术，以受害人电话欠费、被他人盗用身份涉嫌经济犯罪、没收受害人所有银行存款进行恫吓威胁，骗取受害人汇转资金，影响极其恶劣。(来源：网络)

诈骗是一种很古老的犯罪，或者说是一种很古老的行为，古今中外都存在。关于诈骗，我在前几期的节目中曾经提到过，用一句话来概括它的核心就是：因诈而骗，这样比较好理解。但是诈骗的前面冠以电信，“电信诈骗”就更多的带有一点现代以及科技的元素在里面，让人有一种模糊不清的认识。如果不能准确地认识，就不能理解它的含义，更无法解决这个问题。这也是我们形成这期节目的一个原因。

电信诈骗是指通过电信的方式，比如手机短信、微信、电话或者网络，还比如说 PS 照片以及冒充公检法等比较权威的机构来诈骗，这种通过电信的远距离非接触式诈骗的行为，是对电信诈骗通常意义上的理解。这几年公安机关发布的一些数据显示，电信诈骗报案的数量以 30% 的比例逐年在增加，可以说已经到了不得不治理的地步。

很久以前，我们都知道那个时候有镖局。人们要运送一些重要的物资或者是银两都通过镖局，由镖师来完成此重任。那个时候的镖局和镖师没有我们现在的手机、基站、服务器、银行卡，没有网络，有的是一种对押镖途中那种未知的包括身家性命在内的风险。我想说的是，那个时候人们对镖局和镖师的信任达到了我们现在无法企及的高度。切换到现在，任何一家银行的 ATM 机上都会播放警方提示。从当年人们对镖局和镖师那种普遍的信任，变成了现在我们生活中普遍的不信任。

信任原本是对复杂事物一种简单的、理性而不草率的信赖。比如说刚才讲的镖师的问题，路途上很多风险，万一镖师押了镖以后私自走掉怎么办，对这些风险、这些复杂性的问题都以简单地以信任来处理。我们现代化发展了这么长的时间，手机、银行卡等的出现反而使人的信任感大减，这也是我们讨论这个话题的意义所在。

目前，我国针对电信诈骗已经展开了围剿式的专项打击行动。2015 年 6 月，国务院成立了由公安部牵头、22 个其他相关部门参与的联合组织开展关于打击电信诈骗的专项行动。10 月，已经从境外押回 200 多名犯罪嫌疑人。公安部牵头的这次行动，是我们在处理或者说解决电信诈骗这个顽疾的起始点。

这次行动中，有一个特殊的问题应当被指明。在参与行动的部门里包括了银行、电信、联通和移动等部门，也包括最高人民检察院和最高人民法院等。这说明一点，电信诈骗的涉及范围非常广泛。

常见的诈骗手段包括有冒充公检法，或者说邮局的包裹出现问题。为什么提到这一点？因为老百姓会自然地认为，公检法代表着权威部门，不可能有欺骗行为，或者说对邮局等一些权威的部门，存在着一种天然的信赖，就是我刚才指的跟镖局所类似的信任。

如果我们无法准确地认识一个行为，那么就不可能理解它所代表的意义，更不可能彻底地解决问题。这次行动所代表的意义，我想谈谈我的看法，希望能对这个问题的解决提供一定的建议。

我想说的第一个问题是，电信诈骗事件不同于一般的犯罪事件。一般的犯罪由司法机关运用法律进行制裁；而一部分电信诈骗是冒充公检法、冒充执法者来进行犯罪。也就是说，一般的犯罪由法律来进行惩治，而电信诈骗是在进行惩治犯罪的工具上，也就是法律机关本身进行犯罪，不仅破坏了社会秩序，更进一步破坏了司法机关的权威和人们对法律的信任。法律作为一个维持社会秩序，维护人与人之间信任的最有力、最直接、最有效的工具，遭受电信诈骗这种犯罪形式的威胁，结果不仅有损人们的信任、威胁了社会秩序，更恶劣的是污染和威胁到了有净化社会功能的法律制度。这会进一步导致人们对法律信赖程度的降低，这是一个很严重的问题。

第二个特殊点是，在以往的犯罪事件当中，侦查部门也就是公安机关或者说检察院反贪、渎职等侦查部门充当了一线的侦查部门，也可以讲，仅仅靠侦查部门一家就可以去侦查一个犯罪。然而近年来电信诈骗花样翻新，并且数量急剧暴增。因此，我们要充分认识到公安机关等侦查机关的局限性。这也就是这次不是公安部一家来处理这个问题而是联合这么多的部门的原因。毫无疑问，也是这么多年以来电信诈骗一直得不到解决的一个关键原因。

我想说的第三点是，普通的犯罪都是也应该是在犯罪之后进行打击，因为这些犯罪多数情况下是偶发的，很少会形成一个犯罪的产业链，而电信诈骗是有组织地多个环节参与才可以完成的犯罪行为。因此，我们完全可以把事后的打击变成对整个诈骗过程之中每一个环节进行管控。如果各个环节的合力管控都无法阻止电信诈骗，那么也就不存在打击和治理电信诈骗的基础。

是时候谈论一下电信诈骗的核心了。什么是核心？电信诈骗尤其是银行里的钱不翼而飞型的电信诈骗为什么能够完成？我们大家都有手机，我们仅靠拿出来手机就可以去骗别人吗？是骗不了的。我们没有大面积的群发功能，没有服务器包括伪基站，没有复制的电话卡、银行卡和储户的账户信息等这些专业和应当保密的设备和信息，而这些设备和信息是一般的犯罪分子可以自己设立的吗？多数情况下是某些部门通过一层一层的转包甚至直接的参与，导致我们老百姓受到这些危害。按照政府官方文件的说法，这次打击，不仅要打击组织者，更要打击每一个环节之中涉及犯罪的嫌疑人，比如说非法线路的提供商、服务器的非法提供者，以及办理银行卡的团伙和办理手机号码的团伙。在这里需要注意一点，从公文的角度来讲，把他们限定为团伙。那么我想说的是这些团伙与我们这些相关部门有没有关系？我虽不知道，但表示怀疑。

诈骗团伙在实施电信诈骗的过程中，有很多的环节同时出现了不应该出现的监管上的问题。这么多的部门同时失控也不得不引起我们的重视和联想，仅靠公安机关一家无法彻底解决这个问题。除了探讨所造成的客观的结果之外，相关部门同时监管失效是否存在主观上的问题？对此相关部门也应反思。

前两天我在一个会议上说过一句话，我说作为一个法律人，或者任何一个有良知的公民，或者意图让我们社会变得更好一点的人，我们应当具备怀疑精神，怀疑精神不是简单的否定更不是偏听偏信，而是一个深刻的追问。

我们没有司法调查的权利。我们希望这次为期六个月的统一行动后，能有一个结论。现代的科技发展如此之快，对于伪基站等技术我不太相信管理不了，我更不相信每一个环节出现的问题都制止不了。那么如果可以制止而不加制止，反而提供某些便利，甚至参与其中，这才是根本问题。

电信诈骗，对民众的权益和法律如此践踏，难道真的解决不了吗？

我想有很多办法可以解决，事后的打击是一方面，重点是在诈骗实施过程之中的诸多环节。这不仅是我一个人的观点，在网络上这几乎成了公认可行的方案，技术操作层面上的监控是完全可行的。因此，我们也许应该得出结论：电信诈骗不是不好解决，而是仅靠公安机关一家很难解决。

与以前对镖局的那种朴素、原始的信任相比，电信诈骗让我们对很多部门疑虑重重。法律不可能面面俱到，信任能在生活与法律之间形成一种润滑剂，法律与信任共同促使我们达到一个有秩序的社会。希望有一天我们走向 ATM 机的时候不要再听到警方提示，我们希望听到的是："您进行的以下操作将是安全的，我们有先进的技术和能力来处理电信诈骗，我们将连同公安机关进行打击。"我们太希望听到这类的声音。

我们都在抱怨这个社会没有信任，信任是需要一点一滴去做的，需要每一个社会公共部门做好自己该做的事情，能够经得起历史的考验。信任是完全可以建立起来的，虽然这是一个系统化的纠正工程，但可喜的是我们已经启动了这个工程。所以对这次公安部带队去境外带回电信诈骗犯罪分子，我们表示高度的赞扬，当然也是很沉重的赞扬，因为不得不这么去做。所以除了提出一些成熟或不成熟、系统或不系统的观点之外，我更期盼那些真正能作为的部门和人员，能够认真地致力于信任一点一滴的重建。

事情都是可以做好的，就看我们愿不愿意去做，怎么去做，什么时候去做。信任不是强行告诉老百姓你们要相信法律，而是需要用行动来告诉他们，法律是可以相信的，法律是可以真正打击那些破坏信任的行为，如此才能形成一个良性的互动。

呼格冤案：十九年后，母再葬子

呼格吉勒图，其生也短，其命也悲，然以生命警示手持司法权柄者，不为一时政治之权宜而弃法治与公正。读呼格的墓志铭，让人肃穆，肃穆又能使人清醒。面对一个个冤案的发生，除了悲叹命如蝼蚁之外，清醒之后又能奈何？在呼格冤案盖棺定论之时，本期节目深度新解，力求尘埃能落定，冤魂入土能为安。

事件回顾

1996年4月9日，在呼和浩特第一毛纺厂家属区公共厕所内，一女子被强奸杀害（“4·9”毛纺厂女厕女尸案）。报案人是呼格吉勒图，公安机关认定呼格吉勒图是凶手。

1996年5月23日，呼和浩特市中级人民法院做出判决，判处呼格吉勒图死刑，剥夺政治权利终身。呼格吉勒图不服，提出上诉。1996年6月5日，内蒙古自治区高级人民法院做出刑事裁定，驳回上诉，维持原判。1996年6月10日，呼格吉勒图被执行死刑。

2005年10月23日，赵志红承认他曾经在1996年4月的一天，在第一毛纺厂家属区公共厕所内杀害了一名女性，引发媒体和社会的广泛关注。2006年，内蒙古司法机构组织了专门的调查组复核此案。2007年1月1日，赵志红的死刑被临时叫停。

2014 年 11 月 20 日，呼格吉勒图案进入再审程序，再审不进行公开审理。12 月 15 日，内蒙古自治区高级人民法院再审判决宣告原审被告人呼格吉勒图无罪，之后启动追责程序和国家赔偿。12 月 19 日，内蒙古公、检、法等部门启动呼格吉勒图案的追责调查程序。(来源：网络)

“呼格案”在轰动一时的“赵作海案”“浙江叔侄案”“萧山抢劫杀人案”等冤案之后被爆出，再一次引爆了人们脆弱和略显麻木的神经。“呼格案”的详细情况包括所谓的案发过程以及这起案件中侦查机关、检察机关与审判机关的过错和一些核心证据，比如说 DNA 没有鉴定，呼格被改判无罪之后对司法人员责任的追究、追究到什么程度等内容，网上都有很多报道，在此不再重述。

前段时间，呼格的父母对呼格进行了重葬。墓志铭是由中国著名法学家、中国政法大学终身教授江平教授所写。如果说呼格在天有灵，在这个案件尘埃落定之时，我想他会同意我用江平教授对这起冤案悲剧的盖棺定论之词作为这一期节目的开始，以此为基础展开这一期内容的讨论。

请允许我宣读呼格吉勒图墓志铭全文：

呼格吉勒图，内蒙古呼和浩特人

一九七七年九月二十一日生

十八岁时，危难倏降。蒙冤而死

一九九六年四月九日夜，一女子被害身亡

呼格报案。被疑为凶手。后不堪严刑而屈招

被判死刑，六月十日。毙

呼格负罪名而草葬于野，父母忍辱十年。哀状不可言

二〇〇五年十月，命案真凶现身。呼格之冤方显于天下。令华夏震惊

然案牍尘封无所动，又逾九年。内蒙古自治区高级人民法院再审

二〇一四年十二月十五日宣布呼格无罪

优良的司法，乃国民之福

呼格其生也短，其命也悲。惜无此福

然以生命警示手持司法权柄者，应重证据，不臆断

重人权，不擅权，不为一时政治之权益而弃法治与公正

今重葬呼格。意在求之，以慰冤魂

特立此碑

中国政法大学江平教授撰

中国书协理事刘俊京敬笔

二〇一五年三月二十二日

由此，我想到了另外一些事件，比如我刚才所说的赵作海冤案等，这些冤案错案此起彼伏，已经令我们不堪重负。对如何预防此类事件再次发生的讨论也已经令人疲倦，但是我们又不能因为不堪重负和令人疲倦而对这类事件熟视无睹，更不能麻木不仁，我们仍然需要想方设法去解决。

解决问题就要有解决问题的途径，在谈论我们的观点之前，可以先看看目前大概有一些什么样的解决办法。有加大追责力度的建议，就是在冤案发生后，加大追究相关办案人员责任的力度，这是一条解决的途径。还有一条途径，是泛泛地要求在诉讼程序之中办案人员重视证据，把好证据关，防止冤案的发生。这些观点已经讨论了很多年，但是对减少冤假错案，显然并不是非常奏效。对于这么一个问题，如何从全局去把控，如何准确地分析问题决定了解决问题的准确度。用中医上的一句话讲，叫对症下药。也就是说，我们必须了解为什么冤案频繁发生，才有解决的办法。如果说我们在讨论解决办法之前，没有准确地认识到是什么原因导致冤案或者说

是什么原因导致冤案的频发，则病因不明，药也不会对症。

我们现在讨论为什么会出现此类冤案。一个反面的观点有助于我们查清病因。这个观点是，难道办案人员不知道案件有问题或者说不知道应该做 DNA 的鉴定吗？他们是经验丰富的司法人员，类似于常识性的办案要求，他们知道。假设一个人不知道，难道整个系统的人都不知道吗？

显然问题出现有另外的原因，这是我们今天所讨论的重点。在我看来有两个方面的原因，也许我的观点并不成熟，但是目的只有一个——与其他解决办法汇合起来有效地梳理冤案形成的原因，力求能够减少乃至杜绝此类事情的发生。

第一个原因，司法理念和司法制度。一些国家的诉讼制度，无论是刑事案件还是民事案件，控辩双方都是平等的。当然我们国家也称控辩双方平等，但实质上是不平等的。平等不仅是形式上的平等，更重要的是内容和实质上是平等的。再通俗一点讲，侦查机关代表国家依法惩治犯罪，但还有一个职责就是保障人权。我们还经常在法庭上听到，“公诉人代表国家履行职权并监督法院的审判”这样的话。这些说法没有任何问题，但我们的理念却不能出现偏差。事实上，恰恰是这些理念发生了偏差才导致了悲剧结果的发生。

而西方国家法庭审判做到了真正意义上的控辩较量。控方不被赋予崇高的、崇高到可以去超越控方所代表的权力。控方，类似于民事案件平等的主体，有赢的时候也有败的时候，都是没有问题的。赢就赢，败就败，它们关注的是庭审的技术，关注的是案件庭审所反映出来的真实情况，而不是某一方被冠以至高无上的、绝不可以败的角色或者使命。而我们的司法审判实践中，检方地位很高，是不允许失败的，不可以说这个案子我审判错了，这个案子我审查错了，这个案子我侦查错了，似乎这就是一种惯性。

控辩双方的对立一定要回到案件本身而不是过分地搞对控辩方的责任追究。把相关办案人员，无论是侦查、审查起诉还是审判人员身上的盔甲卸掉，不过于强调办错案子就一定如何处罚。谁都有错，只要是人就会有出错的时候。办案人员没有负担，才能真正地以案件为中心，以证为据，通过符合法庭程序的抗辩，逐渐还原真实的案件并由真正独立的审判机关决定结果，如此便能处于良性循环的司法状态。

换位思考，如果有一天我是办案人员，被一种悬于头顶的追责机制重压之时，我不敢保证在已经启动的案件中发现问题后不考虑追责的问题而叫停案件。我们的一些理念需要改变，这些是非常关键的问题。我想包括法官在内的办案人员，一般情况下业务水平相差并不悬殊，关键的区别还是在机制。机制的梳理将有助于程序上的顺畅从而有助于实体公正的实现，否则代价是惨重的，比如出现像呼格这样的悲剧。我们不应该付出如此大的代价，制度应当改变而且到了不得不改变的时候。这是我说的对症下药的第一个症，理念与制度的改变非常重要。

第二个原因，有关心理的状态。如果说制度是外因的话，我们发现很多办案人员哪怕办了冤案，好像心里面并没有什么愧疚，甚至也不认为制度的外因有什么不好，认为即使办了错案，也是安全的；再超边界一点，仍然安全。他内心并没有认识到办错案有什么不好，原因在于内心使然。这里的内心是什么？在我看来是一种惰性。

毫无疑问，每个人都有惰性。我们的精力都是有限的，不可能每一天都去面对新的选择。我们有很多选择和决定是靠着我们的经验和习惯，来维持正常的生活和工作状态。这个惰性没有错，但是如果懒惰的本性出现问题，破坏了我们的安全和秩序，我们就应该反思，但是同时别忘了反思过程的复杂性。

冤案出现后的反思有两方在对垒，一个声音提出来应该改，往往那个惰性就会跳出来开始阻碍，开始往回拉。保守的和别有用心的人，会本能地利用那个惰性，那些在印象和经验里的安全感就站出来阻止制度往一个真正安全的境界去发展和改变。我举个简单的例子，如果说一个有一点瑕疵的案子，大家都说没有问题，因此没有受到追究。那么下次依然会这么去做，到第一百起案件的时候，虽然知道有问题但是仍然不会考虑改正，还一定这么去做，这就是惰性。但是有一天发生了很大的问题，变还是不变？新旧思维的冲突，源于不愿改变的惰性。

面对博弈，应该朝着什么样的目标？应该支持哪一方？我想毫无疑问应该站在改变的一方。如果目的都是一样的，都是为了一个有秩序的诉讼，一个有安全感的社会、生存状态和诉讼文化，只是因为惰性已经出现了问题，我们就应该改变，哪怕这个变不是我们主动的变，而是在如此之大的舆论及压力之下的被迫改变。

让我们开始改变，而不是像呼格案一样从无辜生命被冤死到真凶出现，再到最后的改判，再到人员的追究，拖了如此之长的时间。我们的心胸和气度不能太小家子气，有错就要去改。我们的社会必须改变，否则会有更多的人可能被冤案波及。很多时候正是因为这种惰性，正是因为不愿意改变而纵容了那些所谓的“安全法则”。

我们需要的是一种真正的秩序、真正的诉讼安全来保全包括办案人员在内的每一个人。我希望我们能够在制度上、在人内心的认识上，以及在终极追求的目的上达成一致并由所有的参与人员一起去努力，付诸实践，形成一个理想的诉讼文化。

最后我想总结的还是那句话，不要认为我们的经验都是对的，或者认为理所当然地再去犯经验主义的错误，尤其是年轻的办案人员。希望这类的事件我们能形成讨论，把一些共识固定下来，以此为基础，推动我们司法文化向良性发展。当看到呼格的母亲在视频里的样子，同样作为儿子我感到莫名的震撼，在行使国家权力并曲解国家权力的人面前，呼格命如蝼蚁。但愿此类的悲剧不再发生，但愿我们能够迈向一个更好的法治未来。

燕隼，落入大学生手里的民族吉祥物

隼，被誉为蒙古族的吉祥物。稀有并代表独特精神，有种图腾的神圣。当被圈养、明码标价时，那双玷污她的手以及手所代表的群体，让人鄙视。大学生，早上的太阳。人生无限的可能与精彩应该在阳光的普照下灿烂，十年半的时间一点儿都不觉得长。初入社会的激情满满、事业的打拼与成就、娶妻生子的天伦，谓生活。而，当生活变成一种天外天的奢望，监狱与铁窗，囚服与混居。如此的切换，让人痛心。不知从什么时候开始，我们的法律已经极端到了如此“黑白”分明，忘记了阳光下的五彩缤纷。这样，真的好吗?

事件回顾

掏了16只鸟，换来十年半刑期。这则新闻一出，引来社会广泛关注和热议。河南大学生闫啸天和朋友王亚军掏的可不是一般的鸟，警方调查称，这16只鸟都是国家二级保护动物隼，非常珍贵。

2015年5月28日，辉县市法院一审判决，以非法收购、猎捕珍贵、濒危野生动物罪判处闫啸天有期徒刑十年半，以非法猎捕珍贵、濒危野生动物罪判处王亚军有期徒刑十年。

于是有人质疑量刑太重，指责当地司法系统是小题大做；有人则表示判决得当，捕猎出售国家重点保护野生动物就应该依法惩处，有法律依据就应该按照法律来。总之，

“大学生”“抓鸟”“判刑”“十年”这几个关键词，就这样一时间成为舆论热点。（来源：网络）

最近河南大学生掏鸟窝被判处刑罚十年半，在网上引起了广泛且持久的热议，就连《人民日报》也发表了评论员文章。

燕隼是隼的一种，是很珍贵的一种野生动物，属国家二级野生保护动物。隼是蒙古民族的吉祥物，后来被传到阿拉伯国家，也只有王室和达官显贵才可以玩隼，隼被视为地位的象征，玩隼更是一种奢侈的兴趣。隼在阿拉伯国家的价格被炒得越来越高。我们国家的新疆地区是隼的种类最多的地区，随着走私活动的频发以及森林环境的破坏等现实状况，隼的生存面临严峻的考验，数量也急剧下降，对隼的保护也越来越受到重视。

我国《刑法》对隼的走私或贩卖也进行了规定，五只左右就可以被判五到十年的有期徒刑；十只左右，就可以被判十年以上到十五年以内。可以看出我们国家对隼的保护力度很大。对野生动物的保护其实是对我们人类的保护，因为人类和野生动物共同生存在自然界。如果我们放任对野生动物的滥杀和无秩序、不合法的猎捕行为，最终的恶果将由人类来承担。我完全认同这个观点：对野生动物进行保护的同时也达到保障人类权利的目的，可以简单理解为手段与目的的逻辑关系。

人的权利简称为人权，大致可以分为生命权、人身权类以及财产权类。相比财产权而言，生命权和人身权应当认真严肃地予以对待，这一点我想应无异议。本起事件中，讨论的焦点是十几只鸟与大学生十年半的青春岁月能不能画等号？这个等号画得合不合理？

有些朋友提出之前的一些节目前期铺垫得很长，而没有直奔主题。我想说的是，刚才的铺垫里第一点是关于动物的保护是很有必要的；第二点，“人权”更是我们国家甚至全世界都在重点保障的领域。人权的保障与动物的保护这两者之间如果发生冲突，应该怎么办。前期铺垫的目的，是有一个想法：对这些常识或者我们没有异议的东西应该予以重申和落实。因为我发现很多的问题、很多不合理的现象分析到最后，不是因为技术上出现了什么问题而是在理念、常识和最基本的共识上出了问题。所以说我不厌其烦地把一些我们认为是常识的东西，比如说动物的保护，比如说人权的保障，提示大家注意。

接下来我们开始讨论这起案件。在任何一个刑事案件中，或者说任何的犯罪追究都存在两个问题，定罪和量刑。如果这两个问题都不存在瑕疵，那么一个案件的处理也就是扎实的、合格的。

关于定罪的问题。部分评论者认为法院的认定是正确的，因为不能以你不知道法律的规定为由而免除处罚。这句话本身没有任何的问题，法律是这样规定的。不可能因为不懂这个法，不懂那个法，就可以去干任何事情，这是不可以的，对法律规定的未知不可以作为豁免法律责任的理由。但是这里面混淆了一个问题，他是对法律知识的未知还是对事实本身的未知？这是有重大区别的。为什么这么讲？因为这类犯罪属于故意犯罪，而任何故意犯罪都必须有犯罪的主观故意。犯罪的主观故意和客观行为相统一被称为定罪的基本原则，所以对法律认知和事实认知必须区别对待。

事实的认知。对于行为本身的认识，即认识到这是一种什么行为，然后去做了这个行为。具体讲，他得认识到行为是触犯国家法律的或者认识到这个行为本身是不合法的，那么在明知的情况下去做，这种情况才是故意犯罪的构成要件。侦查阶段嫌疑人的供词之中被告人的口供一直稳定地陈述了他把鸟带回来之后，如何挂在网上，如何出售的一些事实；并且说他还买过一只鹰，也是二级保护动物。因此，这些事实足以推断他对自己的行为是有主观认知的。法官的解释也进一步印证了对于主观认识、事实的认识是构成犯罪的一个必需的环节。

为便于大家的理解，我插一句题外话。在前几年酒驾刚开始入刑的时候，案件办完我写了一篇文章。大概的意思是，体内酒精含量不同，危害也不同。酒精含量很少，基本不会有危害；另外酒精含量还分饮酒的程度和醉酒的程度。不同程度的酒精含量有固定的数字标准，但是每个人的体质是不同的，另外性别、年龄的不同，也会有所差异。所以无法笼统讲啤酒喝多少瓶体内酒精达到什么含量，或者白酒喝多少体内酒精达到什么含量，每个人的情况不一样。这就带来一个问题，假设我喝了酒，我怎么能够知道我是属于饮酒的范围还是醉酒的范围？因为《刑法》只规定醉酒驾驶才构成犯罪。我在模糊并非明知的状态下，怎么能构成故意犯罪呢?！我建议在每一辆机动车上安装一个酒精测试仪，上车之前你就吹一下，如果超过标准你还开车，那么就认定你是明知醉酒而驾驶，构成犯罪。这样大家能明确所为是犯罪行为还是违反行政法规的行为，才符合刑事定罪的主客观相统一的原则。再换一个角度来讲这个话题，我们国家规定十四周岁以下的人不负有刑事责任，十四周岁到十六周岁的人在特殊情况下可以构成犯罪，十六周岁以上的人正常情况下是要承担刑事责任的，当然精神有问题的特殊情况除外。这么规定的目的就是要考虑人必须要对自己的行为有充分的认知。

回到本案中，由于案件证据包括相关的事实没有看到，假设说法官的说法成立，即从现有的证据可以推断出来他们明知，明知要去抓的鸟是很珍贵的鸟，然后实施了抓鸟的行为，从而触犯了法律上的规定。如果成立，那么本案的定罪是没有问题的。

关于量刑的问题。量刑也是这次讨论的重点，大家看到新闻之后的第一反应就是感到量刑过重，而且直到现在我也是这么认为的，量刑的确过重。

有很多评论者认为不需要考虑那些，只要法律是这么制定的，批评声音不用考虑。这种认识我是完全不认可的。

法律是社会科学，如果某个法律问题有很多人强烈反对，那一定是法律出了问题，而不是社会出了问题。

本案的法律问题到底出在什么地方？我们可以看到，在人员的组成上，并非是类似于走私的犯罪集团或者由明确的主从犯、骨干成员等形成的为了捕获珍稀鸟类的固定的犯罪团伙或组织。仅仅是两个孩子暑假发现有鸟窝，然后去掏了鸟。从行为上看，也并非猎杀，而《刑法》的规定中有两个字非常重要，猎捕。什么叫“猎”？什么叫“捕”？本案中上述掏鸟的行为，我想与猎捕有很明显的区别。《刑法》还规定了出售等行为。猎捕、出售，本案看似都符合。但是，《刑法》只规定了十年以上、十五年以下的幅度，那么在这个幅度之内要有所区别或要突破这个幅度，则要看具体的事实。如果他不是枪杀，不是围捕，也不是有组织的犯罪，那么应当与传统的犯罪有所区别，而这个区别应当体现在最后的量刑上。一个孩子十年半的青春为鸟来买单，的确过重。这也就是我们这么多人提出来的意见，一个朴素的观点。没错，他是犯了错误，并且这个错误在他当时抓鸟的时候可能知道这个鸟比较珍贵，但对一、二级保护动物的概念并不见得完全了解，而且他是一个在校大学生。结合这么多外围的因素来衡量时，基本人权的保障与动物权利的保护之间，我认为人权的保障要放在首位，而不是机械地去套用一些法条。

这个案件对社会因素考虑得较少，法律不是游戏更不能站在制高点上对被告人进行不严肃的归类。每一起案件的结果对当事人或被告人来讲都是重要的，这些个案的结果无疑也对社会的民众产生广泛的影响。所以说我们应该认真地去对待每一起案件。

可能还会有人说法律规定非常明确，就是十年以上十五年以下，最高法院的司法解释则进行了细化规定，法院照章办事没有任何问题。这样的说法是符合法律规定的，但是这样的说法是不正确的。为什么这么讲？在以前还没有量刑指导意见的时候，法院的量刑一般是法官决定最后的刑期，弹性比较大。后来最高法院针对常见犯罪出台了具体的指导意见，比如某个罪名什么情况下判多少，法官自由裁量的空间是比以前小了，但是案件结果要套用量刑意见，量刑意见的适用前提是案件的事实，而案件事实仍然是由法官来认定。也无非是把一个大的抽象的量刑的范围改成了无数个小块量刑的范围。然而无论是大与小，抽象永远包含其中，比如说认罪态度好与不好的问题，认罪态度好减多少？认罪态度不好减多少？好与不好的认定是有弹性的，这个量刑意见没有改变也是改变不了的。正是因为人为的因素比较大，导致了不仅在最后刑期而且在决定刑期的某一个量刑因素上也存在认定的抽象和伸缩度。当然，任何一个国家的法律制度都不可能规定得过于死板，法官的自由裁量权是必需的也是世界通行的做法。而我们现在恰恰把它规定得很死，不敢越“雷池”半步。

有些人认为办案子很简单，《刑法》怎么规定，司法解释怎么规定，画一个等号，像方程式一样。殊不知，我们处理的是案件，是一个社会问题。我们的法官、我们的法律人甚至法学家更多的是要往社会学的方向转变，逐渐变成一个社会学家而不是慢慢变成一个数学家，不对，是退化成一个经常在法庭上运用算术的小学生，在处理一个没有任何人文含量的方程式。我希望每一起案件，无论在案件定罪的准确度上还是在量刑的合理度上能够更加精准，逐渐演变为能真正实现社会调剂功能的法律人。

本期节目做到最后，就是希望能够在案件中体现出社会层面的人情与法律的契合度，进而能影响到每一个案件的当事人，并对这些当事人之外的社会民众产生积极的效果。还是那句话：天理国法人情的统一，这是我们老祖宗留下来的司法理念。

复旦投毒案：有一把屠刀叫“投机”

人生苦短，我们有没有资格配得上这份苦难，包括死亡。黄洋已去，林森浩三年多亦随其后。生命的荒唐或庄严，我们应总结。相对社会问题，法律问题永远次之，乃法理合一中天理国法之序位。投机而疯狂的不良信息弥漫在高校，人群里热闹的孤独像烟花燃于天空，美过之后是散落和缥缈。思想，仍然饥饿。飘散的心和贫瘠的头脑主宰着躯体。去纵欲，去屠杀，毫无虔诚与敬畏。人都有一死，在走向这个终点的路上去尽最大可能实现自己，这才是生活的意义。共勉美国神学家尼布尔 1934 年写的《宁静之祷》：上帝，请赐我宁静，去接受我不能改变的一切；赐我勇气，去改变我所能改变的一切；并赐我智慧，去分辨两者的不同……

事件回顾

2013 年 3 月 31 日下午，林森浩以取物为借口，从他人处借得钥匙后，进入复旦大学附属中山医院 11 号楼 204 影像医学实验室，取出其于 2011 年参与医学动物实验后存放于此处的、装有剩余剧毒化学品二甲基亚硝胺原液的试剂瓶和注射器，并装入一个黄色医疗废弃物袋中带离该室。

2013 年 3 月 31 日 17 时 50 分许，林森浩携带上述物品回到其宿舍 421 室，趁无人之机，将试剂瓶和注射器内的二甲基亚硝胺原液投入该室饮水机内，后将试剂瓶等物装入黄色医疗废弃物袋，丢弃于宿舍楼外的垃圾桶内。

2013 年 4 月 1 日 9 时许，黄洋在 421 室从该饮水机接水饮用后，出现呕吐等症状，即于当日中午到中山医院就诊。4 月 2 日下午，黄洋再次到中山医院就诊，经检验发现肝功能受损，遂留院观察。4 月 3 日下午，黄洋病情趋重，转至该院重症监护室救治。

2013 年 4 月 11 日，上海市公安局文化保卫分局接复旦大学保卫处对黄洋中毒事件报案，上海警方接报后立即组织专案组开展侦查。林森浩在此前，包括在接受公安人员调查询问时，始终未说出实情。

2013 年 4 月 12 日零时许，公安机关确定林森浩有作案嫌疑并对其传唤后，林森浩才如实供述了其向 421 室饮水机投放二甲基亚硝胺的事实。

2013 年 4 月 16 日，黄洋经抢救无效，于当天下午 3 时 23 分在上海某某医院去世。经法医鉴定，黄洋系因二甲基亚硝胺中毒致急性肝坏死引起急性肝功能衰竭，继发多器官功能衰竭死亡。（来源：网络）

当名牌大学和投毒联系在一起的时候，我们感到恐惧。上海复旦大学两个学医的研究生同学，其中一个在寝室的饮水机里面下毒，致使另外一位同学死亡。这起事件让人联想到之前发生的马加爵案件等一些发生在高校里大学生之间的刑事案件，人们再一次把目光聚焦在这些非正常的难以理解的悲剧中。

复旦投毒案经历了一审、二审以及最高法院的死刑复核程序，罪犯或者讲林森浩已经被执行死刑，无论犯有多大的罪行也应该得到宽恕了，所以现在我们只用他的名字。

这起案件经历三年多的时间，这段时间里不断公开许多新的事实和新闻点，围绕此次事件也有很多的意见和评论。我简单列举，比如说林森浩是不是应当判处死刑，复旦大学 170 多名学生上书要求给林森浩一条活路，被害人黄洋的同学则写信到法院认为应当对林森浩判处死刑。还有一些角度的讨论，比如大学生教育的问题等。关于死刑本身存废问题的进一步讨论也使得这个事件不断发酵。大家的关注点各有不同，我们本期节目来探讨这个话题，是想在此案尘埃落定之时进行一次不一样的梳理。

人生而苦难。我们都知道一句话：人终有一死，或轻于鸿毛，或重于泰山。我更喜欢另外一句话：人生的重点不在于苦难，而在于我们能不能配得上这份苦难。现在这个案件看似已经结束，黄洋不治身亡，林森浩被执行死刑。这样的结局能不能配得上人生的苦难？我想答案是否定的。一个生命不应如此轻易地消逝。

我刚才讲了这期节目要做一次不平常的梳理，不平常在哪里？法律节目一般来讲会注重对法律的分析，对一些证据包括最终的诉讼策略的讨论，但是我在此把它放在一个次要的位置，原因就在于任何一个诉讼或者说任何一个法律制度都是为了社会问题而服务的，这是手段和目的的关系问题。手段固然重要，但排在第一位的永远是目的，所以这起案件除了讨论法律问题之外，更重要的是要关注本案所折射的社会问题。

我们这次的讨论重点集中在本案的两个当事人：林森浩、黄洋。黄洋在生前没有留下任何的线索，相反，林森浩留下了很多的线索。尤其是我们从林森浩在一审结束之后写的忏悔信里能够看到一些当时的实际情况，更重要的是，从这封信里能够看出林森浩当时的一些心理活动和状态。正是因为这些线索才形成了广泛谈论的社会话题，因此我有必要在此宣读一下这份不一样的忏悔信。

当我还在自由世界里的时候，我在思想上是无家可归的。没有价值观，没有原则，无所坚守，无所拒绝。头脑简单的人生活在并不简单的世界里，随波逐流，随风摇摆，兜不住的迷茫。要成为一个什么样的人，对我而言，是很不清晰的。这迷茫与想要有所改变的内心诉求成了我身上最主要的矛盾。我一直在认识自己。某日，我在某电视节目里听到一句话：成功的人都是善于制定规则的。这话在当时我的心里引起了强烈的共鸣。我恍惚地以为我找到了突破口：我要成为一个善于制定规则的人，在生活中要不吃半点亏，还要欺负欺负别人。也许就是这样的一种模糊的认知隐隐地引领着我犯下了这个罪大恶极的过错。黄洋喝了水之后，我一直很后悔，尤其是在黄洋住院、我见到了他父亲之后。但那时的我，是很难把真相讲出来的。那时的我，内心是荒凉的，是枯寂的，没有勇气，也没有责任心，有的只是自私与不负责任，有的只是逃避与自欺欺人，有的只是惶恐与不安。就连对我的家人，对我的父母，我都没有告知，即使是到了我被学校保卫处传唤，即使是到了我被带到派出所，我也仍然没有告诉他们。我非常对不起你们：黄洋的父母亲人，还有我的父母家人，你们二十几年殷殷期盼，在就快要成为现实的当口，却因为我一时的无知而幻灭了。这是怎样的一种摧残！如今的我大概是可以感受的。可惜现在一切都已经太迟了！今天，我选择了上诉与自我辩护。对于结局，我不敢有所奢望。如果我侥幸还有机会，我将在后面的日子里竭尽全力地补偿你们，服侍你们终老；如果我还是走了，那也只是我的报应，希望你们能从丧子之痛的阴影中走出，好好地活着。或许有另外一个世界，在那里，我们将为着自己的过错而赎罪。同时，我也希望，千千万万的年轻人能从我身上吸取到教训，引以为鉴！

我们不难发现，这封忏悔信里林森浩的语言表述以及他的一些认识，能够看得出他受过良好的大学教育，更重要的是，这封忏悔信为我们传递了事件发生前后的线索。

林森浩多次提到在精神世界里他是无家可归的人。有很多的评论认为，我们现在的大学教育总是培养出一种极致的实用主义、利己主义者。这不由得让我联想到一些国外大学的教育方法，比如哈佛大学的商学院，所有的学生无论入学之前多么优秀，在入学第一年之内超强度的学习会让每个人不同程度地感受到压力并产生对自己的怀疑，学生们没有过多的时间和空间去想一些个性的东西，所有的人接受共性的教育以及对精神的共同锤炼。西点军校更不用说，有军规。西点军校有一句很重要的话，大意是在入学之后打掉你身上所有的个性，在这里重建共性。一种共性与个性之间的选择问题，这有点儿像我们的部队。当这些人走入社会之后，在他们身上仍然有共性的一种精神和灵魂。如果一味追求个性，标新立异，那么这种个性所带来的更多的是一种无归属感，就像林森浩所讲的“精神上无家可归”。

这种个性的膨胀最终所导致的悲剧，实在配不上我们所遭受的苦难。对于共性的建立，对于归属感的打造对整个大学生或者社会来讲都是极其重要的。

我为什么这么讲？我们谈谈下一个问题。

林森浩在忏悔信里提到，某一天听到某个电视节目里说，善于制定规则的人才是成功的或者说成功的人大多数都是善于制定规则的人。可以看到，我们的舆论导向会起到外因的作用，与内因共同作用最终导致一个不可想象的结果。所以说林森浩事件真的就是他一个人的原因吗？我想我们的社会也应该承担责任。

展开来讨论，什么叫规则？规则更多的是一种秩序。善于制定规则那就是善于制定秩序，而秩序不宜善变，社会也需要有一个相对稳定的秩序，基于此才能建立起人与人之间的信任关系。校园中，良好的学习生活秩序与同学之间的信任才能构成一种良性的互动。

如果总是强调个人都来制定规则必然破坏良好的社会秩序，后果显而易见。对秩序和规则的破坏严重影响人们之间的信任关系。

关于信任与秩序的关系，大致分为四种类型。第一类是有秩序但没有信任，这是一个为了追求秩序而丧失自由与繁荣的社会；第二类是有信任没有秩序的社会，这是不存在的，因为有信任一定会有秩序；第三类是没有信任也没有秩序的社会，这是一个混乱的社会，就像我们这个案子所反映的，人与人的关系发生扭曲；第四类是有秩序也有信任的社会，这是一个高度自由繁荣的社会。我们的舆论导向要特别注意这个问题，年轻人包括这些大学生们其人生观和价值观还不成熟，社会上的观点会对他们造成一定的影响，因此我们全民都应该为了建立一个信任的社会秩序努力。学生们能够在思想上有一个家，有一个归属，他们知道可以做什么，不可以做什么，而不是说随意制定规则。

这封忏悔信里值得关注的另一个问题是，在黄洋被发现中毒之后一直到不治身亡的十几天的时间里，林森浩的表现是什么？按照他的说法，没有勇气去面对，自欺欺人与逃避等。在我看来这样的行为是投机，他的投机不是像他所说的认为实验室里面的小白鼠在注射过后一段时间就能恢复，也不是在于认为黄洋服毒之后能够自然恢复，因为已经过了十几天的时间而且黄洋的症状越来越重。他的投机是什么？是以为可以瞒天过海。如果他认为这个事情瞒不过去，迟早要面对如此严重的后果，我想他的行为不会这样冷漠，这一点在他的忏悔信里面也已经有所涉及，最后他讲，这一切都来不及了，太晚了。

关于投机的问题是最应该受到重视的问题。在这个案件中投机不仅仅体现在林森浩身上，还体现在其他人的行为上。简单举几个例子，二审的庭审与一审的庭审中有关犯罪主观动机的事实方面的区别以及到最后最高法院死刑复核结束之后，他跟家属有一个很短暂的会面，会面的谈话内容令我非常震惊。谈到了林森浩是不是不同意换律师，没有配合做一些翻案的举动，当然这来源于媒体。如果属实，虽然我完全且非常理解挽救林森浩生命的初衷和意愿，但是这种心情要采用什么样的方式，这个方式是否从合理的角度考量，我则有非常不同的意见。从律师的角度来讲，多年以来我与此类案件有过很多交集，深有体会。在一些法律的技术问题与常理相悖的情况下应该如何进行选择，应该如何去形成自己最终的辩护思路或者观点，我们经常会遇到这种问题。任何一个刑事案件对每一个家庭的影响都是很大的，就像一颗石头扔到湖里面所泛起的波澜与之前的平静的湖面是完全不一样的，所以说当某一个刑事案件发生之后，家庭内部本身就与发生这个案件之前是不一样的，同时他们又要面对法律技术问题。进一步来说，除了面对法律技术问题，比如是否选择上诉等，更多的关注点在于怎么样能达到他们的目的。

作为律师，我们除了专业的法律技能和辩护技术之外，更多的时候要对案件的法律关系进行梳理，对当事人进行一次辅导，这个辅导更多的是一次“理”的辅导。我经常讲辩护的“法理合一”，一个不讲理的法律技术是没有根的。这起案件到最后都还在讨论一些法律技术问题，而且这些技术问题在一般人看来是有保留意见的。所以说在这里我也呼吁或倡导我们的法律从业人员，也包括我们遇到一些案件的家属更多的重视法律技术，这是很重要的。

那么法律技术应该怎么去用？有很多人包括我们律师自己也有人讲，律师就是法律工匠，没有什么技术含量。但是我完全不同意这种谬论。律师更多的时候应该是社会学家，或者说偏向社会学方面，律师的工作也并不是一个流水化的标准作业。任何一个案件的当事人心里面都有向善的一面，也有从恶的一面，律师更多的是用自己的专业技术把这些向善的一面充分地挖掘出来，而不是挖掘相反的一面。

第三个问题是关于年轻人或者初入社会的人应该以什么样的心态和姿态来面对这个不确定的社会。我谈谈我个人的感受。前段时间中国人民大学的学生来律所参观，之后安排了一个座谈会，我给他们讲了四点：第一点，作为一个人，要立足于社会，一定要做一个有用的人，这个有用是基于生存的根本。很显然，本案中无论是林森浩还是黄洋都已经是有用的人，他们有知识、有学识。第二点，是应该怎么去用自己的知识，成为一个什么样的有用的人。用你的知识去干什么？干一些社会所接纳的、自己开心的事情还是做一些社会不可接纳的、阴暗的、内心受到谴责的事情？第三点，应该开心地去用学识，在运用自己所学知识的过程中体验到快乐，体验到生命的乐趣以及职业的成就，人是需要快乐的。第四点，我跟他们分享了一句话，是我看到的非常喜欢的一句话："做我们自己，实现我们能实现的自己，这就是生活的终结。"这句话的论点很高，生活的终结是什么？就是做我们可能实现的自己。我想这句话对我以及对很多人应该会有所触动，所以我在最后跟他们说：你们在这条未知的人生道路上，能够在获得幸福感和快乐的前提下一步步地刷新你们的成绩。

在网上看到类似的悲剧事件的时候，大家经常会讲到一个词，命运。很多人在极度脆弱、很无力的状态时，会用命运这个词来解释一切。但是面对命运，面对这种苦难，我想用另外一句话来作为本次节目的结束语。这是美国一个神学家的名言，名字叫《宁静之祷》，一个祈祷文。他是这么说的："上帝，请赐我宁静，去接受我不能改变的一切；赐我勇气，去改变我所能改变的一切；并赐我智慧，去分辨两者的不同……"这句话也分享给大家。

我们每个人可能都需要一部宁静之祷，让我们能够与内心的苦楚达成和解，让我们青春的激情插上有方向的翅膀，以抵抗未知的命运，以配得上人生中要经历的苦难。

百度贴吧：技术的芭蕾

任何一项技术，都有梦幻般的魔力。从风靡全球的 AK-47 到互联网技术的逐步发展，技术，以其独特的魅力让无数人痴迷与膜拜。烟火的熏陶、冷暖的交替，每一项技术开始有了寻常里宿命的曲线。如何跳好技术的芭蕾，考验着我们。

事件回顾

2016 年 1 月 10 日，百度血友病贴吧原吧主、血友病患者以“蚂蚁菜”为名，在“知乎”上发帖称，百度公司将血友病贴吧售卖给陕西医科大学血友病研究院；之后，包括吧主在内的原吧务成员无端遭撤换，他们曾经发布揭露骗子的网帖遭遇批量删除，贴吧内曾经被打压的骗子又开始活跃，新来病友极有可能被骗。此事先在“知乎”发酵，尔后迅速在微博、微信朋友圈传播。多家媒体调查采访后，称证实确有此事。

1 月 12 日，百度公司公开回应称，百度贴吧所有病种类吧全面停止商业合作，只对权威公益组织开放。并表示已有 3 人恢复血友病贴吧管理岗位，后续工作正在积极展开。

1 月 16 日，国家互联网信息办公室（以下简称“国家网信办”）约谈了百度公司负责人，责令其整改。

当天下午，百度再次对“血友病吧”一事做出声明，承认“在贴吧商业化运营管理上的失责和对吧友声音的忽视”，并表示“正在重审内部决策和审批流程，从源头肃清问题，全面整改”。（来源：网络）

本期我们讨论的话题关于百度贴吧事件，此次事件起因很小，最初的两三个承包人在网上发出帖子，披露百度将贴吧出售给商业组织。经过一段时间的发酵，最后李彦宏出来当面道歉并对贴吧后期的改正做出了一些安排。但是，从这次事件我们可以看到，很多人对百度商业模式的运营过程是否做到自我管控、自我净化，杜绝再出现此类经营模式，持有消极的态度。

评论指出：“百度贴吧事件摒弃了技术无罪说，或者是对技术无罪说法的一个否定。”首先关注一个问题：技术是有罪还是无罪？先要明确的是，这里指的罪是罪过，是通常理解的罪与罚层面的广义的罪过，并非特指构成犯罪。

关于技术的问题，在之前的节目里也谈到了技术进步对人类发展进程产生不可或缺的、具有重大意义的改变，的确给我们带来了很多积极的影响。我举一个很极端的例子：AK-47 突击步枪。AK-47 被称为“长枪之王”，是由苏联枪械设计师米哈伊尔·季莫费耶维奇·卡拉什尼科夫设计发明。更有莫桑比克、津巴布韦等国家将 AK-47 作为其国家国旗的图案元素，苏联也曾把 AK-47 设计为硬币的图案。AK-47 受到了人们的追捧，前所未有地获得了其他任何枪支都无法代替地位。AK-47 的发明者也获得了很高的殊荣，但是他说：“看到各种犯罪分子用我（发明）的武器开火时，我感到痛苦。我创造这种武器的初衷是保卫自己的祖国”，并表示“我宁愿当初发明的是割草机而不是突击步枪”。可以看出，一方面技术可以作为追求正义的手段；另一方面，技术也是杀戮和战争最强有力的支援，所以在这个问题上可以得出的结论是：从技术本身的角度来讲，技术是无罪的。

而，区分罪与非罪的是使用技术的人。菜刀是用来切菜还是用来行凶，性质有天壤之别。所以说我们不能一看到跟技术沾边的就一概否定，技术也给我们带来了巨大的进步和便利。因此，要严格区别使用技术的方式，要有所甄别，而不是人云亦云，更不是不加区分地片面的断定。

百度贴吧这起事件中，有没有触犯到法律的规定？

在我看来，法律并没有禁止转让，也就是说，转让并没有违反法律的规定。这里需要强调一点，法律作为社会保障的最后一道门槛和最后一个程序，不可能过多地或者过于主动地干涉市场经济的交易行为。但是我也并不否认百度贴吧进行的转让被一些不法的或不良的广告入侵，影响到了长期使用百度贴吧进行交流的患者用户群，这个行为是不妥的，但是并不构成违法或者说犯罪。

百度贴吧的转让使它的使用者们极为不满。我们需要绿色的、净化过的互联网的交流平台。作为百度贴吧的管理者，本应可以净化网络环境或者摒弃一些不良的信息和广告，这是应该做到但是不去做，因为金钱，这就是原因。按照网上所披露出来的信息，百度贴吧之所以转让是因为百度内部的竞争非常激烈。如果这一信息属实的话，则百度是用浮躁的心态做了一个浮躁的决定，而将一些更重要的价值观摒弃在外。但是法律对于这些浮躁心态下的但并不违法的问题不好太过干预。

下一个问题是前段时间快播案庭审过程中关于控辩双方在法庭上的表现，有的说控方完胜辩方也有说辩方完胜控方，似乎有一种舆论的暗流没有方向地打来打去，一会儿支持辩方一会儿支持控方。这里提到这个案件，是考虑到我们在对事情做出判断的时候，支持我们进行准确判断的是技术，从律师的角度看是辩护的技术，从大众的角度讲是追求明辨真相的技术。无论对于控方还是辩方，如果在技术上不成熟则会受到很多无谓的干扰，这一点辩方的感受会更多一些。

在办案过程中，对于一些法庭上所出现的不讲理、讲歪理甚至强词夺理的陈述和证据，我们明明知道有问题，但是依然要往前走、要克服这些障碍。前段时间的快播案件反过来了，控方则需要面对和处理一些障碍，是不是也可以讲风水轮流转呢！其实，无论是辩方还是控方，谁遇到这种事情都不是什么好现象，而是要更加理性地分析案件，争取双方能达成一个共识，不是你赢我输，更不是你强我弱或者利用一些舆论等方法使案件复杂化。

如果说有人开餐馆请厨师是为了给社会提供服务，那么我们法律人提供法律服务则必须要认识到技术的重要性并有足够的技术加持，拨开案件的迷雾逐渐发现真相，以便在力所能及的范围内为社会提供服务！这也正是我们的社会意义和价值所在。

互联网金融：变化的思维

从互联网金融开始谈起，我们正经历着一个变化的时代。变化，初渐谓之变，变时新旧两体俱有；变尽旧体而有新体，谓之化。变化的思维，不变的情怀。

事件回顾

互联网金融（ITFIN）是指传统金融机构与互联网企业利用互联网技术和信息通信技术实现资金融通、支付、投资和信息中介服务的新型金融业务模式。互联网金融不是互联网和金融业的简单结合，而是在实现安全、移动等网络技术水平上，被用户熟悉接受后（尤其是对电子商务的接受），自然而然为适应新的需求而产生的新模式及新业务，是传统金融行业与互联网技术相结合的新兴领域。2016 年 10 月 13 日，国务院办公厅发布《互联网金融风险专项整治工作实施方案的通知》。（来源：网络）

本期我们讨论的话题是从互联网金融开始谈起，细心的人可能会听出来细微的差别之处，我一般都会讲本期话题我们讨论的是什么内容，但是我今天讲我们讨论的内容是从互联网金融开始。也就是说，我们今天的节目是基于互联网金融给我带来的一些感受和启发，让我逐渐联想到一些别的事情。我想把我的一些想法呈献给大家，从而形成了这期节目。

关于互联网金融我想解读的侧重点很简单，就是对互联网金融从前几年的大力支持到现在实施了更有力度的监管。当然这中间互联网金融本身也出现了一些情况，因此从支持到监管的转变也没有问题。

从互联网金融，我想到了我们国家这么多年来一个很普遍的现象，那就是招商引资，包括省里的、市里的、县里的等各个层面都有招商引资。当时是在一个特殊的背景下，把一些有钱的企业吸引过来，给一些宽松的土地政策、税收政策等优惠条件。后来由于各种原因也出现过“严冬”现象，对这些企业进行了不同程度的限制。“严冬”出现的原因中比例比较高的是政府主管领导的更换。这个特殊的现象所带来的影响是巨大的。前段时间我遇到的一个投资商，因为当年招商引资的地区现在对一些低端的产业进行外移，政策上讲是有序的外移，但是实际执行过程中就有只管外移不讲有序的现象。这样就存在一些问题，比如投资者在当时背景下投资的财产如何保护的问题。所以当很多种因素导致投资者在当时招商引资的政策下享受一些支持到现在政策扶持弱化，可以理解有一种不公平的感觉在里面。

通过招商引资我又联想到我们在法庭上经常会遇到这样的情况：对同样的内容在不同的角度可以解读出不同的含义。这是我们这期节目内容的重点。

我们都知道“变化”这个词。每件事情或每个人都在不停地变化，无论是企业家、投资者抑或是律师以及当事人，我们必须能够认识到这是一个变化中的社会。改革开放40年来，在某些领域或多或少地积累了一些问题，这也促使我们要认识并想办法解决问题。

认识到并不代表可以解决。首先需要解决的第一个层面的问题那就是如何应对这些变化。我举一个很简单的例子，比如说同样一份证词，当控辩双方以及证人本人有不同的说辞的时候，法院应该如何去应对？这是个技术问题。我们必须保证在这种变化之中我们有哪些东西是不变的或者说有哪些东西是可以坚守的，这是我想说的。认识到变化，就要应对这些变化。我刚才讲到应对这些变化可能需要一些技术，比如说从法律的专业上判断哪些说法是有道理的？哪些说法是没有道理的？如何支持有道理的？如何否定没有道理的？支持与否定的依据和方法是什么？既需要外围的一些取证也包括内部的一些突破等技术手段。还比如说招商引资的问题，我们要坚守的这些内容，如何能够坚守得住？如何去应对？不仅要认识到这是一个变化，更要有能力去应对这场变化并且在应对的过程之中保持取胜，当然这里的取胜是正义的胜而不是虚伪的或者不讲道理的胜。

当一个案件尘埃落定之后，律师在下一个案件中或者在处理类似案件的时候，这起案件中的应对之策也一定会成为下一个案件的经验，用老百姓的话讲叫“吃一堑，长一智”。虽然有时候学到这种知识的代价有点儿过大，但是如果吃了亏反而还没长记性，就更得不偿失了。用老百姓通俗易懂的话来讲，就是说在投资或者在案件准备的时候一定要把变量和变化的思维以及我们如何保证在变化中取胜作为决策的依据，一个非常重要的依据。我想只有非常充分的考虑才能尽量防止一些我们预料不到的变化，这个准备是必需的。

从律客先生本身的角度来讲，我认为更重要的在于提醒大家要用变化的眼光看问题，更要拿变化的眼光来决策问题。律师或者法律人也一定要用变化的角度进行考虑而不能一成不变。我曾经说过不要犯经验主义的错误大致也就是这个意思，经验有时候会害死人的。有时候我们在这个地方的经验可能到那个地方就不适用了，因为经验是建立在人的认识之上，而人的认识是会改变的，所以说一定要保证一个变化的眼光来做事情。

如何去改变？如何在改变中保持优势？

《礼记·中庸》讲“变化”：“初渐谓之变，变时新旧两体俱有；变尽旧体而有新体，谓之化。”它将变和化分为先后两个不同的阶段，而我们应当考虑在“变”之后如何能够“化”，能够固定下来？

刚才讲到变化有一种不安定的因素，但是人们又不可能一直处在变化中，仍然需要适当的稳定性。所以需要从变量里面寻找和提取一个有迹可循的、可以在以后也参照适用的固定的规则。

变化有两种结果：一种是肯定的，另一种是否定的。肯定的结果符合事物发展的规律，否定的结果则是逆发展的规律，是更落后的改变。

关于变化的否定性的结果我有很深刻的体会，我讲一些小的真实的故事。在上文中提到过关于证据的问题，比如说两份证据是相同的侦查人员在同一时间针对不同的人并在不同的地点形成的证据，这显然是矛盾的。笔录上显示侦察人员在同一时间针对相同的证人在做笔录，但地点却相隔千里。也就是说这样的证据违背了最基本的常理，当然是不可信的。问题怎么解决呢？最后的解决办法是侦查人员自己回去说明解释一下就可以了，证据仍然有被采信。我亲身经历的行政执法在以前的年代相对于刑事侦查来讲比较随意，或者说程序上并没有特别高的要求，有些案件中将行政执法的证据直接作为刑事案件的证据，我们提出了很多的问题，比如说这些行政执法的证据首先在取证主体上是不合法的。刑事诉讼的取证主体仅限于公检法以及有辩护权的律师，而行政机关不是司法机关，不是取证的主体当然也就没有取证权。这些问题提出来之后，法律修改为行政机关提取的客观证据可以使用，但笔录等言辞证据是不可以使用的，包括纪委形成的笔录也是不可以使用的。这种折中修改的原因就是这些机关不属于司法机关，虽然物证和书证做了一个退而求其次的选择，这个底线我们还是坚守住了。

我想特别说明的是，在不断的变化中通过大家的努力让一些规则慢慢地往有利的方向发展，这是我们这一期节目的意义所在。还有一个例子或许更能说明问题，也是一起刑事案件。在办案过程中，我们拿到卷宗后在看守所跟被告人核对的时候，之前对于是否允许核对是未知的，并没有明确的规定，后来在修改刑事诉讼法的过程中，我们极力争取和发声，最后法律修改为可以进行核对。现在很方便，也很人性化。这就是在变化中我们把一些规则进行了固定，朝着有利的方向进行了固定，这是很值得称赞的一个改变，是一件很有意义的事情。

最后我想说，我们身处一个变化的大时代，对这个大时代要有思想准备，而后尽我们的可能去做一些有意义的事情，由变到化并朝着有利于社会发展的方向，我想这也就是我们工作的意义所在。可能在这个过程中会付出很多很多的代价，但是既然有代价就应当“用好”这些代价而不要辜负了这些代价，这也是我们这期的节目想要传达的想法。

模特整形，为美付出的代价

美，本身没有什么阴郁的色彩，只有精神的畅快和隐藏不住的愉悦。然而，当模特、整形、手术死亡、监控被删、诉讼受阻等关键词相互交织的时候，复杂与恶念慢慢掩盖了美的痕迹。知识，可以成为美的仰慕之光，亦可以变成美的扼杀之器。本期话题：美与知识。

事件回顾

2016年2月，原本是一位模特的黄小姐，在丈夫的陪同下来到整形美容医院做双眼皮整形手术和隆胸手术，死在手术台上。

据黄女士的妈妈介绍，事发当日上午11时许，黄女士在其丈夫的陪同下，一起来到该整形美容医院，做的是双眼皮整形手术，“上午11点左右进手术室，到了下午2点多说她已经不行了。”黄女士的妈妈听说女儿出事后，马上要求女儿转院，但是该整形美容医院却称其情况不稳定，“我后来知道，下午2点40分左右我女儿已经去世了”。（来源：网络）

本期我们讨论的话题是“整形死亡”，“整形死亡”并不是新闻而是长期以来的话题，每一次类似事件的发生都能引起人们很大范围的讨论。最近报道的一个事件：有一个20多岁的模特进行整形手术死在了手术台上。我们将本次事件作为一个话题来进行讨论，是因为这个问题屡屡出现在人们的视野里，与包括医疗事故等因为医疗行为所引发的各类纠纷一样，已经到了非常严重的地步。

2014 年，最高法、最高检和公安部等联合发布《关于依法惩处涉医违法犯罪维护正常医疗秩序的意见》，对医闹行为进行严厉的处罚，这些规定出台后能不能起到应有的作用还不得而知，但这个规定本身有没有问题？会不会演变成为一种医方的尚方宝剑，成为其推卸责任或者压制患者的一个手段？现在还不太好讲。从另外一个角度我还想再谈一谈此类事件给医务人员的影响，很多从事医务工作的人也许就是你我的朋友甚至是家人，他们现在一个普遍的感觉就是从事医生这个职业的风险在慢慢加大，由此风险而引发的一系列影响包括身心的、外围的，可控的、不可控的，自己能处理的和自己处理不了的，等等，这些风险形成一种未知的恐惧。这两个问题放在一起我更加觉得今天话题的讨论很有必要，一方面是患者受到病痛的折磨去就医都有一个良好的愿望，希望医生能够尽职地看病，我们也很愿意相信医生能够尽责，但是因医疗纠纷而起的矛盾依然很多。

关于医疗纠纷，大家的看法并不一致。道理很简单，我们如果是去医院的患者，那基本上会站在患者的一方认为医生应该承担更多的责任，因为我们自己包括家人都会生病，所以自然会站在患者的角度去考虑这个问题；反过来讲，如果我们自身是医生或者我们家人朋友是医生，也一定会觉得这种不加区分的或者过分强调责任的承担是不理智的，因此，观点分歧就凸显出来了——是我们的位置或者老百姓常讲的“屁股决定态度”，当然这是不科学的也是不合理的。

现在我们从理性的角度来探讨如何能有一个更好的制度或方法来解决这个问题，这是我们本期的内容所在。

前文提到的因整形而发生事故甚至失去生命的事件并不少见，

与一般的灾难相比又有一些不同。比如说曾经谈到的地震，那叫天灾；电梯管理的疏忽造成事故，那是人祸；那么美容和整形既不是天灾又不是人祸，而是基于一种更美或者活得更有自信的初衷进行消费或者接受的医疗服务，由此发生的事故一定是一个不寻常的悲剧。但是换位思考，人不可能没有过失，不管是大人还是小孩抑或任何一个职业，也无论这个职业多么崇高都不可能保证绝对不犯错误，这是不可能的。

那么这对矛盾体又该如何去解决?

一方面，对于在主观上没有故意或重大过失造成了客观的伤害结果的行为人不应给予过度的处罚，否则对于每一个从事这项工作的人这都是一种负担，并且这种负担反而会影响其正常的工作。不仅国内的医务人员会有过失，美国天王巨星迈克尔·杰克逊的去世也正是其私人医生的过失所导致的。每个人不可能绝对不犯错误，因此不加区别地苛以重责一定是武断的。

另一方面，关于“整形死亡”跟一般的医疗事故之间的区别，我想应该重点提出来。从接触到的一些实务中我们了解到医疗纠纷愈演愈烈，其中一个因素是在问题解决的过程中出现了很多问题，院方通常认为事故的原因就是患者自身存在一定的问题，这个作为诱因才导致最终死亡的结果。这是院方很常见的思维和做法，虽然这一理由经常被患者严重质疑。

但是“整形死亡”不存在患者自身原因的问题。如果患者本身有影响到整形的自身原因就不应该开始手术，除了明确告知患者自身存在会导致风险发生的原因，患者自愿冒险的情况外，任何一个整形手术发生的意外都不应认为存在患者自身的免疫力或者病变等问题。在这种情况下，医疗行为本身是否合格作为评价的唯一标准，也是唯一原因，不存在推脱的空间。做这期节目我是有考虑的，因为医疗行为太过专业也太过庞杂，在不了解具体案情和事件背后的原因及信息的情况下武断地去发表一些观点是不负责任的。因此，我们将此话题限定为医疗机构或医院的整形部门，在没有其他原因可以排除的情况下对其医疗行为导致的结果进行的客观分析。

下一个问题，如何来分析其中的责任及处理方法？

现在很多医院都让患者签署同意书或告知书，但也不是特别普遍，有一些小的医院或者说不是很重视这方面的医疗部门，在这个问题上还是有所欠缺。当然我讲这个问题并不代表我完全赞同以让患者签署知情书或告知书来豁免医方的责任。因为除了整形这种为了追求更好的生活状态而进行手术之外，还有一些必须去医院进行治疗的患者，如果把所有的风险告知家属并成为医方的免责理由，会不会使一些本应也能够避免的结果，却在医务人员不够负责的情况下出现，然后通过一纸告知书来规避医方应承担的责任。这个问题我们先不去考虑它，因为到目前为止还没有更好的方法予以替代，我们必须兼顾双方。一方面是患者就医的急切的心理；另一方面医方仅仅是从事一个救死扶伤的工作，抛开具体的案情无法笼统地谈医方的责任。

手术之中的问题更多地要依赖于医学，而事故不幸发生后的处理过程则要更多地依赖于法律。

个案的处理结果不仅会影响到具体案件的当事人，还会对以后类似的案件具有参考价值。而现在的处理办法我认为是非常不完善的。医疗本身是一个信息完全不对等的领域，医方天然地掌握着各种医疗知识而患者更多的时候根本不懂，尤其在时间紧迫的状态下，患方对医生的医疗方法是否准确无从判断。医方还天然地掌握着证据材料，包括视频以及病历等，医院掌握着证据的优势。

如何打破这个僵局？由谁来打破？

僵局的打破依靠前期的并不中立的调解包括医学会、医疗调解机构等，最后毫无疑问是司法机关。但是，问题的根本所在是司法机关太过依赖专业机构所作出的鉴定意见，比如说医学会出具的报告，鉴定机构出具的结论，几乎已经是鉴定代替审判的程度了。问题就出在这种实质上不加审查地接受鉴定所带来的恶果——医学会包括鉴定机构的结论相当于最终的结果，这是司法的悲哀。规定了司法机关要进行审查，但现在的审查环节几乎空白。而且当一方提出意见的时候，所谓的救济程序也仅仅就是走个程序，只是个程序而已，要撼动医学会包括鉴定机构的结论非常之艰难，这是不应该的。司法机关的这个审查环节不应该失控，不应该把实质的权力给了医学专业机构。原因很简单，因为这些机构跟当地的医疗部门有着千丝万缕的关系，有些鉴定机构的鉴定人员甚至就是涉事医院的医生，你让医院自己的人出具一个有关自己的报告，并且出具的报告相对方还根本不懂，他们会怎么出具？我们又有什么让人信服的措施来保证这份文件不出问题？事实上关于鉴定人和鉴定机构出问题的事件太多了，爆出的丑闻也不绝于耳。这样说的初衷只有一个：专业人士、专业的机构不仅为了自己谋生，更是为了把这些专业的知识为社会所用，这才是专业知识所应有的意义。

在医务部门不可控，患方对医疗知识缺乏而医方拥有专业知识这种信息极端不对等，司法审查环节形同虚设等情况下，我想最好的解决办法是引入专家证人制度，并且引入专家证人的市场化制度来解决问题。

懂法律的人应该知道专家证人制度，但我们理论上提出来的专家证人制度与国外成熟的专家证人制度相差甚远。最主要的原因是现在的专家证人仍然脱离不了体制或者与体制存在千丝万缕的关系，而且专家证人制度的落地还有很长的路要走。真正的解决办法是要以专业对抗专业，向市场化要真正的专业，而不是伪专业。在专业的对抗中让中立的司法机关听清楚哪个更有道理，以此做出判断。刚才讲司法部门失控其实除了专家证人的出庭不成熟之外，还有一个很重要的原因是医疗纠纷专业性比较强，但不可能要求司法人员既懂法又懂医学。专家证人制度被国外很多的案件证实是科学的诉讼程序所必需的制度，专家证人涉猎广泛，比如文书鉴定、尸检鉴定以及迈克尔·杰克逊的案件中关于专业部分的专家证人充当了重要的角色。一定要用专业的人员对抗专业的人员，这才能形成真正的对抗。

虽然我们还有一段很长的路要走，但是我相信掌握专业知识的人是要造福于社会的。道理很简单，因为一个行业专业的知识另一个行业的人是不懂的，如果靠专业知识来蒙蔽别人就会处于一种蒙蔽的循环；如果我们靠专业知识来造福社会，又各司其职做好自己的专业，这些知识就会被公众所用惠及人民。我想我们作为公民或者作为整形的被服务者，应该也有权利去接受，有呼声要求得到专业知识的沐浴。保障这项权利就是要靠专业对专业，只有这样才能打破一言独大，才能打破专业知识的垄断，才能真正地造福于社会。

小区围墙：你宛如空气般的存在，原来对我这么重要

我很少说类似于我以下要说的话：做律师时间久了，有时候会有一种幻觉式的游离，越来越不知道法律是个什么的东西。它，好像是一枚玩弄尘世的女子，性格多变，脾气怪异，经常会以不同的面孔出现在不同的人面前，让人敬而远之。它，以它特有的方式伤害着深爱着它的人，当然更多的时候它是以保护者的姿态出现的。这就是它，任人评说而不自辩，因为它是哑巴。太多的人可以冒充它的代言人，让人眩晕的略感不适又伴随一些轻度的恶心。我亲爱的法律啊，我是多么希望你的初衷能被正确对待，能来保护我们的小区，保护我们的对美的追求的精神所存放的空间。当然，还希望……

事件回顾

最近有文件提出我国新建住宅要推广街区制，原则上不再建设封闭住宅小区。已建成的住宅小区和单位大院要逐步打开，实现内部道路公共化。这一说法，颠覆了1998年后的小区“主流”。1998年福利分房改革之后，商品房成为住房主力军，封闭小区风靡全国。

“拆小区围墙”的消息一出，开放封闭小区，会给我们生活带来哪些变化？又将如何实施？立即在网上引发热议。(来源：网络)

本期我们讨论的话题是有关小区拆墙的事情，最近这件事被炒得沸沸扬扬，虽然声音很多，但这些声音里有90%甚至99%都是否定的意见，大家并不赞同把小区的围墙拆掉。当然也有大概1%的声音认为，持有否定意见的人可能还没有深入地领悟文件的初衷和意义。虽然两种意见比例偏向明显，但我们提出这个问题并不是先入为主地赞同一方或者否定一方，节目的最后可能会得出一个倾向性的意见，但还是要以客观的分析来展开今天的节目。

提出质疑的多数人由民众、学者和法律专业人员组成，核心的理由是基于物权的相关规定，因此，我们有必要先谈谈物权法。物权对每一个人都非常重要，什么叫物权？物权就是与债权、知识产权等相对应的基于类似于房屋、车辆等特定物上的权利属于谁的问题，对该物拥有的权利就是物权。物权解决了人类生活中一个非常重要的物品权属的问题，因此，物权法也是每个国家法律体系中的重点。

物权法对小区的权利归属有规定，我们买了房子，公摊面积中包括了小区里的绿地，而且房产证的建筑面积里包含的公摊面积也是我们用钱来购买的，因此我们对这些公共面积是有权利的。如果把墙拆开，公共面积上附着的业主权利就可能由非权利人来行使，这严重损害了我们本身先存在的物权，这个说法是完全合法的。

我想说的并不仅限于此，我想在制定政策的过程中，这个观点一定被提出过，但是政策依然发布了。不过这里需要声明的是，因为文件刚刚出台，对文件的表述大家有不同的理解，可能文件出台之后会有相关的细则，会更加明确。我们现在仅仅是以现有的文件为基础发表一些意见和看法，如果以后的政策与我们现在所评论的前提发生冲突，当然是以后来的政策为准。

回到刚才的问题：反对的声音认为现在的文件与物权法的相关规定有明显的冲突，从法律的角度，具体而言，虽然物权法规定得比较明确，但是物权法是法律的一种，我只是想说没有规定法律不可变化。如果法律变了怎么办，我们现在所依据的这条规定本身被更改了怎么办？这是一个问题。其二，物权法中除了刚才所讲到的物权外同时也有地役权、相邻权等一些权利，虽然说这些权利在这个事件之中并不完全适用，但是会有一些学者、专家、官员出来解释要对法律进行扩大解释的可能性也不是一点都没有。解释本身就代表一定的观点，我所理解的地役权是相对固定的，但是保不准会创立一个移动的地役权，再称不违反地役权的基本原则等类似的难以想象的观点出来。

但是，无论法律怎么变更，都不能否认法律的本意，从物权法来讲就是，现在的规定是原本我们共同达成的一个意愿，一个广泛的共识。物权神圣不可侵犯，因为生活要以物为基础，不可能没有物而追求一些虚无缥缈的层次，这是不现实的。就法律来讲，无论有多少变数或者有多少解释是为人所用的情形，我们都不要丧失法律应有的本意。

法律的本意，我想就是法理合一。谈过法律，现在讲讲道理。如果能从道理上来加深对法律的理解，我想也是值得欣慰的一个做法和尝试，道理更容易让大家接受。

准备这期节目的时候我了解了一下空间的意义，空间从国家的角度来讲有领空、领海、领地等概念。我们那时小学课桌还有“三八线”，男生不允许越过女生的“三八线”，女生也不许越过来，这也是空间的意义。我们每个省都有省界、市界、县界还有镇界、村界，关于小区，不同的小区也都是以空间来进行划分。我再举几个例子，比如说我们去咖啡馆这种很安静或者让人感觉很美好的空间，能让人感到一种享受，这跟去办公场所的感受是不一样的。还比如，现在一些汽车的后排有遮阳帘的设计，可以用来遮阳，也可以用它与外界隔离开，讲究私密性，追求私密空间。还比如去餐馆吃饭的时候，你会选哪个位置？人比较密集或人流量相对比较大一点的通道，还是比较安静的或靠墙的位置？不管大家如何选择，都一定会去选择，而选择本身就表示空间一定是有意义的。生活中的一些实例说明了很简单的一点：空间有其存在的意义。无论是出于被动的安全考虑还是主动追求心理愉悦的感受，空间都是有意义的。

基于这样的前提，我们可以试想把小区的围墙打开，你家的小区任何人可以进入，别人家的小区你也可以随意出入。网上有很多反对的观点认为，这些小区里的公共绿地包括公共道路是业主出钱买的，事实上的确如此。因为每一个楼盘在项目开发的时候，会有一个容积率的安排，公共绿地等公摊面积的钱也是业主出的，如果打开围墙让非业主进来是要进行补偿的，这个观点得到了大多数人的赞同。这里我想提出一个不同观点：可以不补偿。为什么呢？打个比方说你们的小区付了费，那别人的小区也付了费，如果别人要对你进行补偿的话，那你到别人小区走走也得给别人进行补偿，正好两方都要补偿，那就谁都不补偿了。可能还有人说我们家的小区高档，他们家的小区普通。那好，也没有限制你可以去别的高档的小区走一圈，只是你不行使自己的权利而已，所以还是小区敞开，互不补偿。当然我非常希望我的这个想法是杞人忧天或是度君子之腹。

接着前面的话题，还有人提到了小区打开之后的安全问题和嘈杂、不再安静的顾虑。的确，生活在一种噪声横流或者隐藏着不安全因素的环境里，将与生活中的美越来越远。为什么提到美，我觉得我们应该追求一种底蕴，这种底蕴是建立在生存的基础上一种更高层次的对美的追求。人都有追求美的本性，建筑就是这种本性的体现，其实无论是建筑本身还是城市的规划一定要朝着美的方向去规划。如果一项规定的实施所导致的结果不仅没有使社会变美反而破坏了现在大家所公认的美，那么这样的规定就应当再行讨论。

空间承载着美，我们生活在空间中，让空间受损、让美破裂的规定，我们宁愿不要。我们不能活在太原始的状态，只为了经济的发展而丧失了对美学、对艺术、对更好氛围的追求，是时候应该让我们活在美感和艺术里了。经济基础是一方面，我们也永远不会否认经济发展对这个社会的贡献，但是另一方面对美和艺术的重视我们还很欠缺，美和艺术的发展也会反过来促进经济更好地发展，其实两者互不排斥。

现在的城市更多的是同一个脸谱，如果能发展一些个性的美，让五彩缤纷的美容纳在我们的社会大空间里，我们会更加热爱我们所生活的城市，热爱我们所处的空间。所以我们最后的结论是，能不能基于空间的名义再考虑一次现在的这份文件与美的关联性，这么多的人朴素的呼声应当受到重视。

法律生态中的你我，愿都在月光树影里老去

死亡之于出生，是终点，是不确定中的确定。夺人生命，称天恶；取己性命，谓大悲。无论是恶与悲，都应该思考夺取性命的原因。这是对待生命最后的尊严最起码的恳切。因为，生命应该与月光树影一样老去，而不是同疾风折枝一般逝去。法官与当事人，杀人与自杀，这些关键词带出来的恩怨情仇，都不应该被腥味遮盖，被血色朦胧。这，就是我们身处的法律生态，我们有义务去思考。

案件回顾

2016年2月26日晚21时30分许，北京市昌平区人民法院回龙观法庭法官马彩云在住所楼下遭到两名歹徒枪击，经抢救无效死亡。据悉，其中一名歹徒是马彩云审理的一起离婚后财产纠纷案件的原告。自2007年开始，马彩云年均结案近400件。由于工作突出，马彩云多次荣立个人三等功。（来源：网络）

我们本期讨论的内容是关于昌平法院回龙观法庭女法官被歹徒枪击一案，话题由此事件引起，更多的是讨论一些值得我们深入思考的问题。两名歹徒已经自杀，最高人民法院也给马彩云追授了荣誉，现在这起事件已经尘埃落定。所以这起事件本身我们有所讨论但并不是我们所讨论的全部内容。

这起事件的最后一个环节引起了我的重视，即两名歹徒的自杀

情节。据网上的报道，两名歹徒在被公安民警抓获的时候，用自己手里的枪开枪自杀。这一情节之所以引起我的注意是因为当时的情况下，我想他们完全有条件也似乎存在反击直至被击毙的逻辑，因为他们已经背负了人命，但是他们却选择了结束自己的生命。

我想起了一个哲学上的观点：自杀是唯一严肃的哲学问题。哲学上认为任何人都不会无缘无故地自杀，无论是基于什么样的动机或理由，在自杀的那一刻，如果他们有一丝可以不自杀的理由他们一定不会自杀。自杀其实是一个很理性的行为，很多人都说自杀可能是一时冲动或一时的情感导致，其实不是，自杀是认真思考过的一个抉择。所以在哲学里说自杀是唯一严肃的哲学问题。

首先来谈他们两个人还有一个因素是这起事件涉及五条人命，而这起悲剧是他们两人造成的。除了自杀的情节外，他们两个人的动机也不得不引起我们的思考。从现有披露的情况看，两人是对马彩云法官在审理其离婚后财产纠纷的过程中心存不满而导致这起恶性事件的发生，更多的线索我们无从得知。中国人讲究适可而止，中国人也讲究死者为大，随着他们生命的消逝，没有像以往的那些案件嫌疑人被抓获归案之后逐步地披露案发过程和作案动机，本案随着他们自杀，这一切也都画上了句号。

还有另外一个细节，本案存在两个案发现场。第一现场是在马彩云的家里，据报道凶手闯入了马彩云的家里；第二现场是单元楼下，并且马彩云有追赶歹徒的行为，这一点据多方报道和推断是基本的案件事实。两个案发现场的意义是要引出《刑法》适用过程中的一项诉讼技术，那就是靠客观行为来分析判断行为人的主观故意。本案中，也可以通过客观的行为来试图走进他们的内心世界，是什么导致他们制造了这起凶案？关于他们的内心世界，我刚才谈到的自杀的问题只是一个引子，我建议有关心理学和社会学方面的学者不要就此停住，虽然大家已经不再讨论这个案件，但是曾经发生过不再提起的案件不应该等于没有发生过，这项研究还是要进行下去。

而且这五条人命中我们不能也不应该分出谁贵谁贱，在生命面前人人都是平等的，每一个生命都应该得到大家的重视。

视线回到马彩云法官身上，有一篇文章，题目写得很好："年结400件案件也抵挡不住满屏的幸灾乐祸和邪恶的子弹。"的确，现在北京等一线城市基层法院法官的工作强度是超负荷的，不过也有观点提出这么大的工作量或者说业绩与工作的质量是不能画等号的，也许可能是等号但不必然是等号。除了法官群体，律师群体也有被袭击的，国外也一样，警察那就更不用说了，去年全国有很多警察被袭击，对于整个公安系统来讲因为袭警的频发，去年成了一个非常特殊的年份。这点我想大家应该记在心里，无论是警察、检察官、法官或者律师，法律职业群体受到袭击的事件受到人们的关注也许与传媒的日益发达有关，越来越多地出现在人们的视野中，我们应该如何去看待这个问题？我认为看待问题的角度非常重要。

我想起张思之老先生的一句话，大概的意思是：打铁还需自身硬。当然他是指我们律师内部，意思就是律师要赢得尊重首先要从自身做起，要自尊、自爱、自重。这句话我觉得非常有道理，一直记在心里。任何一个职业无论是律师还是法律群体中的其他职业，都应该对我们本身的行为有认识，任何事物的发生都是有因果关系的，所以说我们每一个群体也包括法律圈以外的每一个行业，都要努力做到自尊、自重、自爱，我想这是良性循环的起始点。这里需要声明的是，我并非强调这个案件之中是不是有因果关系以及有什么样的因果关系，我刚才所说的是一种分析问题的思路。我希望我们都能从自身做好，才能挺起腰杆抬起胸膛去面对那些外来的质疑，击碎那些流言；假设我们内部本身存在一些问题，何来底气。这是我们法律职业群体包括警察队伍能够赢得尊重的基础和前提。

视线转向凶手张某与前妻的现任丈夫身上，其实我不知道该怎么来谈论他们，因为这可能是一起情杀，似乎属于传统刑事案件的范畴，没有过多需要说明的地方。但是如此来谈论他们过于世俗，他们也不应该被遗弃得如此干净。

讨论罪与罚，很多时候恰恰应当从有没有过错开始，本案中对这两名凶手是完全适用的。他们有错吗？我不知道。如果是有错也属于世俗可以接受的范围，当然这里有两个未知，其一不知道他们有没有错，其二不知他们有什么错。在没有理由认为他们有错的时候，他们应当被假设是没有错的无辜。在我们现在这个社会里，无辜生命的逝去是非常遗憾的，这也是严厉打击犯罪最深刻的原因，以免我们生活在安全不确定的社会里。所以我对他们表示深深的同情，当然对马彩云法官的遭遇也表示极大的同情，对两名凶手自绝性命的行为也感到遗憾。

梳理完逝去的五个人，我再一次对每一个半路而终的生命表示无限的尊重。

最后我们谈论一些此案发生后出现的评论，这些评论跟以往有很大的区别。有人说，一些冤假错案出来之后民众愤怒了，但是法官、律师等愤怒了吗？现在一个法官被枪击，法官的群体以及法律圈才愤怒。的确，这次事件发生后，法律圈进行了前所未有的一次大讨论，矛头直指凶手；但是舆论中也出现了相反角度的言论，包括了对生命逝去的幸灾乐祸，也有对法律职业群体的反应展开的前所未有的抨击，出现了极其对立的态势。

舆论对立之外，还有因为删帖引起的喧嚣。按照网上的说法：事件发生后网上有不同的讨论而官方一直在删帖，最后官方才表态这是一起行凶事件，事件中法官表现出了英勇的一面。删帖的行为使得无论对该事件持不同观点的人，还是对删帖行为本身表现出罕见的愤慨的法律职业群体，都推动事件逐渐出现了水火不相容的乱象。

我们不停留在表面上争论谁对谁错，实事求是地讲，双方的观点各有道理。有人认为因为老百姓有太多的冤假错案所以才有法官判错案受到袭击这种事件的发生，客观想一想虽然跟这个案件不一定有关，但这或许是我们司法系统需要反思的；从另外一个角度讲，你可以质疑她的判决，司法系统或司法机关的“产品”有问题，而不是采用极端方式进行报复。

然而，仅仅停留在这个层面的分析我觉得还是不够的，因为任何一个人在做任何一件事的时候，一定是理性的，哪怕看起来的失控也是理性的，这是经济学的观点，法律经济学则有所发展。也就是说人会考虑和衡量对自己有利的因素去行为。

我们现在说两名歹徒是“英雄”或者说他们“罪不可恕”，这些言论代表的意义是什么？代表的意义是会对以后的人们在思考问题的时候产生影响。如果认为杀人者是英雄，无形之中就会对人们形成心理暗示，暗示这样的行为会有一些附加的利益在里面，从而增加做出决定的砝码。所以说现在对两名歹徒行为的评价都会影响这个行为本身所代表的“意义”，也就是经济学上所说的“利益”。舆论非常重要。

我希望能引出一个结论：舆论的导向是一个非常重要的课题。因为舆论虽然不能解决问题，但是可以影响到类似问题是否还会发生，如果舆论没有到位就无法起到应该有的引导和预防作用。我们在这个领域之内应该有所作为，应当有所研究、有所推广。

法律经济学的概念在我国大陆地区的运用还不多，但它有非常重要的意义。讨论至此也到了我们这期节目结束的时候了，我希望任何一个悲剧的发生不仅仅停留在发生与遗忘的简单轮回中，我希望我们有所研究、有所提高，这是我们法律人应当做的一些事情，当然也包括社会学家和经济学家，让我们一起关注共同努力。

范冰冰李晨青岛房产信息泄露：原来不只是感冒才会产生无力感

恩格斯讲："一个哪怕只有两个人组成的社会，如果每个人都不放弃一些自治权，又怎么可能存在"。其实，权力与权利就好比是两个人，存在的可能是都要放弃一些自治权。没有无限的权利，也没有无限的权力。依法、适度，方能产生威望；违法、心术不正，则必引来嘲讽。淫威侵蚀的权力，尴尬渐显。法，应当被执行，应当言而有信；恩格斯认为两个人所代表的权力和权利，也应当自重，自重是赢得尊重的唯一途径。

案情回顾

2016 年 3 月 14 日，某专注娱乐新闻的微信公众号发文，率先曝光了"范冰冰、李晨两人在青岛购置近千万豪宅"的消息。

上述文章还附有两人购房的房屋产权信息图片。图片中，房屋产权编号、产权价值等信息清晰可见；"权利人姓名"一栏中，"范冰冰"和"李晨"名字赫然在列，还有被打上马赛克的身份证号。

随后，多家媒体跟进报道了上述消息。对此，不少网友对房屋产权信息被曝光表示了担忧。网友"天都"表示，青岛市国土资源和房屋管理局相关工作人员涉嫌利用职务之便，泄露和侵犯李晨、范冰冰个人隐私，“违反工作规范，行为恶劣”。“天都”对此进行了举报。

青岛市国土资源局和房屋管理局随后通过官方微博称，经查明：市不动产登记中心一名工作人员违反工作纪律，擅自查询当事人购房信息并发送到个人微信亲友群，导致当事人购房信息被泄露。鉴于该工作人员的行为违反了不动产登记信息查询和保护的相关规定，市不动产登记中心已将该工作人员予以辞退。

同时，青岛市国土资源局和房屋管理局表示，对给当事人造成的影响深表歉意，针对该问题，将以此为鉴，举一反三，加强教育，进一步完善工作制度，杜绝此类问题发生。（来源：网络）

本期我们讨论的话题是范冰冰、李晨在青岛的千万房产信息被泄露事件。看到这个消息的一瞬间，有种不可理解的直觉和愤怒存在。坦白来讲，作为公众人物是会有一些比常人更多的付出，其隐私权会受到一些限制。但是此次事件中，对他们而言极其隐私的、应受法律保护的房产位置信息的违法公开，将会涉及安保、人身安全等方面的因素，我想这超出了可承受的范围。

不仅对公众人物隐私的侵犯超出了人们可以容忍的范围，而且此次事件中对隐私的侵犯方式不得不引起我们的警觉，这也是大多数人感到愤慨的原因。

据现在网上披露的信息，房产信息是由某一个微信公众号发出来的。从发出来的截图可以看出是房产档案的内容，信息包含了房屋的地址、产权人及其身份证号码，而通过这些详细的信息，有人提出泄露的源头指向房管局内部。所为属于故意还是过失？更多的意见认为是故意泄露的。就此问题青岛市房管局在昨天的回复中称，他们正在逐一排查涉事的是哪一台电脑，如果发现有问题会及时处理。如果此次事件的泄露源查明是房管局的电脑，很期待责任方能够实事求是地承认错误，或许态度比最后是否承担责任更有意义。

其实看到这个消息之后，一个自然的联想是相关政府部门对公民信息的重视问题。房管局跟我们的房产信息有关，公安机关则与百姓的生活息息相关。公安机关掌握的公民信息比房管局更多，比如家庭的户籍信息，航班等动态信息，酒店登记信息等。假设也存在公民隐私的违法泄露，面对强大的国家机关，公民只能被迫遭受由此带来伤痛和无奈。我举一个例子，在网上也有一些报道。曾经有一个案件，陕西省公安厅请示公安部后公安部做了批复，这个案子由陕西省公安厅撤销了。半年以后，另一省级公安机关却重新立了案，同一个案件，一个公安机关撤案另一个公安机关立案，一定是存在问题的，绝不可能两个公安机关都对。所以说公权力的行使应该得到规范。结合这些信息，我想特别强调政府部门对本部门掌握的公民信息应当予以保护。

大家可能觉得我的说法多此一举，因为法律规定得非常明确。比如 2015 年 3 月，《不动产登记暂行条例》实施，其中规定如果泄露信息，要承担法律责任；《刑法修正案（七）》也规定了非法提供或者非法获取公民信息等构成犯罪的追究刑事责任，这些规定我当然知道。仅有这些规定，有用吗？能解决问题吗？层出不穷的事件已经证明了有些人是不会把规定放在眼里的。

这一特殊性正是我下面讲到的问题：为什么会出现无力感？

其一，在涉及行政部门的事件中，我们往往很难运用法律去维护自己的权利。没错，法律是有规定，但是如何运用？能不能运用？这一点应该很好理解。相对于一般百姓之间或平等民事主体之间的纠纷，无论是对房管局还是其他的政府部门的一些滥用职权或渎职行为责任的追究和民众权利的维护难度都会更大。

其二，我们都生活在世俗社会。如果就是较真一定要追究泄露者的责任，但仍然要生活在所属的辖区里，有多少人敢、愿意、选择去行使自己的权利？我们也没有资格和权利要求他们不顾一切行使自己的权利。也正是这些原因让泄露者没有太多的顾忌，才会利用手中的权力忘乎所以。

这样的情况应当有所改变。个别的人影响了整体的声誉，内部也一定会有指责的声音。如果这些问题不进行处理，一方面这对于那些渴望权为民所用的同事来讲是一种伤害；另一方面被抹了黑的整体如果不及时处理这些不良的现象，将难以正常行使职权，更无法真正获得民众的信任。上一期节目里我谈到了司法部门包括我们律师都应该自重，这句话用到这里也是合适的，只有自重才会赢得尊重，这是唯一的路径。

节目讨论到此有一点点的沉重，我只是想说这样的事件一而再、再而三地发生，尤其是刚才也提到的公安机关插手经济纠纷的案件。其实公安部这么多年以来三令五申发文禁止，但是收效甚微。原因来自于利益，但利益不仅不能带来尊重，反而自取其辱。其实，很多人在能利用到公安机关的时候会利用他们，但是利用完之后并不会尊重他们，袭警事件以及蔑视警察的事件又有多少是普通老百姓所为？往往是这些曾经利用过公安机关为他们办事的人，在他们眼里是不会有尊重的。

之前我办理一些贪污受贿案件的时候曾经分析过一个问题。有人说只要收到钱就算构成受贿，一个条件即可，对这个问题我持有反对意见并且提出理由：收到钱跟权钱交易中收钱而不把权交出去是不能画等号的，收钱只是其中的一个环节而已，还没有把国家赋予的权力卖给私人，因此只是违反了财经纪律还不能称为权钱交易。我的用意在于引出一个话题，就是不要轻易地把权力卖给个人，这样不仅损害了政府部门的形象而且一定不会赢得尊重，这一点我想很多人可能会有同感。

刚才分析了信息泄露者的行为原因以及这么做的利弊得失，但是在这次青岛房产信息的泄露事件中，我发现利益的痕迹并不是特别明显。那么到底是什么原因呢？难道是要表现出一种权威吗？虽然动机不明，但对动机尝试分析，弄清楚事件发生的原因才能真正对症下药解决问题。这期节目的最后，真诚地希望我们的政府部门能够真正履行职责，能够把一些不良的行为扼杀在萌芽中而不是出了问题再去解决问题，事实上出了问题之后的解决问题比预防问题难上加难。

我们用那句“爱之深，恨之切”作为本期节目的结束语，真诚希望民众与政府部门之间能形成并维护一个良性互动的信任关系，这是本期节目唯一的初衷。

疫苗：你的大惊，通通都是小怪

长久以来的印象里，秘密和公开是对立的，后来杂交出了“公开的秘密”。围城外的人不知道围城内的秘密，围城内的人虽未必都参与，但大都知道围城内的秘密，也知道围城外的人不知道围城内的秘密。有一天，围城破了，围城外的人知道了围城内的秘密，大惊；围城内的人，只能念你小怪。秘密的流出，就像水的涌入，围城内外早已混为一体，混沌为不知的颜色、陌生的气味和肃杀的冷光。除了躲避，或许我们现在可以选择我们老去的记忆。因为，我们无处可躲，无所可避。因为，水到之处，土，也变混沌。

事件回顾

长达5年多时间，庞某某母女从陕西、重庆、吉林等10余个省市70余名医药公司业务员或疫苗贩子手中，低价购入流感、乙肝、狂犬病等25种人用疫苗（部分临期疫苗），然后加价售往湖北、安徽、广东、河南、四川等24个省、市、自治区247名人员手中。

2016年2月2日济南警方向社会通报了案情。此案案发后，即被公安部、食药监总局列为督办案件，并入选2015年度公安部打击食品药品犯罪十大典型案例。目前，内蒙古、河南、河北、山东等地已破案21起，逮捕犯罪嫌疑人6人、刑拘10人、取保候审5人。因涉案人数众多，部分人员还未到案，各地还在侦办中。

> 2016年4月25日，已查实45家涉案药品经营企业存在编造药品销售记录、向无资质的单位和个人销售疫苗等生物制品、出租出借证照、挂靠走票等行为，严重违反了相关法律法规及规章，有关地方食品药品监管部门正在对这些企业依法予以查处。其中，拟吊销《药品经营许可证》的企业41家，已注销《药品经营许可证》的企业2家，涉嫌犯罪被移送公安机关正在追查的企业2家。
>
> 最高人民检察院新闻发言人王松苗2016年10月21日介绍，山东济南庞某某等人非法经营疫苗案曝光后，最高人民检察院挂牌督办，山东等地检察机关第一时间介入侦查引导取证，批准逮捕涉嫌非法经营等犯罪嫌疑人297人、起诉68人、立案侦查涉及的职务犯罪100人。（来源：网络）

本期我们讨论的话题是最近比较轰动的疫苗案，疫苗案的话题已经被媒体报道了非常多的内容，但有一个现象令我印象深刻，以此作为我们本期节目的开始。

深刻的印象一方面来自媒体的说法称，百姓极为震惊，当然我作为民众之一员也有类似的感受。这次的山东庞某某疫苗案，基于现在的证据，其通过不正常的途径囤积了大量的疫苗，庞某某的上家有两百多家，下家波及的范围也非常广泛。涉及疫苗的生产企业、流通企业、储存、冷链、物流到最后疫苗站的接种等环节全面失控，范围之广以及涉案人员之多也前所未有。疫苗跟老百姓的生活密切相关，我们的孩子以及以后我们孩子的孩子也都需要打疫苗，这是关乎百姓民生的一个重大案件。然而这次事件的案发时间是2015年四五月份，也就是在一年之前，今年才报道出来，那么从案发到现在这段时间依然持续存在的疫苗问题责任应该谁来承担？既然知道有危害为什么不披露？网上也有人提出了质疑。

印象深刻的另一方面是与以往一样，我又发现这次新闻过后到现在为止已经几乎比较平静，就像很多新闻过一段时间都会平静下来一样，不可能永远保持一个频率的热度，这是一般新闻事件的特点，是可以理解的，但是这起事件后的平静与以往一般案件的平静有些差别。在我看来，这个平静是一种无奈的选择，具体来讲，就是刻意地选择平静而非以往的淡忘。因为，似乎选择平静是唯一的出路，我们都要继续生活，继续往前走。当我们无法解决这个问题的时候，当我们觉得这个问题解决起来非常有难度或者说没有信心的时候，就只能选择平静地接受、遗忘，这是一种很无奈的选择。

谈完了表象的震惊与平静之后，我们来分析一下深层的问题。

其实刚才谈到了一点理由，从人性的角度来讲永远是逐利的。逐利，逐利益而往，这话应该很好理解。但这里说的利益并不局限于经济利益，向往更好的生活而选择努力、不想被痛苦有所牵绊，这都是一种逐利的表现。

民众为什么一听到这个新闻的时候极其震惊？因为这个新闻中所涉及的事件影响到了民众，如果跟他们没有关系的新闻，他们不会在意，更不会震惊。民众的合法利益，法律上叫法益，是法律所保护的民众的利益，这起事件严重侵犯了民众的利益，所以才会引起广泛的关注和震惊。

又为什么平静呢？平静与刚才提到的人逐利而往一样，当无力改变的时候就选择遗忘，选择接受，继续往前走。从心灵的角度来讲也是一种逐利的表现，因为只有这样才能够让心灵安静下来，不管是真正的安静还是有意识的一种干预性的安静，这样才能往前走。我想这点大家应该能够理解。

接下来谈一谈民众难道真的没有别的选择吗？

这起事件涉及很多的环节，环节的全面失控问题到底出在哪里？我的观点是谁最终把有问题的疫苗注射到接种者的身体里，如果说所有的环节都有问题，那么这个环节是属于“首”，罪魁祸首的

“首”就是他们。得出此结论还有另外的一个理由，从供求关系的角度讲，没有需求就没有供给，正是因为他们“可以”把不合格的疫苗打到接种者的身体里，有这个确定的需求所以才有了五花八门的不同形式的供给。如果他们不被允许使用不合格的疫苗，不合格的疫苗可能就无法在各环节生产、流通，此乃乱象之源。

还不得不提的一个现象是从这次的报道我们了解了疫苗的一些相关知识。疫苗的分类有一类疫苗、二类疫苗，更重要的是疫苗对保存的条件有严格要求，就是说保存和运输必须保持一个特定的温度。而在这个案件中，疫苗的保存和运输温度根本不符合这个要求，并且有很多是近效期的疫苗，所谓的近效期是指接近失效期。另外，有一个现象从正常的逻辑也很难解释。官方报道称，这批疫苗准确讲是所检验的这十七批次疫苗里面，除了两个不属于疫苗外，其他的疫苗全部合格。这样疑问就出来了，如果说需要极其严格的保存条件，条件不存在的时候还能检验为合格，那么是条件出了问题还是结论出了问题？我们不得而知。

接下来谈一谈改良和改善，这跟法律有些关系。

需要考虑的第一个问题是现在司法机关的处理，比如说把庞某某以及上下游相关的一些人员抓获后，就这个案件本身来讲到底有多少人真正的关心这个案件最终的结果？如果我们相信通过司法程序能够将一系列环节中的问题全部解决，我们自然会关心。但是能吗？我不敢肯定大家会有这方面的信心，别忘了庞某某曾经因为疫苗的事已经被司法机关处理过了，现在是再犯。如何能让大家对司法有信心。

另一方面，这个事件波及多人，“法不责众”的观念是有群众基础的，而且这起事件持续了这么长时间，几乎在这个行业里面成为一个公开的秘密。如果说大家都这么去做，可能还有官方的人也有所参与，那我也这么去做，我认为似乎问题不是特别大。这样的心态鼓励甚至纵容了很多人从事这一违法行为。

再有，这起案件之所以发生，在制度上存在重大问题。刚才也讲到，有需求才会有供给，如果在需求的这一端能够处理好，那么其他几个环节也会迎刃而解。但事情远远没有这么简单，因为每一个环节每一个链条都有一些部门在掌控，所谓的利益参与其中会使问题迅速复杂化。我不由想起我们现在的立法包括出台一些法律、规定、意见的时候，经常会有冲突，这些冲突来源于哪里？来源于部门，部门为了各自的所谓利益争来抢去，而不是真正地把大众的利益放在第一位，所以让这些部门来制定规则显然就是让运动员来制定裁判规则一样，而另一方的运动员显然是场外听裁判规则的大众。

经济学领域里面有一个分析方法叫“同一主人”，也就是说争论的问题如果都属于同一个主人，让同一个主人来协调处理的话也许就能解决了，而且往往会是很好的方案。所以在这起事件的解决过程中习惯性的利益之争是根本不能真正解决问题的，最终遭殃的仍然是我们大众。

我希望在制定制度的时候，能站在公平的角度，让这些部门归属于同一个“主人”且这个“主人”是站在民众的角度制定制度。斩断畸形的供给需求链条，能够通过一个正常的渠道形成新的供求关系，这才是解决问题的办法。

因此，只有真正把这些部门的权力意识、追求小团体利益这种狭隘有害的思维和行为予以摒弃，才能有好的规则，才能有好的秩序，才能解决问题，这一结论就是我们本期节目的指向。

可以看到，从整体处理问题的角度来讲法律仅仅是一个手段，一个效果并不是特别让人振奋或者有信心的手段，这是法律的局限性所导致的，所以说法律不是万能的，法律需要跟其他社会制度结合起来才能产生更好的作用。

最后我想说的是，这个案件国务院也成立了专门的调查小组，但是调查小组迟早会有解散的一天，这起事件迟早也会有尘埃落定的一天。针对过去，疫苗是合格的、运输是违规的、处理了一批人、要建立制度等，这都是这起事件我们选择留下来的记忆；面对未来，我们有很多条路可以去走，有很多种选择，我记得有一句歌词叫“幸福是选择”，在这里同样适用。为什么？因为我们未来的路是什么样的现在就应当做出选择，这是选择我们以后的记忆。希望我们的选择能够真正解决问题，能够科学地建立起一个为小孩子谋点福利的供求关系和环境。

和颐酒店事件：盗亦无道的蔓延

“人性”一词，最原始的解读是在面临自然危机的时候，会把年长的老人送到偏远之地，留下少量的饮食，随其自生自灭。为了保存人类的实力，从而做出此无奈之举。“偷盗”是人类中个别对整体不光彩的行为，出于人类又害于人类，良心尚有余存，虽行不义之举但亦有底线。似乎也还符合人性。但如果从事“偷盗”之行，以人类整体为对象，出于人类又毫无底线地害于人类，乃无道无德之徒，更与人性相悖。

案情回顾

2016 年 4 月 5 日，女网友弯弯（化名）在微博自曝通过携程预订如家旗下北京望京 798 和颐酒店，3 日晚在酒店遭陌生男尾随挟持、强行拖拽、掐脖……整个过程持续 6 分钟。安保人员、酒店人员未阻止，保洁人员只是看着，多人围观，路过女房客出手相救，男子逃走。截至 2016 年 4 月 5 日，女网友称事发后酒店经理关机，态度恶劣；投诉携程未反馈。

2016 年 4 月 6 日下午，如家酒店集团召开新闻发布会，介绍涉事女生和颐酒店遇袭事件最新进展。如家酒店集团在声明中表示，通过对各方面情况的核查，北京望京 798 和颐酒店在事件处理中的确存在安保管理、顾客服务不到位的问题。酒店管理和服务人员对顾客的关注度和处理问

题的响应效率也存在缺失。同时，如家酒店集团在声明中向当事人及社会公众再次表示道歉。（来源：网络）

本期我们讨论的话题是和颐酒店事件，准确来讲是指北京“798”地区如家集团的高端品牌和颐酒店内发生的女子入住被人拖拽并发生肢体冲突的事件。我为什么特别强调了一下北京，特别指出了“798”以及特别指明了如家集团的高端品牌和颐酒店？首都北京，无须过多解释，这是一个有相对能够让人放心的治安和对违法行为打击相对能让人有点儿信心的国际都市；“798”是著名的艺术区，通常情况下人们不会将之与卖淫嫖娼和发小卡片等事情联系在一起；如家酒店遍地都是，但称为如家酒店高端品牌的和颐酒店，高端的不应只是价位和自诩，更多的应是给人心理上的舒适，当然比舒适更重要和最基本的是客人的人身安全。

这起事件还有另外一个关注点就是在事情发生后，涉案酒店的负责人在公开出来的视频中面对镜头，他说到这是一个很平常的事件，没有什么大不了的。这段视频播出后，该负责人面对镜头的态度以及当事女子所写长篇的微信引起了很多人的讨论和关注。

这些看法大致包括以下这几个方面：

一方面是关于酒店以及跟女子发生冲突的男子是否构成刑事犯罪？构成什么样的刑事犯罪？从《刑法》以及《治安管理处罚法》的角度来讲，触犯了哪些法条？

另一个方面是关于酒店对入住客人的人身安全采取必要的、公允的，一般人通常理解和要求的一些措施，以确保客人的人身安全。

这两方面都是跟法律有关的看法，还有一个跟法律没有关系的或者说关系不是特别大但是更能够引起人们共鸣的一个观点和声音，每当类似的事件发生之后总会有一些人跳出来指责女生出门应当注意什么但没有做到。

这样的声音我想大家也非常熟悉，我认为这种声音是怀有好意的，出发点是好意。意在对怎么能够避免这类事件的发生而采取我们能力范围内的措施。比如说我们改变不了酒店的环境，改变不了酒店负责人的态度，也改变不了随之而来可能会发生的不确定的危险，但是我们可以改变自己，这种心态的出发点一定是好意，而且好的让人觉得很可怜。

不过，对这种好意的质疑也相伴而生。即无论发生多恶劣多严重的事情，永远都要求弱者应该如何如何，而对那些实施侵害的责任方我们好像本能地忽略，这是无奈的但也是病态的。如果有一天发生入室盗窃杀人等暴力犯罪，难道还要说我们不应该把刀放在歹徒能够发现的位置？难道说我们如果预感到歹徒可能要来，我们就不应该回到家里吗？这样的注意事项，这样的好意，这样的逻辑确实存在问题。尽管初衷是好的，这样的观点不应该形成一种广泛的认识，这于法于理于正义均是相悖的。过于要求弱者，是一种很无能的表现，是病态社会的反映。

接下来我们谈一谈这起事件之中的法律问题。

民事方面的法律问题我不过多地讲，因为酒店确保客人的安全是《侵权责任法》里最基本的要求也是常识，没有也不应该有过多的争议。

目光聚焦刑事责任。违法与犯罪分别有《治安管理处罚法》和《刑法》予以调整，本次事件中相关涉事人员目前只能称为“涉嫌”，因为只有经过侦查机关的侦查、检察院的审查起诉以及法院的审判之后才能确定一个人是否构成犯罪，在此之前只是嫌疑。

言归正传，本次事件之中有没有人涉嫌犯罪？我的观点是肯定的。

据现在媒体所披露出来的信息，有一个情节很确定，那就是发生争执的原因。所谓的拖拽人在酒店发“小卡片”，并以为这名女子是他们的竞争对手，所以进行了拖拽。这里暗含着一个前提：拖拽人从事的是一个非法的职业。那么答案就来了，仅仅从《刑法》明确规定的关于组织、协助组织、介绍、容留卖淫等罪名看是否适用于本案即可。如果涉及组织，那么定组织卖淫；如果涉及介绍，就定介绍卖淫；如果涉及容留，那么就构成容留卖淫罪。尤其是从事旅店业等相关服务行业的，应该是要从重处罚。本案中，我认为从披露的情节看，拖拽人完全有犯罪嫌疑。从客观行为的角度来讲，拖拽人已经认可了所实施的行为，无非再从其他证据予以锁定和确定而已。酒店的管理方，虽然现有的信息显示不出直接参与违法行为，但行为人跟酒店之间有没有关系？如何来进行判断还得从客观的证据进行分析，这有赖于警方的调查。另外，从主观上酒店方是否明知或者应当知道行为人的这种行为而予以默认，这是很好侦查的。如果有，则法律规定非常明确，参照法律适用即可。

下一个话题，网上一致认为这起案件性质极其恶劣，大家为什么会有这样的感觉？我们尝试运用层次分析法来说明这个问题。

层次分析法，在刑罚诉讼技术里是很重要的分析方法，打个比方就是说死刑立即执行还是死刑缓期执行，以及无期徒刑还是有期徒刑等如何适用的分析技术。这个层次的评判关键点就是行为人的社会危害性。社会危害性大的处以重刑，社会危害性小的处以较轻的刑罚。以此为标准我们来分析此案，其实我刚才谈论到北京、798、如家集团的高端酒店等，无非就是社会危害性考量的几个要素而已。

除已列举的社会危害性考量因素之外，行为人行为本身才是考量的主要因素。

我们对比如下：

事件一：前段时间比较火的快播案。快播案是跟淫秽视频有牵扯的一个案件，但是那个案件公众的反应，与本案有很明显的区别：前者社会危害的形成是网民主动观看、转载或者浏览等行为，而快播作为平台提供者，其行为的特点是被动的，外延是有限的。

事件二：东莞色情业。虽然说东莞印象已经快要迈入历史，是一件可喜的事情，似乎不该再拿出来说事，但是历史真实的存在过也不妨在流逝之时做此贡献，让我对比一下。东莞色情业未经证实的传说中的模式是所谓服务的提供者似乎属于最传统的那一种。行为的特点不主动也不被动。

事件三：前段时间网上报道出来某商场里大显示屏播放淫秽视频。一个商场在正常营业时间突然大屏幕上播放淫秽的画面，持续了一段的时间，造成非常不好的影响。这个行为的外延已经侵害到了一般的公众，属于主动侵害。商场里人来人往，有长辈有晚辈，有男士有女士，还有好奇的孩子，在一个公众场合播放淫秽视频不管是有意的还是无意的，这种行为的外延已经造成了很恶劣的影响，特点是无辜购物者被动受袭。

事件四：正常网站的非正常内容。现在一般的网站也在开始慢慢地渗透出很多博眼球，以前叫少儿不宜的内容。但是现在网络用户中青少年的比例在增加，所以说该行为的外延也已经影响到了包括少儿在内的公众。

回到和颐酒店的事件，行为人在不加区分或者说不准确区分的情况下，对一个入店的女性客人进行暴力人身侵害，该行为已经影响到了普通住店的客人身上，相对于那种公开的视频以及在网络上用一种博眼球的方式侵害公众，和颐酒店发生的这种恐怖的不法侵害，让每个人都感到愤慨。

再打量文化。近年来我越来越发现一个问题，那就是我们中华民族的传统文化的状况并不乐观。比如说宽容、爱憎分明还有盗亦有道这些词儿，都处在一个很混沌的状态。

关于宽容。现在有很多行为或者说一些很轻微的行为被予以很严厉的处罚，文化中宽容的运用不是特别到位和得当。在这里重提宽容是因为我们社会需要宽容，需要有包容错误的胸襟和胸怀。

关于爱憎分明。宽容不可不用，也不能滥用。在一些恶劣事件中对不法行为的宽容就是对无辜的不公平，就是宽容的滥用，我们不能宽容到远离爱憎分明，是非不分。

关于盗亦有道。盗亦有道，这句古老的成语告诉了我们就算强盗也要有道，不怕强盗，只怕无道。而这次事件，有没有道？有没有德？纵然可能有很多种理由或借口，“盗”亦要有限度、有底线，绝不能以此为由危害四方。

最后，我想说的是我们应该有态度、立体地处理社会事件而不是无力地、被动地、毫无逻辑地去应对，我希望我们都发挥自己的力量来逐渐地解决问题，逐渐净化我们的社会。

雷洋事件：不规律，无法则——闹哄哄的情绪与断言在规则对岸

警察，国之重器。生命，灵魂之身体。对生命的敬畏和警察职业的来源才演变为人类社群的治安规则。治安，每个人的社会需求，不分等级，不论职业；规则，安全感的来源，不分阶层，不论地域。用规则来治理安全，是治安的应有含义，也是法治的根本溯源。人类的智慧，可用于规则的设立与维护，也可钻营情绪与断言。规则，人类社群的财富和大智慧。

事件回顾

2016年5月7日，由于雷洋夫妇刚得一女，其亲属欲来京探望，航班预计当晚23点30分到达。当晚21时左右，雷洋从家里出门去首都机场迎接亲属，之后雷洋失联。

2016年5月8日凌晨1时，家人接昌平东小口派出所消息，要求亲属赶赴派出所。他们于1时30分左右赶到后，被告知雷某因涉嫌嫖娼，在被警车带往派出所的途中因心脏病突发死亡。雷某被送到医院的时间为5月7日晚22点09分，到达时已经死亡。

2016年5月8日凌晨4点30分，亲属见到了雷某的尸体，发现其手臂和头部都有明显淤血。警察表示，途中雷某曾强烈反抗，跳车时头部着地，因此受伤。（来源：网络）

本期我们讨论的话题关于雷洋事件，这个事件在网上已经被热议了很长时间且此案件有一个最大的特点，让我决定把雷洋事件作为我们本期的话题，这个特点就是前所未有的“对峙”。

对峙指的是雷洋家属一方以及支持他们的校友、代理律师等对法律的解读、对学理的探讨等形成的舆论力量；另一方是以警察为主组成的舆论力量会定期和不定期的发布一些信息和通告。两方在对峙的一些问题上纠缠不清，比如关于有没有嫖娼的问题、致死原因、质疑与回答是否合题等。这个案件到目前为止没有一个明确的结论，尸检报告还没有出结果，包括这个案件本身的事实如何以及在整个案发过程中，雷洋与公安机关是否存在过错等情节现在都还是未知。

今天将此事件作为本期的一个话题，我们并非对事实要做出一个说明。因为事实现在并没有一个固定的版本，将来公布的事实也不见得是唯一的版本。因此，事实真相永远都是在靠近的路上、在追求的途中。本次事件中有没有嫖娼、如何死亡等事实问题不是我们这期节目讨论的重点，因为不存在讨论的基础，这是首先需要说明的一个问题。

我们关注的重点是双方的对峙对法治和社会建设的意义，也以此作为我们的开场。中国法治建设，从公权力的高高在上，对媒体以及一些民众的声音采取绝缘、对抗的心态，到现在随着科技的发展、网络和信息技术的传播，公权力的行使受到越来越多的监督，公权力对民众的声音也越来越快地做出回应，这是法治建设的重大进步。媒体和舆论的介入以及披露使得案件的平衡与以往相比发生了变化，这些变化于民众来讲是一件好事。无论不同的声音之间有多么大的冲突，也不管每一个声音是否合理，相比于一个统一的口径发出的唯一的声音来讲，进步之处无须多说。虽然这些声音里有很多杂音是我们应该有所怀疑的，可是从总体来讲，有人关注、讨论、提出批评意见，有利于事情真相的发现，有利于社会公正公平正义的实现，这是一定的，也是我们首先需要明确的一个最基本的核心点。

还需要提出的一个现象是，在这起事件中公安机关行政行为受到质疑。聚焦公安机关这个特殊的主体，我想谈一谈我的一些分析和看法。

公安机关是国之重器，是国家维护社会治安的一个主要的力量。所以说公安机关维护社会治安一方面是职权，这个职权相对应的也是职责，这叫职权与职责的对立统一，有权力管也必须管。但公安机关的执法行为也分为作为和不作为。

“作为”很简单，就是公安机关履行它的职责、行使它的职权，比如有打架、吸毒、嫖娼等违法行为它们去管，就是公安机关的作为。“不作为”则恰恰相反，违法行为发生后，公安机关应该去管而不管，这就是不作为。

我办理过一个发生在山东的案件。当时，对方是县里面的一个政协委员，在县里面比较有势力，因借我方钱不还被我方起诉后愤愤不平，找了很多社会不良青年，对我方受害人家所在的小区进行了长达近半个月的昼夜围堵，并实施了破坏门禁、恐吓群众、试图殴打保安、往楼上扬沙子等持续的行为，非常恶劣。近半个月的时间内，受害人本人、小区群众以及保安都报过警，警察来过但因跟他们很熟，也就不了了之了，三番五次以后报警警察都不来了。后来受害人外出躲避回来的第二天早晨，这些人冲进楼里，双方发生肢体冲突也各自有受伤。

另外一件发生在山东广饶，是网上曾披露的一个恶性纵火杀人事件。案情大概是一个青年追求一个十八九岁的女学生，遭到拒绝后三番五次地纠缠，大概持续了四五个月，也是存在报警后警察不管的情形，后来就发生了女孩被这个男青年杀掉，再放火。之后该男青年还到广饶一中纵火，致一人死多人受伤，具体的细节还不是很清楚。但侵害持续了非常之久，据网上的报道以及这个女孩的父亲写的一篇一千字左右的事情经过，该男青年很长时间对女孩及其家人进行骚扰，而且对着楼上女孩家的方向放烟火，还在小区里烧毁电动自行车、汽车，也是多人多次报案均没有人管，直到后期发生了杀人纵火的事件。

这两个事件对我的影响特别大，犯罪嫌疑人肆无忌惮，受害人一方毫无办法。要不进行对抗，自己被抓起来，要不不对抗就等着被别人杀掉，这句话看起来是一句有情绪的话，但事实就是这么残酷。这两起案件就是这样，一个是忍受不了对方的攻击双方冲突起来后自己被抓进去了；另外一个就像这次的广饶事件一样无法与对方对抗而惨死。

关于作为。一般有两种，正常情况下的作为和非正常情况下的作为。正常情况下的作为，比如说发现卖淫嫖娼后带回来，事情调查清楚进行处理，这是一个正常情况下的行政行为。遇到非正常的情况，也就是遇到行政相对人不配合的时候应该怎么处理，大概也有制服之前与之后两种情形。

第一种是在面对嫌疑人不配合时对警方采取合法的、理智的和克制的措施，包括使用警械等器械均是可以的，这也是法律赋予公安机关的权力。

第二种是在已经被制服的情况下，即根本不存在任何执法危险的情况下，再对行政相对人有伤害的行为。这样的事件也发生了多起，前两天在网上广泛流传的海南拆迁过程中的视频显示行政执法主体，目前我不确定是不是公安机关所为，也许是行政执法或者其他的一些部门，在嫌疑人已经被制服、执法人员没有任何的人身危险性的情况下下狠手，实在令人不齿。尤其是毒手之下是女性、老人、小孩，如何能够下得去手，这无关法律，只能说没有道德，更无从谈人性。

无论不作为还是在作为过程中滥用职权，带来的影响都是恶劣的。我不好讲这两者之中哪个重哪个轻，但毫无疑问都带来了极其严重的社会危害，将严重损害公安机关的形象以及公安机关这么些年好不容易树立起来的社会威信。

刚才列举了部分不妥的行为，但更多的公安机关是值得信任的。我们应当全面客观地看待公安机关而不是被个别事件影响到客观的判断。

雷洋事件之所以引起大家如此长时间、深层次的关注是因为当时的几个信息点。首次进入公众视野的是雷洋家属写的帖子，大概的意思是雷洋人大硕士毕业后在政府部门担任职务而且发表了多篇论文等，被公安机关如何如何最后致死，才引起了社会一轮又一轮的热议。对这个行为我的看法是，嫖娼的行为无论有与没有都跟什么学历、什么单位没有关系；执法行为不会也不应该因为某一个人的学历和是青年才俊而特别优待，这些信息点跟这个案子的核心点没有任何关系。此案现在越来越多的人把事实放在其次而以博眼球的方式吸引大家的关注，我对这种行为保留我的意见，不赞同也不欣赏这种做法。但是站在另外一个角度来讲，如果要引起大家的关注，他们有没有别的可以选择的途径？我发现好像也没有什么途径，后来我又觉得我可以理解他们，因为实在没有别的办法，如果不用这些博眼球的说辞或者让人感到匪夷所思的逻辑来撞击大家的想象，这件事是不会引起关注的，所以说我是能理解她们的。

对于家属所提到的案情，包括没有去嫖娼的时间、警方删除手机信息等一些问题，我觉得这不属于我讨论的重点，有争议的事实属于侦查的范围，没有讨论的基础。我们把目光移向雷洋，一个没有争议的点那就是雷洋有暴力行为，无论这种暴力是基于一种错误的认识认为对方并非警察，还是他明知对方是便衣，而实施了暴力的抗拒和抵抗的行为。从现有的资料来看，他有现场呼救引起人们关注的动作，也就是说，他在当时极度不信任来抓捕他的人。这就是我刚才谈到的那个问题，对公安机关要有一种客观的认识，不是所有的公安机关都是不讲道理的甚至异化公安机关的形象，不应在无任何证据的情况下先入为主。当然我不是雷洋，我也不明白雷洋当时准确的心理活动是什么，主观的认识是什么，但是我所提出的观点就是我们一定不要在主观上跟公安机关形成天然的对抗，这个是不正确的而且也绝非是什么好的选择，本案的后果就可以看出来。跟公安机关选择对抗，必然也会遇到“对抗”，毫无疑问，我们也不可能要求公安机关遇到对抗时保持沉默。而在对抗中警方能否把握合理的度，都不能否认警方行动的前提是在处理一种对抗行为，这一认识应当引起我们的重视。

关于这个案件另一个很重要的问题是公安机关的定位及诉讼意识。公安机关是一个行政和司法职能，当然，在案件中到底是行政还是司法职能则根据案件性质的不同相互切换。公民把权利让渡于公安机关以维护社会的治安，公安机关就应当履行承诺，有义务保障公民安全、自由生活的权利。如何履行承诺、保障权利、维护治安？就是要约束自己的行为，依法履行职责。如果一个人手握权杖且没有约束，他会选择统治还是选择服务？答案是明显的。所以约束公权力是必需的，也是法律的根本要求。

下一个问题，如何约束？如何能够证实警方的行为是合法的，也是本案的核心之处。

无论站在被害人的角度还是站在公安机关的角度，执法记录仪记录的现场的执法过程即可以证实警方所实施的是合法的行为还是权力没有约束的滥用行为。公安机关必须证实行政行为的合法性以及合理性，这是行政诉讼的规则所在也是行政行为的基本原则。如果公安机关不能证实自己行政行为的合法性和合理性，那么就可以受到质疑，关于这个问题没有任何可以讨价还价的空间，这是法律的基本规则。国家给了你权力，人民给了你权力，你必须证明你自己合理地、合法地行使权力，就这么简单。

本案中雷洋死亡的因果关系是什么？我看现在很多的舆论导向并不是完全精准，本案的核心是这个人是怎么死的？用法律上的语言讲叫因果关系。当然这里的因果关系是指刑法意义上的因果关系，与一般意义上的因果关系——老百姓所理解的事实上的因果关系是不一样的。将来的尸检报告是核心，但是要把尸检报告放到一个什么样的坐标位置上？尸检报告能够完全地还原事情的真相吗？我觉得还是有疑问的，尸检报告只能在局部或者某一些问题上起作用，比如说尸检报告一定可以说明哪个部位受伤以及受到什么样的伤。而该伤由谁造成的？是在什么状态下造成的？侵害还是防卫？是在警方合法行使职权的状态还是滥用职权的状态下造成的？尸检报告不会也不应有答案，要结合其他的一些证据来证实。

我想要提示一点是，关于执法记录仪的问题。我印象里现在的说法是因为是便衣所以没有办法使用执法记录仪，但用手机进行了拍摄，手机又被摔坏了，这些说法本身经不起推敲也不符合规定，不再过多分析阐述。而能够真实还原事情真相的王牌证据或者说最客观的证据——现场的监控视频，如果有但是拿不出来或者应当有而没有，再或者有被摔坏了又无法复原，公安机关都无法自证清白，这是一个无法掩饰的软肋。

这期节目的一开始我提到了媒体的逐渐发达以及舆论的多元化是好还是坏的考虑，结论还是要多发声要好过独音儿，虽然这种杂声也有一些冲击的感觉。我的期望是经过这一轮的论证和“对抗”之后，能有一个相对固定的模式和相对成熟的经验来处理这次以及以后可能遇到的争议。通过这起事件的洗礼，我相信大家对法治、对公安机关本身的定位以及执法规范的流程包括媒体的披露等问题能有一个感性的认识和理性的理解。虽然说我们付出了很大的代价，但是从整个社会、整个法治的进程来讲，能留下一点点有意义的东西或许也是一种进步，也是我们做这期节目的意义所在。

魏则西事件：用法治的高傲斩断阴暗的戚戚

长久以来，我们对法律都没有充分且到位的认识，虽然依法治国的口号很耳熟。无论官方还是民众，似乎并未达到对法律有信仰的精神层面。然而，当公众事件的阴暗面在互联网的疯狂扩大后，如何应对事件里的阴谋？如何分析问题中的关键？唯有法律能够斩断暗丝，唯有法治能够让我们看到希望。法律，应当获得应有的尊重和认识。法律，是解决一切问题最后的手段，也是社会最好的开始。

事件回顾

2016 年 3 月 30 日，魏则西在“知乎”上记录了自己求医的经历，其中关于武警二院和百度搜索的内容引发广泛关注。

据华西都市报报道，魏则西的父亲魏海全告诉记者，当初在北京的一家肿瘤专科医院里，他听了一位医师的推荐，在通过百度搜索和央视得知“武警北京总队第二医院”后，他与妻子前往考察，并被该医院李姓医生告知可治疗，于是魏则西开始了在武警北京总队第二医院前后四次的治疗。从 2015 年 9 月开始，魏则西在父母的陪同下先后从陕西咸阳四次前往北京治疗。

2016 年 4 月 12 日，在“魏则西怎么样了？”的知乎帖下，魏则西父亲用魏则西的知乎账号回复称：“我是魏则西的父亲魏海全，则西今天早上八点十七分去世，我和他妈妈谢谢广大知友对则西的关爱，希望大家关爱生命，热爱生活。”（来源：网络）

本期我们讨论的话题是魏则西事件，前段时间大家讨论的比较热烈，现在已经没有什么人在关注这件事情。我们本期节目考虑讨论魏则西事件，主要是想系统地来分析这件事情本身和现在的结果以及如何处理。因此我们节目分为三个部分：第一部分就是分析这个事件本身，第二个部分分析现在的结果，第三部分是应当如何处理这件事情。

关于本次事件，官方成立了调查组进驻百度并且在部队医院也开展了一系列的调查。网上对这个事件也有很多很多的讨论和分析。

魏则西生病要去看医生，他不仅要知道生病了要去看医生，还必须知道更多的知识：通过百度搜索他得知道哪些是真的信息哪些是假的信息？哪些是花钱推广的哪些是没有推广的？哪些是竞价高的哪些是竞价低的？当然这是后话；到了医院之后他得要知道这家医院是不是存在承包、借名？还得判断医生所说的治疗方法是不是得当，是不是有虚假之处？是不是像他们所承诺的那样可以把他的病治好或者有所减轻？所以说他除了生病之外他还需要考虑很多很多的事情，当然这些也都是后话。如果他生前知道这些“后话”，也不可能遭遇到今天的“陷阱”。

这件事情的发生让我们知道了这么多的内幕，从患者本身的角度来讲，为了生存，越来越需要知道很多很多我们本来可以不用知道的“知识”，所以说我们现在活得越来越累。我想魏则西只是遭遇此类事件众多患者中的一个人，还有很多很多的“魏则西”有过这种遭遇。因此，本次事件应当引起我们的重视。

目前，所谓的调查组进驻百度调查，医院提出一些整改措施，至于调查和整改的情况以及对本次事件的解决等事宜并不是很清楚，似乎除了这些也没有什么更多的信息，这就是这个事件的结果。很多时候，一个事件的处理无论是过程还是结果，其所代表的意义往往超过了事件本身，也更应该引起我们的高度关注。结果是对事件的看法、态度的反映并且对以后类似事件的处理起到参考借鉴的作用。而现在的“结果”则有一种不了了之和敷衍了事的感觉。

百度是一个推广的平台。在这起事件中有评论提到了百度不应该以金钱为标准，唯金钱是图，提出的建议是要求百度不仅要以金钱为标准，还要考虑到社会的公益性、医院的公信力等根本无法量化也没有权威标准的一些因素。而这样的要求是否得当？另一方面，对于报道出一些部队医院或其他公立医院将部分科室业务承包出去的这些所谓的合作方，并没有太多的讨论以及有什么整改的措施。特别是，在整个事件中是否存在虚假和欺骗的问题？有人说，人死了以后过分地讨论是“消费死亡”，我倒觉得魏则西选择的初衷是本着对公立医院的信任，而医院正好利用这种信任把它消费掉拿来换钱。这个问题值得反思。

在这些疑问无解也无人去解的情况下，与百度的调查相比这些更加重要的问题没有得到应有的重视，这就是结果。

关于如何分析和处理这件事情。我认为在这起事件中一个最大的原则是要以法为标准，道理很简单，因为无论是百度的竞价还是公立医院的外包行为，也不论在医疗过程中的虚假承诺以及导致死亡的结果均是法律问题，法律问题则当然要以法为律。

对于百度的竞价有没有法律的规定？我们可以从法律的角度来梳理一下这个环节，可以看到对百度竞价，法律并没有明确的规定，没有竞价的禁止性规定。百度不应该拿竞价的标准对全部行业都进行排名，但我们只能从道德或者公序良俗原则的角度进行评价。所提出的其他的参考标准，比如已经提到的企业的信誉等因素根本无法进行量化，不具有实际的可操作性。所以说关于百度竞价的问题只能进行道德上的评价并提出改正的意见。

不可否认，魏则西是通过百度这个平台找到了医院，但是他也仅仅是通过百度这个平台认识了这个医院，他决定去就医更多的是相信这家医院大于相信百度，所以说重点还是在医院。医患双方之间属于合同关系，无论医院跟科室内部之间存在怎样的承包或者跟第三方有合作，合同主体依然还是医院本身与患者。除了从合同主体的角度来分析之外，合同的内容不仅包含所有书面的条款，还包含医方关于治疗的承诺，比如用什么样的治疗方法，能不能治好病等均属于医院的承诺。虽然这些承诺的发布者是公立医院里“莆田系”的一个科室，但以医院的名义发布就视为医院承诺。那么，这起事件中如果医院方存在误导以及虚假宣传等情形，则应当依法或者按照约定承担责任。

刚才讲到了消费信任，你把民众对你的信任拿给别人消费，别人不维护这种信任以此来换钱，你收到了钱信任也随之不存，那么你就应当付出代价，这是符合常理的。

再回到治疗的过程，是否存在治疗不利的行为，或者明知自己无法治疗而虚假宣传并延误治疗的时机，进而对患者造成损失，无论是人身损失还是财产损失，医院方必然要承担责任，可能包含行政、刑事、民事三个方面的责任，按照情节的不同追究不同的责任。

我们以法律为工具进行了分析，为什么要进行法律方面的分析是因为除了法律是明确的、具有可操作性之外，其他的一些问题我们基本上无能为力，比如公立医院和“莆田系”为什么进行合作？合作是否规范？能不能进行合作？宣传本身是不是对患者进行了误导？患者当时在主观上是如何认识的？他对病情了解多少？包括刚才所谈到的类似于百度能不能以金钱作为竞价的唯一标准等情节，都属于不明确的，还需要进行讨论。

当法律能够得到尊重，当所有的法律问题能够用法律来解决的时候，我想背后的那些问题也就迎刃而解了。如果医患关系包括医疗纠纷都能得到合理的解决，也能进而促使医疗行为的规范化，所以说用法律来分析和解决这起事件，是具有可操作性且是有效的。对于其他一些问题在伦理和道理上的分析，则应弥补法律的不足而不是取代之。最后我还是提倡要把法律放在首位去处理这件事情，这样可能对整个社会的运作以及百姓利益的维护是一个最好的选择。

毒跑道：当奔跑不再肆意

年少的我们，无忌的笑声，莫名的忧愁，稚嫩的发呆，当童年一去不返，那永远的记忆足以抵挡如今世事的浮躁和纷乱。我们就像小小的树，吸收阳光，根植在肥沃的土壤和水分里。有一天，大人告诉我们，不可以再靠近操场，不能去奔跑。从此，操场就成了另一个大灰狼。从此，年轻父母又多了一个睡前育儿的必讲小故事。只是，这个故事，真乱。

事件回顾

北京、苏州、无锡、南京、常州、深圳、上海、河北等地从2014年开始，多地学校发生“异味跑道、异味操场”的现象，造成学生流鼻血、过敏、头晕、恶心等症状。

据中国之声《全国新闻联播》报道，江苏省教育厅近日发布学校“毒跑道”调查结果，部分学校塑胶跑道存在冒用检验合格报告、使用不良原材料等问题。河北保定全面排查“毒跑道”流入校园的安全隐患。（来源：网络）

本期我们谈论的话题是“毒跑道事件”。网上对此次事件的报道很多，我简要地说明一下，有部分中小学操场上铺的一种橡胶制成的跑道含有毒物质，此事不仅发生在北京、深圳、常州，其他一些地区也报道了“毒跑道事件”。包括央视在内的新闻媒体这几天也集中进行了披露，引起了民众广泛参与的大讨论、大声讨。但是到现在为止，仍然没有一个很明确的结论和处理意见以及能够让人信服的规则出台，印象里大概只有深圳出台了相应的规范，明确了跑道应参照的标准。

介绍完事件的大概情况后，开始进入我们的讨论。

此事一经报道，社交媒体包括微信、网络平台都参与了讨论，大家站在不同的角度，发出一些不一样的声音，当然声音也是有强有弱。

激愤的声音占主流，我完全能够理解。我想如果我是其中一个孩子的家长，我也会激愤，可能还会比他们更为过之。除了爱子心切，导致他们激愤的另一个原因，就是官方的不作为。也就是说这起事件本身给他们造成了很深的伤害，而后续的处理，依然给他们造成了进一步的伤害。所以说，围绕这一起纷繁复杂的事件，我们一时不知道应该从哪个切入点开始进行讨论，能够理出一个更清晰的线条供大家参考。后来，决定还是从我们的本源，也就是从孩子来说起。

我们都是从孩提时代过来的，我们也有自己的孩子，每个人都经历过这个阶段。我们都知道孩子是祖国的花朵，从小我们就在歌里、一些类似的朗诵里面听到过这样的比喻，为什么是祖国的花朵？我们从来没有深刻地考虑过，只是一种对孩子很粗浅的爱的表达方式，我是这么理解的。然而，从深层次的角度来分析，孩子有极其重要的位置。之前的节目中我曾经提到过人性，人性最原始的理解，就是在人面临共同的生存危难的时候，会给老者放一些必要的食物，当然这些食物是不足量的，然后让老者自然地“去”。但是对孩子不会以这样的方式来爱，道理是什么？对老者而言，人生所剩余的时间较少，其对成年人的帮助也可能相对有限；而一个孩子的生命才刚刚开始，有无尽的可能性和无限的未知，他可以实现成年人实现不了的梦想。所以说，我们从人性的角度来讲，孩子具有极其重要的意义。我不知道西方国家对孩子的重视是不是基于这个原因，人性的原因无所谓好与坏，它是客观存在的，我想我们也不能违背人性，更不能残害孩子。

这次事件中曝光的大多数都是中小学的跑道，大学生的跑道或者体育赛事场所的跑道是不是也存在类似的问题，还不得而知。中小学生是稚嫩的花朵，他们没有任何的反抗能力，他们没有与成年人相同的辨别、辩论以及抵抗的能力，他们只有很无奈地接受。我不知道是不是这个原因导致了“毒跑道”出现在了中小学校。但愿不是，如果是，我只能说这种做法实在是令人发指。

这起事件发生后，相关的媒体尤其是央视非常英勇，我用这个词表达对他们的敬意。他们进行了深入的调查，走访和质问、询问了相关的官员，我曾经在一个电视画面上看到一个问答：记者问一个政府官员——某个区教委的新闻发言人，当问到有没有闻到操场上异味时，官员回答说没有闻到有什么特别的味道。他们采访的地点就是在操场，而新闻所报道的重点就是他们脚下的那块毒跑道。在同一个跑道同一个位置，记者问这个学校的校长同样的问题，校长说能够闻到异味并强调这是很明显的事实，也没有什么可以否认的。

另外一个事实是学生的家长曝光出来的。这起事件发生后，学校委托第三方检测了这些毒跑道有没有毒物存在，检测的结果跑道是合格的，但是却要把跑道拆除。家长就有疑问，到底是跑道有问题还是检测报告有问题？

面对校长和发言人的回答，检测机构的检测报告以及拆除毒跑道的矛盾，我的感觉是我们还原一个事实越来越难，就连最基本的有没有闻到味道，都需要靠一些所谓的证据和技术手段来还原。作为一个正常的人，对造成如此众多孩了健康问题的“毒跑道”，没有闻到异味，这么一个出自于官员的诡辩，非常让人震撼和难受。

我们长期从事法律诉讼，接触过大量的事件，真真假假、虚虚实实，没有什么可奇怪的，但是这起事件毫无疑问刷新我的认识底线。在一个广受关注的事件之中，对一个基本的问题、一个根本就不需要争论的问题都还存在争论、存在否认。虽然我没有去闻，但那么多孩子流鼻血，包括教育部还有国务院的相关部门联合出台了一些规定，规定这些有问题的橡胶跑道不许再使用，这一系列的事实告诉我们一个明确的结论：跑道一定是有问题的，是有毒的，存在的异味也是一定能够闻到的。

另外还需要提出的是，所谓的检测机构或者鉴定机构，这些机构很重要，尤其是对于我们国家的司法体系而言。

我为什么讲对于我们国家的司法体系而言？因为国外的鉴定机构或者鉴定人最后都是以人为主体参与其中，更多地强调的是人，而不是机构。当发现某一个检测有问题的时候，会有机制让另外一个有偿的、专业的人员出来澄清、说明甚至辩论，每一个民众都能够听得清楚，每一个民众都能够进行分辨和判断。而我们，无此理念，检测机构一言独大。

家长已经不再关心检测报告到底是真实还是虚假，跑道的异味明显且孩子大面积出现症状，检测却说没有问题，谁信？让人如何去信？我们的鉴定机构以及鉴定的客观性，已经成为司法公正的严重障碍之一。我刚才讲到，有些事实的还原是要靠技术手段的。对于一些专业的问题必须靠专业的机构，而这些机构并非真正的市场化，因此当赋予它一个很重要的位置，但是这个重要的位置又不能让人完全信服，且没有消除质疑的有效机制，做出鉴定的机构的公信力就必然下降。这是我们目前这个阶段，司法所遇到的一个不可回避的问题，很多案子也是因为鉴定出了问题而导致判决不公。在我看来，鉴定这个还原事实的机制以及机构已经到了必须受到重视的时候了。

我想再谈一谈这起事件与以往事件不一样的地方，我们知道从民事的角度来讲，过错是一个很重要的因素，有过错有惩罚的原则，大家都能够理解。可是在这起事件中，孩子有什么过错，没有任何过错却遭受了不应该遭受的伤害，而应对该事件承担责任的责任人却处处推诿。未成年人，在自己未成年的时候经历的这起事件会影响他们的一生，让经历过这种事件的学生有一个健康的、绿色的心态去面对社会，容易吗？人的关系都是相互的，社会怎么对他，他就会怎么对社会，不分老幼。

一开始我就讲到，社会发展纷繁复杂，我们的未来需要什么样的人才能够处理和解决好这些事情？我们期待的一定是心理健康的人，如果这一代人本身出了问题，你让他怎么处理？你让他怎么往好的方向处理？这是显而易见的道理。所以说对未成年人各个方面的保护都是非常必要的，未成年人是未来世界改善人类生活的核心力量。我们难道不应该给他们更多的关注吗？虽然在这些事件中，检测机构可能受到一些影响，但是与孩子相比，这些算得了什么？所以归根结底，我们心里对整个社会未来的健康发展的认识还非常欠缺。

更何况，每一个父母都知道孩子是多么的可爱，我们对未成年人的保护要区别于法律对成年人的保护，他们应该受到更多的、更好的保护，而不是仅仅受到跟成年人一样的保护或者是受到弱于成年人的保护，这是我们成年人对未成年人的责任。只有这样，我们国家才会更加繁荣，我们的法治才会真正落实到实处。如果一个未成年人在未成年的时候没有体会到这些正能量，反而体会到负面的感受，后果是严重的。

谈论这些的意图是在于，我们解决问题的前提和解决问题的意愿能够达成统一，只有大家的心是一致的、认识是一致的才能够把事情处理好。所以说，为了我们的孩子，也为了我们自己，做一些我们该做的事情。

最后我想谈谈法律，关于跑道的材料使用，法律其实是已经有明确的规定，有国家标准，但是因为没有执行、没有监督、没有监管，所以“一路绿灯”而造成此事。

回到源头，法律仅仅是工具，就像菜刀，既可以切菜，有利于生活；也可以拿去行凶，危害于生活。法律也一样，怎么使用？是看使用的人、使用的目的。本期节目核心的观点也很明确：我们成年人要对未成年人有所担当，而不是残害，依法依理，应当如此。

广西吴良述律师“半裸”事件：没有记忆的记忆也许是最好的记忆

中国民航事业从无到有，从惊心动魄的试航到日益成熟的操作程序，民航业的发展无疑也给摸索变革中的法律制度带来宝贵的经验借鉴。法治，作为协调和规范人类相处方式的重要手段也必然要经过从矛盾重重到日益成熟的过程，这是事物发展的必然规律。有一位机长的话我印象深刻：没有记忆的飞行是最好的飞行。当然，我知道法律是社会科学，有别于机械操作，比喻都是笨拙的，但对于诉讼中类似机械操作的程序问题，这句话是可以适用的。或许将更多的记忆留在法庭的辩论里才是法治成熟的标志，才是社会科学的追求所在。

事件回顾

因代理一起加工承揽合同纠纷案件，2016 年 6 月 3 日上午 9 时许，吴良述律师到法院办理立案手续。接待的女法官称该案不属于青秀法院管辖，吴良述解释无果，遂要求法官按照规定出具收件回执，再遭拒。“你要收件回执，就去信访接待室要。”在吴良述一再要求下，法官派一名法警将吴良述带到信访接待室。

吴良述称，多方交涉，信访室接待法官仍然拒绝出具收件回执。吴良述找到青秀区法院纪检组投诉，纪检组一位女法官到信访接待室接待吴良述。在此期间，一位法官提出怀疑吴良述用手机录音，吴良述表示没有，该法官要求检查手机，被吴良述拒绝。其后，法官和法警多次要求检查手机，吴良述依然拒绝并要求出示法律依据。

吴良述称，大约在11时30分，一名法警突然伸手抢夺其放在裤子口袋里的手机。吴良述紧紧护住不放手，另一名法警从门外进入，从身后勒住吴良述的脖子。吴良述被压制在地，法警用脚将之踩在地上并捂住口鼻制止其呼喊。法警撕扯吴良述裤子，将裤子扯破，手机飞甩出来，屏幕破碎。

在检查手机未发现录音之后，吴良述被控制在信访接待室。一直到当日14时后，在广西壮族自治区律协和南宁市律协相关领导的交涉下，吴良述才被允许离开。

6月8日，联合调查组邀请了吴良述及其代理律师以及吴良述律师所在的律师事务所主任、副主任、律师代表，自治区、南宁市两级律协领导到青秀区法院调看了监控录像，并向吴良述律师通报事件调查进展情况。在调看监控录像前，调查组首先向大家介绍了事件调查进展情况。青秀区法院院长就该院法警滥用强制手段向吴良述律师公开道歉，并表示相关赔偿意愿，同时还通报，经过依法审查，法院决定对吴良述律师代理的合同纠纷案给予立案。观看录像后，调查组又进一步听取了吴良述律师的意见和诉求，表示还将继续监督南宁市中级人民法院加快对相关责任人的责任调查工作。（来源：网络）

本期我们讨论的话题是在网上引起热议的广西律师吴良述裤子被广西某一法院的法警撕烂的事件。那张很“经典”的图片已经在网上流传甚广并被演绎为很多个版本。这起事件在法律从业者群体内和法律从业者群体外，已经引起了很广泛的关注，因此有必要进行分析和说明，以便于我们能够在法律职业共同体内部有一个清晰的认识。

第一个话题是这起事件发生的原因。广西法院方面因为怀疑吴律师在立案的过程中以及在立案之后，跟他们纪委的相关人员谈话过程之中有录音的行为，当然，经事后查看吴律师的手机发现没有录音，也就是说在一个被怀疑的状态之下发生了这个事情。

录音录像实际上是一项技术手段，这项技术手段随着智能手机以及科技的发展，已经逐步成为无论什么职业的人都可以掌握的一项普通的技术。当然法院或者说法庭作为特殊的机构有一些特殊的规定，这项特殊的规定类似于在被羁押的看守所里面的一些特殊规定。在《刑事诉讼法》修改以前，律师在看守所会见特殊案件被羁押的人会有警察在场，他们在听律师跟嫌疑人之间会见的内容。

后来有一些关于录像的讨论，也就是说律师与当事人的会见到底能不能受到监听？在《刑事诉讼法》修改的时候予以明确：在任何情况下，律师的会见都是保密的，可以监视，但不可以监听。发生在重庆的“李庄律师案件”，出现了所谓的被告人反说律师给他信息、向他眨眼暗示等一些行为，可以说律师在会见过程中没有录音录像的保护，会有很多说不清楚的地方，可能会给律师带来一些不好的影响。因此，在此次事件之后又开始了一些新的尝试，部分看守所在律师会见的时候允许律师进行录音录像。当然持续时间不长，很快就进行了限制。现在律师在会见的时候，身边基本没有警察，但是律师也不可以对会见内容进行录音录像。

律师会见当事人历史的演变，造就了如今律师的本能，尤其是刑辩律师。他们不仅有严谨的思维，而且这种严谨的思维能够通过口头语言表现出来，无论有没有监听，他们的表达基本是一致的。相反，法院或者法官没有这样特殊的环境。但是从法律人或者法官追求的目标来讲，也不应该以有没有录音而调整自己的工作语言。

在工作过程中，有录音的时候应该这么说，没有录音的时候就可以换另外一种说辞的做法是不应该的。法院的工作人员，包括法官、法警从事的都是法律职业，承担保障司法运行的职能。法律职业一贯严谨，而这种严谨应当体现在任何时候，尤其是在工作时间，谈录音而色变，这是不应该的。

这起事件中，无论是吴律师还是法院，双方都遭受了很大的舆论压力。一直以来，我对这起事件没有用文字或节目来阐述，因为我觉得，以往谈论的事件都是社会事件，而这起事件与以往事件相比一个最大的区别就在于，一方是律师另一方是法官以及法警。作为一名法律工作者，我不想让大家认为我们有偏见，认为我自然会站在律师这个角度，或者说我不站在律师这个角度就被视为背叛，这些顾虑让我迟迟没有对这起事件发表我的看法。但是这起事件是客观存在的，也并不因为我回避它或者忽视它就不存在，或者说它就能够解决地更好，所以我还是选择了去面对。

毫无疑问，吴律师在这起事件中因为立案的一些问题，法院对其实施了强制的行为。从法院的角度来讲，无论有任何的说法，仅从现在公开报道出来的、已证实的事实可以确定吴律师的裤子是被撕烂而不是脱线。现有的视频中能够看到法警将脚踏在吴律师身上的行为，并且在该行为结束之后长达两个小时的时间内，吴律师是失去人身自由的，这是非常严重、非常恶劣的事件。

对于人身自由，我的理解可能跟大家的理解有所差别。工作关系我长期接触没有人身自由的人，从他们的眼神和谈话中，我能感受到他们对人身自由的急切渴望。如果说这起事件的其他情节都可以被理解或者说都可以被原谅，但是限制人身自由的做法绝不可以原谅。只是因为在立案过程中怀疑律师有录音而限制其人身自由，这样一个荒唐的理由得出一个荒唐的结果，如何能够让人原谅?!

只要涉及限制人身自由的领域，法律上一定是全国人大级别的最高阶的规定，其他任何行政法规包括地方规章或者内部的规定等，都不可以有限制人身自由的规定。难道法院不清楚这些吗？

除了对客观行为的分析之外，我们可以尝试着分析他们的主观或者说他们当时的认识。无非有两种可能性，第一种可能性：网上也有报道的“任性”。愿意这样做，就看你好欺负，就把你羁押两个小时，如果是这样的心态，那么这起事件会更加恶劣。当然，从非法拘禁犯罪的角度来讲还没有达到可以刑事立案的程度，但是不犯罪不代表就不是一个违法行为。第二种可能性稍微有些复杂，我尝试着去说明：在我个人看来，法院一方明明知道这样的处理非常不正确，可是他们不知道该怎么处理，又特别惧怕被宣扬出去。宣扬出去的结果和给他们带来的影响是巨大的，是他们所不愿去面对的，因此在这个结果出现之前就变得更加疯狂和极端。

我不清楚这两种可能性到底是哪一种？但无论是哪一种，无论是哪一方，吴律师、法院、法官和法警，在这起事件中不管如何处理都没有一个赢家。这起事件是司法的悲哀。这个悲哀不是司法机关对社会民众，而是法律职业共同体内部的悲哀。这起事件的严重性和特殊性不得不让我们进行更深入思考，为什么会出现这起事件？

如果不是任性的话，那么那个莫名的恐惧来自哪里？难道这种莫名的恐惧真的无法避免吗？以致让他们做出如此不理智的选择。我想最核心的，也就是最初法院非常惧怕这起事件被曝光于天下，一旦曝光，事件就会进入另外一种语境，就会用另外一种语言模式来进行阐述，而这种语言模式，他们无法进行控制。用通俗的话来讲，一旦进入舆论就可能出现一种“非黑即白”的两极状态。然而，事实本身绝不仅仅限于吸引人眼球的极端说法，可能更多的是处于黑与白之间的地带或者是处于两个极端之间的某个点，但是要说明两个极端中间的某一个点要比说明极端更艰难。这一点也体现在法院的通报里：在短时间之内把吴律师放倒，然后脚踩到身上，裤线脱落，在一分钟之内，所以不属于伤害。这种急于迎合舆论、在黑与白之间得出的结论，非常仓促并忽视了其中的一些核心内容。事实上这个通告出来之后引起了巨大的反响，备受抨击的反响。

所以我的一个思考是，遇到这样的事情一定要把事情的本身还原并进行充分的说理，哪怕是处于黑白两点之间的任何一个点。只要能够说服大家，让大家相信，就可以了，而不需要刻意地迎合舆论的要求，得出非常极端的结论。法院是执行法律的机关，是一个通过严谨的思维方式以及充分的依据来做出最终和最准确结论的地方，这是民众对法院天然的期待。我们不能再像过去那样，只重视结果，不重视论证，现在的结果都是要靠论证来支持，靠论证来赢得大家的信任。

黑白两极化的舆论环境中，司法应当保持相对的独立，应当保持自己的运行模式，应当在说理、讲法以及阐述的过程中有所作为。如果的确存在一些不当的行为，那就把它陈述清楚。所以说我们一定要有一种思维，那就是多数事件不是非黑即白的，更多的时候是五颜六色的。如果连法院都要迎合、惧怕这种舆论，甚至涉及责任追究的问题，就形成了恶性循环。

回头来看，站在当时涉事的法官或者法警的角度，舆论出现后，如果能够说得清楚，讲得明白，也许就不会越陷越深。身边有一些法官经常抱怨现在的责任追究也会让他们心生疑虑，大家都是人，无非是社会身份和职业的不同而已。这样过分的惧怕是可以理解的，但更重要的是如何解决，我希望有关部门能重视这个问题，形成一系列的规则，以明确录音以及立案过程中收据出示等程序问题，这是很简单也很容易实现的，无非是把《民事诉讼法》的相关规定真正落实和融入日常工作而已，如果一切依法按章办事，我想可能不存在这些问题。

再进一步，也只有当我们法律职业共同体内部的一些事情解决好，才可能解决好司法机关与社会民众之间的问题。所以通过这期节目，希望大家从这种不好的影响之中解脱出来，一点一点去修复，一点一点去解决。

最后我想转述一句话，这句话可能对大家会有所启发，无论是律师还是法官或者社会民众。这是一位即将退休的民航老机长说的一句话，他说："我认为最好的飞行，就是没有记忆的飞行。一切按章办事，一切都正常，非常完美。如果飞行中有特殊的记忆，那一定是不好的。"回归法律，一个简单的立案程序，竟然出现如此令人有所记忆的事件，一定是不好的。程序问题就是照章办事，我们的精力和对抗应更多地体现在实体和实质问题上而非程序问题上。

没有记忆的诉讼，可能是最好的诉讼。

在还没有达到无记忆司法的境界之前，我们在司法过程中的这些磕磕碰碰，无论大或小，也无论带来的影响是多少，只要能够吸取教训、汲取营养，能够客观看待和认真总结，都会成为不断成长的动力，希望我们能够做得越来越好。

司法是社会的最后一道保障，只有保障到位，才能确保其他非司法行业的发展有序。

苹果禁售：山不转那水在转

山，就在那儿，轻易不变；水，流过那儿，经常改变。山水相依，琴瑟相和。也许我们要适应永远处在变与不变的环境中，相依相和，方显生机。一样的苹果，一样的餐食店，不一样的境遇和烟火；一样的日出，一样的起床，不一样的考虑和选择。变与不变的转换与轮回，勾勒出一幅幅暧昧的图景。欣赏不一样的色彩令人新鲜，只是图景需要稳定的底色和优化的配色。稳定源于秩序，优化刷新秩序，秩序让自由得以延续。

事件回顾

近日，北京市知识产权局裁定，苹果公司 iPhone 6 与 iPhone 6 Plus 两款手机的外观设计，侵害深圳佰利公司的专利权，并责令苹果公司停止销售、中复公司停止许诺销售和销售被控侵权产品。(来源：网络)

本期我们讨论的话题是由一则通知而引出，没有特别明确的话题，其实说没有明确的话题也并不完全准确，因为还是有一个指向，这个指向就是现在网络上讨论比较广泛的苹果手机禁售问题。当然我刚才说了，是由这个话题引出，再来谈一谈别的事情。

前两天网上有一则通知，杭州一家公司发布的，通知的题目大致为“爱国通知”，大概的意思是要求他们公司所有使用苹果手机的员工更换手机，强行更换，当然公司是有补贴的。更换之后的苹果手机，可以自行销毁，也可以交回公司进行销毁。凡是 iPhone 7 上市后购买的人，一律开除，并且终身不再聘用。除了这个通告，还有其他的一些新闻，比如说 iPhone 6 以及 iPhone 6 Plus 与中国的某一个手机品牌的两项专利技术存在侵权，从目前网上的报道得知，此案正在知识产权法院进行行政诉讼。还有，有关苹果手机对于隐私的泄露等质疑信息，形成了现在网络上关于苹果手机禁售的风潮。

与此同时，我们常听到的对日本产品的类似抵制，以及对美国的餐饮企业，比如对麦当劳、肯德基等一些企业的抵制等，现在逐渐成为比较集中的一个态势。

基于以上情况，我们开始今天的话题。

我首先想说的是，近期如此密度之大的联合抵制是我们从来没有遇到过的，其中有一些是理智的，有一些是不理智的，有一些过激的，有一些是可以理解的。这些手段，我们在此不予评价，但从事件本身来讲，对普通人仍是一个不小的冲击。尤其是对我或者同龄的人来说，我们没有经历过抗日战争、解放战争，没有经历过那种吃不上饭的自然灾害以及“文革”。我们处在一个和平的、幸福的时代里。这也提醒我们是处在一个变动的时代长河之中，不管我们有没有经历过之前的那些变动，它都是客观存在的；也不管我们现在经历的这些变动，会如何结束，以后还会新的变动。因为我们处在一个变动的时代里，变动的秩序，客观存在。

近几天，有一段视频在网上流传，在一个肯德基或麦当劳的餐厅，两男一女三个人在进餐，他们身边大概有几十人在谴责，并用手机进行录像，被围着的三个人就像到别人家菜园子偷菜被发现一样，胆战心惊，场面很恐怖。我们先不考虑这些围堵行为的正当性，仅仅从用餐者的角度来讲，我谈谈我的感受，我们每一个人都可能成为用餐者，我们可能一个月前在这个餐厅吃过饭，也可能与现在站在旁边进行拍摄的这些人在同一家餐厅一起吃过饭，但是，一个月以后，却变成另外一种情况。甚至可以说，前一天在这吃饭的时候没有任何问题，可是在第二天，就变成了一种不可理解的或者被认为不应该的行为。

这种错乱，会带来一种不稳定。而稳定是人最基本的一个生存需求。只有稳定才能带来安全感，安全感又是生物界原始的本能需求。每一个人都不想成为别人的围观对象。况且他们有错吗？他们前一天和后一天去同一餐厅吃饭，违反什么规定了？没有违反。但是他们却无法按照自己的意愿愉快地选择餐馆用餐。

我们每一个人都有对稳定秩序的需求，引申一点来讲，法律是秩序中的典范，是秩序中的秩序，法律能维护秩序。这里的法律指的是符合自然界规律的法律，有些违世背俗的恶法我们不进行谈论。正常的法律是对秩序的维护，并且法律要有一定的稳定性，稳定的秩序维护是社会发展的基础和根本。朝令夕改，反复无常，不是法律的特性，是法律要摒弃的“病毒”，不是对秩序的维护，而是对秩序的破坏。

通过上述两点我们可以得出一个初步的结论，每一个人都需要稳定的秩序，也能接受秩序良性的优化。因此，秩序与规则、稳定与变化的关系处理，就成为对秩序制定者的考验。

此外，秩序的运用以及秩序的执行也应当引起我们的重视。我从一个简单的实例开始引出这个话题，这个实例跟法律有一些关系。民间借贷是古已有之的现象，从古代到中华人民共和国成立前后都客观存在。在以前，四倍利率法律是给予保护的，如果超过了四倍，如果超过的利息已给付，那是不用再退回去的。但是，新的规定把四倍利率变为分档制：24% 和 36%，以及超过 36% 的部分。如果给的利息超过了 36% 的话，是可以再要回来的。简单说，是一种后面的秩序对前面秩序的更替。有关秩序的执行，体现在这个规定里应当是指新规定出台以后的借贷关系适用新规定，不能将新规定适用于出台之前的借贷关系。否则，必然会在秩序执行的层面带来混乱。再打个通俗的比喻，我国古代成年男子是可以纳妾的，但是现在规定只能是一夫一妻，可是，你不能用现在的规定说以前的纳妾是无效的，这是法不溯及既往的基本原则。

为什么讲这两个话题？网络上或者我们身边经常会发生这样的事，在反日或抵制日货情绪高涨的时候，一些买了日本汽车的人，就遭遇车辆被砸等事件。这里就会有一个问题，他们在当时买汽车的时候并没有人告诉他们有规定不可以买，也并非是当时大家都在抵制日货，就你一个人买。也就是说，那个时候无论是明文还是不明文的规则是不限制的。因此，在规则执行的时候是要有所区分的，这就是我想表述的意思。

所以，无论是秩序的制定还是秩序的执行，所有的指向均是秩序。为什么我们一直在强调秩序？因为秩序是法律的灵魂。只有有序的且能秩序优化的社会，才是我们理想中的社会。

希望我们的秩序越来越好，社会能够有序发展。话至此，又有一个新闻浮现脑海：最近，美国在制裁我们的华为、中兴，还有中国的高铁，等等。对于这些来自外部因素的变化，我们也应进行相对应的变化，这些都是涉及秩序制定的层面。

秩序，是人类能够发展的一种必需的手段。我们看过的《鲁滨孙漂流记》里，一个人的荒岛，向左走向右走，没有规则也不需要规则。但是在人类社会，向左走向右走，都绝对离不开规则。任何一个国家、团体、个人，有秩序的行为规则，才可以让自由变成真正的自由，并且得以延续。现在的人类社会已经不同于丛林法则弱肉强食的原始丛林社会，文明的社会里的文明得以延续，靠的就是能保障自由与文明的秩序。

张艺谋集资房：高大上遇上接地气

农耕文明里，长辈对于晚辈，类似于天。传授不变的生活生产经验，固定的礼节与规则。现代文明里，不断突破的技术与规则，当然不可同日而语。逐渐归类的高大上与接地气，分列于天平的两端，客观存在着。当客观的天平与人们心里的砝码变的不同之时，则需要更高的天平，需要向类似于农耕文明里的“天”筹借砝码。天理规律，天平中的天平，规则法度的灵魂。

事件回顾

2016年7月，一份由广西壮族自治区直属单位住房制度改革委员会办公室发出的《关于职工申请全额集资建房的公示》在网上广为流传。该公示显示了一位名叫“张艺谋”的广西电影集团无房职工，申购一套面积为146.54平方米集资房的信息。这个信息很吸引人，引发大批网友热议。张艺谋长期在北京工作，在北京是有房子的。为什么会在广西电影厂分得了一套集资福利房？（来源：网络）

本期我们讨论的话题是张艺谋以无房职工的名义申购单位的集资房，关于这个新闻有很多的信息。

我看到新闻的第一反应以为是现在发生的事情，后来才注意到是2000年就已经分了房子，现在只是补一个手续办房产证。这与第一感觉的张艺谋没有房子，要申请单位的集资房，还是有一定的区别。

关于这个新闻，大家言论的焦点主要体现在两方。一方认为张艺谋是一个大牌的国际导演，以没有房为由向单位申请集资房，总是感觉有点别扭，似乎不太合理。但是另一方，包括张艺谋的单位广西电影集团也出面说，张艺谋是单位的职工，根据规定，张艺谋完全符合申购单位集资房的条件，并不能因为他是名人，就剥夺他合法的权利。

可以看出，争论的两方都有道理，我在看了这个新闻后也认为，这么大的导演怎么会申请集资房呢？这样的第一反应我相信没有任何偏见，是一个很正常、很自然的反应。当然，回到广西电影集团的表态，这个说法也完全有道理。但是，两方的观点似乎又都无法说服对方。

单位集资购房是一个有年代感的名词，是我们父母或祖父母辈的事物，现在也有个别的单位有集资购房，但这是一个相对历史的政策。这个政策或者制度本身没有什么问题，这么多年来解决了很多、很大的社会问题。只是这个老政策在现代遇到了新问题，所以就出现了这种争论。

单位集资购房这个政策本身没有什么问题，大家为之叫好。而我联想到另外一种情况，我们将两者进行对比。

由于人口的快速增长，北京、上海等一些特大型的城市开始限制城市人口的数量，采取了很多的措施。比如对小学入学设置门槛或对一些行业的准入设置门槛。围绕这些政策和制度，也同样存在不同的声音和观点。有的人认为，为什么限制我的自由和我选择生活空间的权利？限制缺乏合理性，无法让我接受。有的人则认为，没有办法呀，城市不可能无限制地膨胀，要有一个边控和总体的规划。听起来，也都有道理，跟张艺谋购买集资房一样，争论双方都有道理，但又都难以说服对方。

不同之处在于，对于限制人口的制度和措施本身，是有争论的，甚至是比较大的争论。而对集资购房的政策本身，大家好像没有太多的争论。

还可以进行对比的一个例子，比如对法律的一些变更规定。这里所说的法律是宽泛的法律，不深入了解法律的人可能会有点儿迷惑，什么叫宽泛的法律？严格的法律仅指由全国人大及其常委会制定的，而宽泛的法律则包含了国务院、最高人民法院、最高人民检院等机关制定的相关法规或司法解释等。举一个例子：以前的法律有规定，侦查机关进行办案的时候，要有两名侦查人员才可以进行，要去讯问嫌疑人或者询问证人，都必须是两个人。那么，如果在同一个时间点，同样的两个侦查人员既询问了这个证人，又在千里之外的某一个地点询问了另外一个证人，从而形成了两份笔录，很明显，大家都能够发现这样的两份笔录是有问题的。随着类似的问题越来越多，后来就有了新的规定，只要做出合理的说明，仍然可以使用这两份笔录。

完全想得到，这样的规定出台后备受争论。大家认为明明白白的一个错误，拿一个说明来补正这个错误，结果仍然是错误的而不是正确的。也可以想象得到，这样的“说明”通常都是越描越黑，可是描黑没关系，错误却因为描黑而变为了正确。但认同的一部分人认为，办案的民警或者说侦查力量确实有限，难免会出现这种错误，所以说进行补正之后，是可以使用的，否则会浪费很多的国家资源。这样的说法似乎也有点道理。同样，两方都似乎很有道理，但是也无法说服对方达成统一。

通过三个对比，我们应该能够发现：虽然围绕不同的制度会有不同的声音，但是制度本身却起了最重要的作用。因此我们必须关注制度本身要高于由于制度所引起的不同意见。制度本身，这是核心点；围绕制度而来的正反两方的意见，可以相对次之，这个道理我想大家应该能够明白。

既然互相无法说服，那么问题到底出在哪里？

在张艺谋所谓的购房事件中，有一种声音认为集资购房的制度套在国际性的导演的身上，好像很落伍。我们的核心点还是回到事件本身，无论是张艺谋的购房，还是限制入学或者不合格的笔录问题，抛去矛盾与冲突，我们又应当如何认识?

我分两个层面来分析：

第一个层面。我们都知道人是有社会属性的，人的社会属性代表了他会以自己的社会属性来看待某一个事件。比如说刚看到新闻的时候，从大众的角度来看，在民众的位置上，更多地会认为张艺谋完全不应该占有集资房资源的人占有了集资房，会有种自己的权利被剥夺的感觉。这就是问题的根源。相反，如果你属于跟张艺谋是一个级别的国际导演，但是按照政策还能得到一套房，则会认为这个政策没有什么问题，属于合法权益，又有什么不可以呢?!

人的社会属性决定了潜意识里观察和分析问题的视角，这是微观经济学的核心所在。微观经济学有一个最核心的“自利”的理论，没有好与坏、对与错之分。举个经济学里最经典的例子。一辆火车在行驶的过程中制动出现了故障，再往前走就有五个人在前面，这五个人的生命会受到威胁，但发现前面有一个岔路口，在这个岔路口有一个施工人员。那么，如果你是火车司机，你会选择开过去还是选择转向岔路口？最后测试的结果为：很多人选择了转弯，转到了一个人的地方。理由在于一个人的生命轻于五个人的生命。但是，最能让人信服的理由是潜意识里做出判断的动机。如果那个工作人员是你，答案还是如此吗？事实上，在面对这道选择题的时候，人们潜意识里会判断自己出现在一个人里的可能性和出现在五个人里的可能性，哪个可能性大。通常人们会觉得自己出现在五个人里的可能性比较大。那么，既然这五个人里有可能会有自己，又怎么能让火车过来呢?! 当然这个理论不是我的分析，而是权威的分析。

通过这一理论，我们就可以解释张艺谋集资购房这样的新闻为什么会引起民众的热议，也能理解张艺谋为什么有这样的行为，还能理解广西电影集团为什么做出说明。自利的“利”，不是单纯的经济利益，也包括利害关系。既然是单位的集资房，单位也一定不能说自己的集资房政策和执行存在问题，这也属于“利”的范畴。

第二个层面。如何解决问题，或许我们可以做一些尝试。

对于社会问题的发生，在进行研究之后，要进行一定的归类，也就是说我们刚才提到矛与盾的问题以及不同的矛与盾的分门别类。另外，也不能仅停留在矛与盾的分析层面。社会需要更进一步的发展，就应当尽可能地统一认识。我们认为，制度或者说政策的制定者所需要考虑的问题，不能根据某一方的社会属性而制定属于某一方利益的政策，这样的政策是不会长久的。应该站在长久发展的角度考虑，制定符合规律的政策和制度。

规律，才是政策和制度的灵魂。不可以忽略一方，更不可以人为地去制造这种不平等和矛盾冲突。我们本期话题谈到最后，我认为意在给大家一个心得。政策本身对社会的影响非常之大，那么如何制定政策，如何能够让政策更好地与社会本身有一个良性的互动?我们提出来这个问题供大家参考，至于具体如何解决，我也没有什么太好的办法，仅此提出一个方向请大家讨论。

老虎咬人：动物眼里的高级动物

动物有牙，而高级动物不仅有牙。与人类的智力发展一致，高级动物遂称霸动物界。高级的不限于地位，发展的不止于智力。作为人，作为人类，国法家规，有方有圆，亦不能落后于动物。恻隐之心，人皆有之，动物不及，人之专属。唯有悲悯和宽容才能称为恻隐，才能证明恻隐。情绪的宣泄与悲悯的回望，纵使喧闹，也让人在阴冷之后感到晴暖。

事件回顾

2016 年 7 月 23 日 15 时许，北京八达岭野生动物园发生一起东北虎伤人事件：赵女士一家三口带着母亲，自驾车到北京八达岭野生动物园游玩。在东北虎园内，赵女士下车被老虎拖走，她的母亲周克勤下车救援，也被老虎咬住。事件最终造成赵女士严重受伤，母亲周克勤不幸遇难。

8 月 24 日，北京“7・23”东北虎致游客伤亡事故调查组，就该起东北虎伤人事件发布调查报告，认定此次事件是由于游客未遵守园方规定擅自下车致其被老虎攻击伤亡，不属于生产安全责任事故。（来源：网络）

本期我们讨论的是北京八达岭野生动物园老虎伤人事件，在这起事件之中，一名女事主以及她的母亲一伤一死。

事件发生后出现了一些评论，主要集中在游客过错大一些还是野生动物园的过错大一些。有网站统计分析，大家的投票显示，90%的人认为，游客违反规则在先，所以责任应该由自己来承担。当然，我们这期节目的主要目的不是为了讨论责任应由谁来承担，责任的承担是一个相对次要和后续讨论的问题。在此之前，我们将主要集中在如何分析这起事件以及以后应该如何去应对的层面。

毫无疑问，关于这起事件，民众或者说网友的心情非常可以理解。实事求是地讲，我本人在看到视频的时候，对不遵守规则的做法，我也有同感。对于违反规则甚至有关生死的重要规则的这种行为本身，大家给予一定的评价是完全可以理解的。当然，后来我也听到了一些不同的声音，认为当事者在遭受如此重大伤害之后，不应该被千夫所指，不应该再遭受这种非友好的评论。但是，情绪仍然是客观存在的，并不取决于说出来还是不说。而如果不是一个不被大多数人所支持的情绪，也不会如此蔓延，更不会有高达90%的支持比例。当然，在此我需要明确的是我并非认为应当一味指责，也并非对人道的悲悯怀有半点儿成见。我只是认为不能因为悲悯就可以不擦亮眼睛，必须予以正视并认真分析。

为什么这起事件能引发如此多人的讨论？我相信不仅是我，很多人可能都对社会上存在的一些不同层面的、不遵守规则的现象深有感触或者说受其影响。比如：去医院看病，送孩子上学，行人过马路等这些我们的眼睛可以看得到的地方，还有我们眼睛看不到的领域，存在着众多大行其道不遵守规则的人。长期受这种不遵守规则行为的影响，当类似事件发生的时候，人们的情绪点就被引燃了。

除了平时所受到的影响之外，我想另外一个重要的原因就是在一个大家都认为应该遵守规则的地方违反了规则，这超出了大家容忍的极限。这里有个程度问题。举例来说，过马路的时候不遵守交通规则，大家可能不会有这么严重的情绪存在，但是在野生动物园等危险场所或者在战争的生死关头，如果不遵守规则，肆意地违反规则，就会突破人们忍受的极限。当然，这种极限不是对某一个人行为的忍受极限，而是其对秩序的一种期许的容忍范围。所以说这起事件更多的是人们内心长期以来一种情绪积累的爆发，这种情绪反应虽然我并不完全赞同，但是我完全理解。

另外一个观点认为，现在当事人已经受了很严重的伤害，网络上还有一些对她的攻击，如女事主从事医闹等一些已核实的和未经核实的、真真假假的评论，女事主不应该承受身体痛苦之外的一些其他痛苦。我坦言，这样的认识非常必要，而且在这种舆论的洪流之中能有这样的说法，我感到欣慰。

当我们在评价一个社会事件或者一个案件的时候，每个人内心的需求，都应当被重视。如何来处理？能够真正去处理或者认识问题的时候，不能够靠情绪，而是靠理智，靠的是一种对生活的艺术或者讲是一种哲学层面的认识。比如说有一个词叫“悲悯”。悲悯不是仅对好人的悲悯，也指对所谓的恶人进而对一种恶的行为的深层次的可怜和同情。需要澄清的是，人是立体的，不能用好人恶人的“二分法”，好人也有恶的一面，恶人也好的一面。

我记得曾经办理过的一个案件，二审的主审法官曾获“全国十大法制人物”嘉奖。在接受采访的时候他说到了悲悯，我对他的话印象深刻。法官作为一个中间者、仲裁者，并不能高高在上去审判、批判或者去打击犯罪嫌疑人。当然，打击、评价甚至批判在刑事审判过程中是必需的，但并不是为了打击而打击，没有丝毫的人情和怜悯。怀着一颗悲悯之心，去看待这些恶，这才是一个真正的司法者和仲裁者所应当具备的情怀；没有情怀的人只能被情绪所引导，那是不可取的。

还有另外一个理由，因为只有悲悯才可能引导社会向善的方向进步。我们换一个角度，比如说在这起事件中，这位女事主承受了如此多的身体之外的痛苦，她会怎么想？我们不应该仅仅停留在去攻击他人或者把情绪发泄出去而不对自身行为进行反省。伤害过后，受到伤害的人同样会以牙还牙。而如果在情绪发泄的同时，能够有所控制，能够有悲悯的情怀存在，我想对这位女事主来讲，也能够接受大家的一些意见。

我又想到了《圣经》中关于抹大拉的玛利亚的传说：一个妓女被几个人拖到耶稣的面前，向耶稣控诉："这个女人非常非常可恶，应该用石头砸死她。"耶稣说："如果你们中间有从来都没有犯过错的人，可以用石头砸死她。"过了一会儿，所有的人都退下了。这个女人就是基督教传说中的抹大拉的玛利亚。这里提到这个故事，仍然是讲悲悯的情怀。每一个人都可能会犯错，当然这些错就是错，也不可能因为悲悯所以他的错就是对。但是，我们不能仅仅停留在错就是错的这个层面，而是应该有一个同理心的情怀在里面。在这个故事里，如果没有同理心，我想这里面任何一个人都可以拿石头去砸死她。什么叫同情？什么叫同理？当人们发现自己也会犯错的时候，可能就不会采取极端的方式，无论是言行还是情绪的发泄。

我们生活在这个世界里，除了情绪的发泄，更多的是要有一种悲悯的情怀，这样才能够真正地有助于社会良性的发展。

谈到这里，我还想说明另外一个问题，我们《律客先生》节目在最初设定的时候，很多朋友都说应该以法律为主。但是我认为，也可以说是我的一个理念，对于一个问题的分析，尤其是法律上的问题，应当有一个先后的顺序或者说要有一个基本的方法，要讲究方法论。

什么叫方法论？比如说，法律有不同的规则、不同情形下的规则。但是规则是怎么来的？打个最简单的比方，夏天或者说天好的时候开车，那是一个规则；但是在冬天或者阴雨天、雪天的时候，那是另外的一套规则。规则是可变的，而规则是人制定的。

这样就带来一个问题，人应当依据什么来制定规则？这些规则制定的依据一定是我们对规律的认识，比如说阴晴圆缺、春夏秋冬，这个是大自然的规律。规则要适应规律，规律是评价规则是否合理的唯一的标准。

我们在分析问题的时候首先要分析规律。我刚才指的规律只是自然界的规律，那么还有社会学意义上的规律，都是首先要关注的。真正到位的分析，一定是把规律分析透彻以后，再对规则进行分析。不仅对规则进行分析，而且可以对规则进行评价或者修正，这是我的分析方法论。

在这起事件发生后，我们完全可以对规则这个问题进行扩大化的宣传，而不应该一味地去指责网友情绪的发泄。合理地引导而非指责，更不应该完全否定，我刚才已经谈到，情绪的发泄一定是有其存在的合理意义。但是作为引导者来讲，不能仅仅停留在压制、指责甚至直接否定的层面，我想这恰恰是一个很好的对规则进行普及的时机。

我们今天的分析，从规则的角度，人们内心的需求，包括如何去处理事件、应当具备什么样的情怀，以及如何来分析问题等方面进行了阐述。我希望在每一期社会事件评论中，不要停留和局限在事件本身，而是能够通过一个小的事件提出更多角度的意见和建议，逐步地完善我们的规则。一点一点地去做，我想会一点一点慢慢地变好。

第二季

远古的荒野 熙攘的街巷
丛林法则 典章制度
秩序 让自由得以延续

佛法 圣经 朗朗里的虔诚
敬天 畏地 昭昭中的传承
信仰 让渺小流淌着力量

人法地 地法天 天法道 道法自然
规律 法度的灵魂

国法家规方圆正
心如天空意如镜
我们仰望法治的苍穹
开启律客先生的巡礼

王宝强离婚：摇摆在风波里的朴素

包括《士兵突击》在内的众多影视作品里的王宝强总是能给人带来他特有的正能量，现实生活中的王宝强则以草根奋斗不息的形象出现在大家面前。他的成长，他的精神，让我们找到了隐藏在我们身体里的美好的倔强，看到他就仿佛看到了另外的我们、另外的可能。我们给予了他我们最原始的朴素情感，为之心软，为其动情。婚姻的突变是没有人愿意遭遇的风波，摇摆在风里的心，漂泊而逝的情，就像一张考卷检验着曾经的朴素能否毕业在世俗的烟火里。或许，我们应该善待心底里的柔软；或许，风雨倾洒过后是灵魂的洗礼；或许，这是必修课。

事件回顾

影视红星王宝强于2016年8月14日凌晨，通过微博宣布解除与妻子马蓉的婚姻关系，同时解除其经纪人宋喆的职务，原因是马蓉与宋喆发生“婚外不正当两性关系，严重伤害了婚姻，破坏了家庭”。王宝强表示会尽力将因此给双方父母和两个尚未成年的孩子造成的伤害降到最低。（来源：网络）

本期我们讨论王宝强的离婚事件。

这个话题在网上有很多的评论，时不时更新的信息总是能引起大家一轮又一轮的热议。

谈论这个话题之前，我想先分析一个离婚事件为什么会引起如此热烈的讨论？网上有人说这是一个无聊的事件，很不值得去讨论，可事实上却引起如此众多的关注。对同期举行的奥运会的关注和讨论，反而没有达到人们预期的热烈程度。两者形成了一个冷热的对比。

这个对比应不应该？如何去看待？

在我看来，王宝强离婚事件引起人们如此之热烈的关注，一定有其内在的原因。我们不能武断地要求人们不去关注，甚至用我们自己都尚未接受的一些道德标准加以衡量。我想在这个问题上我同意黑格尔“存在即合理”的论断。

王宝强事件引起的热议，首要关注的因素必然是王宝强。

王宝强出现在大家的视线里，给人印象最深的可能就是《士兵突击》里的许三多，一个很正义、很正能量的草根人物。当然，除了他在荧屏上的形象之外，他这个人真实的经历也非常打动人。从小他开始学武，出道，一步一步稳扎稳打获得成功。王宝强是一个传奇，我们把他看作我们自己的一个可能性。可以说我们关注他，就好比关注我们自己，如果我们像他一样的努力，如果像他一样能够有各种各样的机遇，也许一样能成功。我们在王宝强身上赋予了我们自己的因素，赋予了我们的生命存在，我们希望他能过得好，希望他能发展地越来越好，因为我们跟他一样是平凡的人。

人都会更多地关注跟自己有很多相似之处的人，这是人之常情，也是人的本性。奥运会值得我们关注，是因为它展现出来的无与伦比的国家荣誉感以及体育精神，还有运动员那种让人振奋的能量。但是，我们有多少人与运动员有相似之处？运动员又在多大程度上能代表我们自己，能参考我们的未来？人，至少首先要关注自己，这是人性，与道德无关。从很多普通群众的视角，能代表我们自身更多的是王宝强。

本次事件的另一主角马蓉更是引起了广泛的讨论。如果说王宝强代表了正能量，那么马蓉又代表了什么？网上有很多的评论以及标签化的结论，我在此不愿去评价甚至不想引述。因为评论必然是要建立在事实清晰的基础上，而这次事件事实的真与假，我们现在无法辨认。尤其人们评论最多的是马蓉的动机是投机，这类有关别人内心的说法，不仅不好辨认，也不太好去证实。马蓉与王宝强的婚姻是客观事实，两个人的成长经历不同，为什么结合在一起？他们的内心是怎么想的？没有人能确定马蓉不是为了爱情嫁给王宝强。我们谁也不是马蓉。对于每个人内心的想法，我想还是不要武断地下结论。可事实上，网上对马蓉结婚动机的讨论，对舆论起到了推波助澜的作用。

王宝强的离婚案件已经在北京朝阳法院进入诉讼程序，网上一些观点不能不引起我们的关注。大意是说，王宝强是正能量的代表，马蓉跟经纪人有转移财产的行为，如果说法律不能够遏制这种情况，那么就代表着法律的懦弱和无能。

这个问题应该怎么看？在我看来，舆论跟司法的互动关系是长久以来我们讨论的一个话题。司法是纠纷处置的最后一道屏障，更是一道保障，而舆论显然不是。大家可以互相交流、碰撞，开玩笑甚至互相指责。但是司法的保障功能必然要求司法的严肃性。谈到这个问题，我想起了我曾经办过的一个案子，那个案子当时有很多媒体在法庭旁听，引人关注。案件属于竞技型危险驾驶，在开庭的时候，控方拿出了其中一份报纸作为证据，为了证实被告人确实参与了飙车，并且下结论说这份事后报道的报纸属于书证。很显然，将报纸称为书证的这个结论是错误的。书证是用它书面所记载的内容还原案件事实的证据，书证通常形成于案发之前。案发之后记者所写的文字虽与案件有关，但不能称为书证。记者在现场看到的情况制作的笔录可以是证人证言，但其写成的文字绝不会是书证。但是报纸一定不能是书证吗？也不见得。比如用报纸来证明行为所造成的社会影响，就可以作为书证。这起案件中，控方把报纸拿出来作为认定案件事实的依据，这种做法所带来的影响，实际上就是用这些案外的舆论的因素来影响司法，这是有待商榷的。

舆论跟司法，我的理解是司法评价舆论，而非舆论左右司法。否则，司法将被削弱甚至丧失应有的最后保障功能。随意发泄的舆论再加上没有任何程序论证，如果超越司法，将会带来法治历史性的后退。这个问题，必须充分引起我们的重视。

王宝强案件同样如此，对于影响司法、左右司法的一些舆论，我们要保持高度的警惕，保护司法的本色。警惕舆论并不代表要隔绝舆论。舆论不能超越司法，但司法也不能不食人间烟火。司法跟舆论的互动，如何避免陷入两极化也是进一步需要考虑的问题。

司法必须重视舆论，也必须能够识别、消化并驾驭舆论。过分讲求司法独立就是孤立司法，而孤立的司法会太过于被动，太过于机械，也太过于落后，跟不上时代的要求，跟不上社会的需求。司法跟社会不是冷冰冰的敌对状态，而是彼此输入养分的互动。舆论中有一些有养分的应当予以关注的信息，司法要予以考虑，而不是高高在上地绝尘而去。司法是最后的仲裁者，是维持社会稳定和引导社会进步的重要的保障力量，也当然是社会机制的一部分。

我还注意到网上有一些律师称，律师不应该接受像马蓉这样的人的委托，应该拒绝为其提供法律服务。理由是律师虽然赚钱，但是不赚这样的人的钱。当然也有相反的声音，认为以当事人的品德为由拒绝提供法律服务，这是违背职业道德的。律师可以不接受委托，但是不能以个人道德的好恶为由拒绝接受当事人要求提供法律服务的委托。

那么，律师到底有没有权利拒绝当事人的委托?

我曾在第一期节目中提出过一个观点：法律是社会大众的福利。既然是福利，大众就有权得到法律的帮助，有些类似于“计程车不得拒载”的意思。虽然事实上很多情况下计程车会拒载，但这个行为是不对的，我们必须有这样的认识。回到这个案件，律师应不应该接受马蓉的委托，这个问题我想引申一下，以便能更充分地说明。

虽然现在律师已经市场化，不像公检法机关那样是国家机器的一部分，但是我们仍然可以进行比照。法院、公安局，有案件来了之后，至少法律上有规定，符合受理条件的必须受理，不可以选择和取舍案件。因为公权力机关要保障国家机器的正常运转。因此，法律面前不分好恶，也不能分好恶。同样，律师的职业属性也有这个特点。我们在接受委托的时候，不应当有所分别，或者至少要知道内心有所分别是不对的。

换到当事人的角度来看，王宝强有人代理，如果马蓉无人代理，她将缺失至少形式上的法律服务，这很难被称为公平，而且是一种由于律师拒绝接受委托所引出的不公平。这是法治社会不应该存在的现象。

这期节目我们谈论了很多我认为很重要的话题，比如说司法与舆论的互动，人们为什么如此关注这起事件以及律师服务理念的问题等。当然在准备这期节目的时候，我也看到网上有很多其他的信息，主要集中在王宝强的儿子是在美国生的还是哪国生的？为什么跑到美国去生？在美国怎么住？有没有房产？孩子的抚养权怎么分？财产有没有被隐匿和财产应该怎么样划分？等等。

这些问题都属于法律技术上的分析，也是属于律师有偿服务的范围。本期节目里我基于两个方面的原因并未去分析这些技术性的问题。一是因为技术性的细节分析，必须要有更充足的素材，更充分的事实依据才会有有意义的、结论性的意见。现在信息缺失，信息来源并不准确，不可能有一个准确的结论。另外一个原因就是，我们更关注的是一些根本性的问题，这些根本性的问题如果能够解决，那些技术性的问题也会迎刃而解。换句话讲，只有当根本性的问题解决的时候，我们才能像在大海上有一个明确的航标一样去前行，而不至于走偏甚至绕路，这是我们这期节目所要尝试达到的目标。

甘肃母亲砍杀四子女：温暖的血祭

母亲，是伟大的代名词。龙应台说：“孩子，我要求你读书用功，不是因为我要你跟别人比成绩，而是因为，我希望你将来会拥有选择的权利，选择有意义、有时间的工作，而不是被迫谋生。”有选择改变的权利，何尝不是每一个人的愿望。费孝通在《乡土中国》里谈到的“差序格局”“长老统治”“无讼”等理念，在现代中国已难觅踪迹。曾经连接乡土与现代的“乡绅”“乡贤”的可译作用被破坏，带来的是改变的渺茫和选择的无奈。当渺茫和无奈变成绝望，母爱的温暖也会开出血的花朵。

事件回顾

甘肃康乐县政府新闻办公室通报称，2016 年 8 月 26 日下午 18 时许，杨改兰在其家房屋后一小路上用斧子将自己的 4 个子女：杨某帆（女，6 岁，系因钝性物体作用头部致颅脑损伤死亡），杨某利（女，5 岁，系因钝性物体作用头部致颅脑损伤死亡，肝破裂起加速死亡作用）、杨某清（男，5 岁，系因钝性物体作用头部致颅脑损伤死亡）为双胞胎，杨某福（女，3 岁，系因钝性物体作用头部致颅脑损伤死亡，肝破裂起加速死亡作用）致伤后服农药自杀。其中杨某利、杨某福当场死亡，杨某清在送往医院途中死亡，杨改兰、杨某帆被送往县医院进行抢救，杨某帆抢救无效死亡，杨改兰于当晚 12 时转往兰州大学第二附属医院进行救治，于29日凌晨0时55分死亡（死因系2，4-D丁酯中毒死亡）。

通报称，事发后第八天即9月4日，在阿姑山村树林发现李某英（杨改兰的丈夫）尸体，经公安机关侦查系服毒身亡。（来源：网络）

本期我们谈论的话题是有关甘肃康乐县阿古山村一个悲惨的事件，这起事件在网上的报道已经铺天盖地了，有关的评论也非常之多。我不想过多地描述一些细节，大概的内容是村里二十八岁的一个妇女，把自己亲生的四个孩子用斧头杀死，没有杀死的再给孩子喝农药，自己也喝农药致死。她的丈夫回来后把死去的妻子孩子安葬好，自己也喝农药死亡。一家六口全部死亡。

有人把这起事件称为人伦的悲剧，也有一些评论说这是“盛世的蝼蚁”。评述的内容里面，有一个点首先要提出来。这个点是很多人认为这是一起案件，而我认为这是一起事件。以往的一些节目里我也会讲一些案件，但是在这期里面把案件跟事件有所区别，我是有意而为的。为什么要进行区分？案件更多的是行为人追求和在意一种案发的状态。当然这种做法和形成案发的过程，不仅仅指的是客观的结果所形成的一个局面，而更多地指向行为人比如说案件的违法者或者犯罪者，他们主观追求的一种结果。这是传统意义上或者说我们正常理解的案件的内涵。而在这一起事件中，我无法想象或者说我也不愿意去想象，一个年轻的二十八岁的母亲把自己四个亲生的孩子用斧头杀死，她主观上想追求什么？追求一个传统意义上的犯罪和案件？我想这是有严格区别的。我在此予以区分的目的是为了凸显在这起事件中这名年轻妈妈主观的动机。

关于这起事件发生的原因，我想不会有一个很明确、可以让大家信服的结论。道理很简单，因为当事者已经去世，她这样做的动机，她真正的想法，只有她自己知道。且不说我们大家距离她的生活很远，就算离她近的甚至跟她一起生活的人，都不见得一定能理解她这么做的原因。在事发过程中，她的一个亲属过来问她为什么这样做？她说你不理解。既然如此，对这起事件真正原因的探究，到最后可能也得不到我们想要的真相，更多是一种推测，去接近真相，因为真相就是力量。

这起事件中可能导致当事者此行为的外部原因是哪些？我们可以简单地梳理一下。媒体的报道提到了很多，这里面我想突出强调两点。

第一点是她们的低保。她们低保已经断了两三年，国务院的扶贫办也已经开始实地调查。关于低保的问题，当地的政府和村里也已经拿出了依据和数据，从实体上来讲，他们不符合低保的条件，他们家的年收入超过了发放低保的标准；从程序上来讲，村里没有把他们作为一个低保户上报。所以说他们不符合且没有拿到低保，是没有任何问题的。这是相关部门的回答。但是有个疑问。这家人不是从来没有领过低保，而是低保被断了。也就是说他们曾经符合低保条件，现在不符合了。为什么？享受低保时候的家庭状况跟现在的家庭状况到底有什么区别？相关部门没有提到。所以这些说法能不能经得起考验，存不存在一些人为的曲解，现在我们还不得而知，但这种怀疑和质问是合理的。对于这起事件，相关的调查必须做出正面的回答并要有充分的依据。否则这将是这起事件中一个最直接的无法让人消除怀疑的外部原因。

第二点是这起事件披露的信息中有一个小的细节：当这名妇女家里的长辈发现她杀死孩子的时候，跟她讲要留下一个孩子，她回答说一个都不能留，表情很坚决，语气很坚定的样子。提出这个问题我想说的是，也许当初她决定去杀死自己孩子的时候，也曾经考虑过要杀死哪一个不杀死哪一个，或者说要不要全部杀死，我相信她一定考虑了这个问题。她坚决地表示一个都不留，据网上一些分析，认为原因是她预想到她这些孩子在成年以后仍然逃不过命运的手掌，所以她不想再受这份苦，她也不想让她的每一个孩子受这份苦。当然这是一种推测，而我认为这个推测有合理的成分。

也许有人会说这起事件的发生令人太过震惊或者讲我们面对这样的冲击无所适从，的确是。我们也许会认为当事者本人的这个选择是有问题的，不应该这么极端。但是我想焦点还是回到当事者本人身上，请允许我暂且用“不普通”来形容她。如果是一个普通的平常的女性，她可能依然会选择日复一日地度日；这个不普通的女性却选择了另外一种极端的方式。是什么导致她做出这样的选择？是什么让她无法忍受这种日复一日的生活？她是一个什么样的人？我提出这些问题是想让大家关注这个细节，关注这个角度。我并不是也绝非有丝毫的赞同之意，因为没有任何人可以亲手杀死自己的孩子，谁都不可以。

接下来我想有一个问题我们无法回避，那就是这次事件使乡村的生态和人们的生活状况引起了大家广泛的关注。

这里我想做进一步的引申，改革开放、市场经济的发展，以及城乡一体化进程的加快，传统的乡村确实发生了很大的改变，这样的改变整体上的进步性无可置疑，但也暴露出许多问题。本次事件就是其中不好的一面的体现。

中国传统意义上的乡村有几个比较典型的特点，著名社会学家费孝通先生在其著作《乡土中国》里有几个关键词能够很好地概括。第一个关键词是差序格局。他认为乡土中国一个最主要最核心的特点是差序格局，也就是说人是分亲疏远近的，男女有别，长幼有序，存在一个格局且为差别秩序，构成了我们传统中乡村的网状结构。第二个关键词是长老统治。在乡村里面一般是长老级别的人去处理问题，是乡村纠纷解决的权威。第三个关键词是无讼。是说在乡村事务的处理中不存在诉讼或者说大家不把诉讼作为解决问题的优先项。这是几千年以来乡土中国流传下来的传统文化。

现在是怎么样的呢？我们都听过一句话叫“县官不如现管”。在政策落实上，“现管”能不能代表“县官”？克扣、侵占农民款项的问题经常发生。老百姓的眼里国家的宏观政策很远，“代理人”很近。这些“代理人”将政策落实好，代表的就是国家，否则就违背国家意愿。这是我们现在中国乡村建设必须重视的一个问题。

还有一个现象也应当引起重视，前些日子部分省级公安机关发文，针对县乡两级的黑恶势力展开了“打黑除恶灭霸扫痞”等专项行动，也侧面印证了盘踞在县乡的黑恶势力到了不得不治理的程度。这也应当引起我们的重视。

不可否认，传统意义的乡村在发生着改变，这些改变与金钱和利益不无关系。进一步来看，乡村的民众要不主动地迎合这种改变，变得市场化，变得不再那么淳朴；要不被动地被改变、被压榨，生存空间被一步步地挤压。这是我们不能忽视的必须要看得到的一些改变。这就是我们转型时期从过去的乡土中国到现在的乡土中国的一个转变。这就是经济社会发展不平衡在农村的体现。

接下来我们尝试分析怎么样去解决这个问题。实话实说一点信心都没有，没有信心是指我没有信心能讲出有效的解决办法，因为这个问题的牵扯面很广。我只是从我的几个感受来抛砖引玉。

以前，乡村跟城镇之间存在一定的互动关系，这种互动是比较有序和良性的，即使有问题，也只是很小的矛盾。不像我们现在出现一些格局上的问题。通常村里的人与外面的世界的连接状态就是格局不同的体现，那么处于乡村跟外面世界之间的、起连接沟通作用的人将对乡村的格局有很大影响。以前乡村里有钱有权威的人慢慢变成了乡绅，也就是长老统治中的一部分。这些乡绅们可以有效地处理一些争执，大家也都听乡绅的决定。另外一类是从村里出去在外面有才华和见识的人被称为乡贤，这些人起到了乡村与外面世界缓冲和纽带的作用，他们引导着村民慢慢地改变。而现在，乡绅和乡贤不存在了，取而代之的是乡里的政府和村里的村支书或者某些类似于村民代表的机构。如果这些机构或其工作人员为了自己的利益置村民的利益于不顾，国家的宏观政策在具体落实的时候可能会出问题。

因此，如果制度没有问题，传播和落实这些制度中间的工具没有问题，那么结果就不应该也不会有问题。这就是我们这期节目最后的结论。也许并不正确，仅供参考。

二十八岁伴娘喝酒死亡：卑劣的酒香

近些年来，悲剧事件随着网络的发达对人们的冲击频率越来越高，能想到的和想不到的悲剧以“戏剧”的形式一遍遍刷新着人们对悲的感觉。然而，任凭悲剧的层出不穷而对之熟视无睹，才是悲中之极。从感性到知性再到理性的过程，应当受到重视，这也是人类智慧结晶的体现。不仅在科技领域，在人文领域亦当如此。优秀和劣根并存的文化元中，此消彼长的关键点仍然是对理性的尊重。酒，很香，喜酒更香；酒，卑劣，卑劣无耻。

事件回顾

9月11日凌晨，在海南省文昌市文城镇维嘉酒店的一场婚礼上，28岁的伴娘杨某因酒精中毒，导致呕吐物堵塞呼吸道，窒息身亡，原本的喜事变成了丧事。（来源：网络）

这期我们谈论的话题是最近发生在海南文昌的一个婚礼上，伴娘因为大量饮酒而死亡的事件。

这起事件并没有像以往的新闻那样引起广泛的讨论，原因之一我认为是大家有点儿麻木了。人们可能不再认为这是一个稀奇的事件，似乎这种情况下发生的人命事件已经引不起应有的关注和必要的讨论，这是一个很遗憾的现象。这个现象促成了我们这期节目的话题。

关于伴娘被迫大量饮酒，网上的一些看法比较集中地认为这是我们文化里的糟粕；还有人说，这个伴娘太过于实在，可以往酒里兑水等用一些所谓的酒规则。对于网友的评论，我们不进行过多的讨论，因为讨论酒规则实在是没有任何的意义。

我比较关注大家提出来的一个问题：这次事件反映了法律制度的不健全。后来我一直思考这个问题，是不是法律制度的不健全而导致这起事件的发生？我认为不能下这样的结论。法律对社会生活的调整，有多大的范围？它的边界在哪里？法律调整的范围和法律应有的边界，这个问题应当引起大家的关注。

曾经发生的一些案件已经让我们有所思考，比如说，法律能不能伸手到家庭里，父母应该如何管教孩子；比如法律能不能延伸到夫妻的卧室里；更有发生在河北的一起公务人员录制司机车震的过程并上传到网络，导致当事者死亡的恶性案件。这些事件告诉我们法律和执法一定要有边界的存在。无孔不入的法律，是非常可怕的一件事情。没有法律的规范固然不可，但是如果用法律监视我们生活的全部，每一个细节和每一个角落，可能会发生更多宁可没有法律我们也不愿意发生的事情，所以说法律是一定要有边界存在。

西方有一条法谚：屋子虽然很破，风可进、雨可进，国王不可进。公权力和私权利有明确的划分界限。还有一个小故事，是说亚历山大要跟躺着晒太阳的希腊哲学家第欧根尼说话，挡住了阳光，哲学家说：不要挡住我的阳光。这两个例子有助于启发我们对法律适用范围的考量，法律应该止步于何处。法律不是万能的，法律也不该是万能的，人们更不应该期待法律是万能的。

我们回到事件本身，从拼酒的图片上能看到伴娘喝一大杯白酒，边上一个男子在喝一瓶白酒。虽然并不知道有什么样的交谈导致了拼酒，但是从常理来判断，一定是有一些外在因素的刺激。有人说，作为成年人她不应该喝这么多酒，这句话在一定的程度上是没有错的。但是并不能因此而忽略或轻视外在的因素。事实上，这种场合下多种外在的因素都可能起到决定性的甚至无法避免的作用。无法避免是指在那种情况下选择拼酒，可能是不得不接受的一种选择，这种酒文化的确堪忧。

列数近年来类似的事件更有痛心疾首的感觉——有新郎在婚礼上喝酒致死的，有参加婚礼的人因拼酒致自己死亡的。除了不正的饮酒文化以外，与婚礼有关的闹洞房文化也不得不提。网上曾有一个极其恶劣的闹洞房的视频，一群人把两个伴娘围堵在房间里，伴娘的衣服基本上被撕没了，墙上还贴着“喜”字，这种强烈的反差让现场集体的、低级的狂欢变得令人发指。

另外，集体意识与个体意识的关系，我想也是我们需要关注的问题。一个人在独自状态下与身处一群人中的状态是不一样的。当然，我没有能力讨论这个问题，我们的社会学家或者心理学家可以进行适当的研究和分析。为什么在集体中人更容易违背个人的意志而变得顺从？

“新娘去了洞房，而伴娘去了天堂”的悲剧，当然需要法律的介入。我注意到警方目前已经介入此案进行调查。披露的死因是饮酒过量，导致呕吐物致使呼吸道堵塞发生窒息，但具体的死因还是要通过法医最终来鉴定。警方介入后有人提出本次事件能否构成刑事犯罪？总体上来讲，在司法实践中，对于在婚礼上发生的意外事件，通常情况下都是提起民事赔偿。内容大概涉及饮酒者本人的过失，拼酒者、宴席的承办方等主体在某些情况下要承担部分责任，这都属于民事范畴而非刑事问题。

这样的司法处理我是赞同的。刑罚关涉人的自由甚至生命，在法律体系中，不应该也不能在纠纷出现的第一时间先考虑刑法。只有在有证据显示涉嫌刑事犯罪的情形下，才能适用《刑法》追究相关人员的刑事责任。而现在，似乎有一种迷信刑法的趋势，用《刑法》调整一切社会关系。刑法一出，问题解决。这样固然省事，但贻害无穷。对于民事法律关系能够调整的纠纷，民事法律能够解决的问题，没有必要，或者说根本不可以错误地适用刑法。刑事司法是法治社会的最后一道保障，在司法过程中慎用《刑法》，是极其重要的理念。

可能会有人提出疑问：法律不应该管这个事情。我的答案是法律当然应该介入。慎用法律不是不讲法律，在应该使用法律的情况下适用法律。本次事件中出现了伴娘死亡的结果，准确适用法律，有利于事件的解决。

最后，我想到了一个成语，叫乐极生悲。很多时候我们中国的文化能够用简单的文字准确地总结问题。民事案件适用民事法律，刑事案件适用刑事法律。文化的灵活性和有效性远高于法律，只有法律和文化结合起来，才能形成全方位的治理。近年来，我们的物质文明固然有了大幅度的提高，但是相对应的精神文明还有待提高。我用“律己”两个字作为本期节目的结束语。律己是中华文化的精华，我们不应该忘记。修身律己，在一个人的时候，也在婚礼的时刻。

终身监禁：悲凉余生

生命、生活，哪个重要？

自杀前的“勇气”在肃风中凝固，安乐死的呼声在病床上蔓延，生活从来没有如此黑暗地威胁过活着。

凌迟的撕裂声从幽远处传来，余生的眼睛里那有限的夕照在铁链声中转回黑牢，生命从来没有如此胡乱的吝啬着生活。

会不会有一种死亡，叫活着？

闭上眼，儿孙绕膝，年夜菜香，久违的月光……

事件回顾

10月9日上午，河南省安阳市中级人民法院公开宣判全国人大环境与资源保护委员会原副主任委员白恩培受贿、巨额财产来源不明案，对被告人白恩培以受贿罪判处死刑，缓期二年执行，剥夺政治权利终身，并处没收个人全部财产，在其死刑缓期执行二年期满依法减为无期徒刑后，终身监禁，不得减刑、假释。

白恩培成为2015年11月1日《刑法修正案（九）》有关终身监禁的规定实施后，首名被判终身监禁的官员。（来源：网络）

本期我们讨论“终身监禁”。

距现在为止不到半个月的时间里，有两起案件的判决涉及了

“终身监禁”。刚开始的时候，主要是法律界的一些人士对首次适用终身监禁以及其在法律体系中位置的集中探讨。事实上，《刑法修正案（九）》已将终身监禁予以明确，只是一直没有用过，因此也可以看到甚至在法律圈内，法律人对终身监禁的了解还不是完全的普及。对于首次出现的“终身监禁”，大家讨论的范围和热度都还很有限。原因在哪里？我认为原因在于大家还没有认识到这个问题的重要性和这一刑罚的意义。那么，“终身监禁”这一在司法实践中已经开始运用的刑罚方式，代表着什么意义？在法律上，会有一个什么样的评价和认识？带着这些问题，我们来进行讨论。

我用我们大多数人的亲身经历或者说经验，来引出下面的话题。很多朋友都在减肥，一天不吃饭甚至两天不吃饭，都没有问题。但是，如果一个月之内，每天不要吃晚饭，似乎就很难，能坚持下来的人很少。道理很简单，大家似乎都可以接受高强度但短期的痛苦，很难接受强度并不算太大但持续时间长的痛苦。这就是为什么身材好的永远是少数，像我这样的永远是多数。

电视剧里也经常能看到这样的镜头，俘虏被抓到后会说：“你一枪把我打死得了”，或者说：“大不了脑袋上留一个碗口大的疤，痛快而去”。这是一种求快死的表现，是一种生命愿意接受短暂的极度痛苦的表现。

古代中国，从凌迟这种以极端痛苦剥夺生命的方式开始，到后来抠眼睛、剥头皮、开膛破肚等一些对身体造成不可逆转的伤害的刑罚，都是持续了很久的极其痛苦的刑罚。后来，情况逐渐好转，从注重对身体不可逆转的伤害慢慢往轻刑的方向演变。最有代表性的刑罚改变体现在对妇女的刑罚方面，一开始注重的对妇女人格的侮辱、精神的摧残慢慢地开始摒弃。

刑罚体现出逐步进入文明司法的趋势，彰显了国家文明、国家自制的程度。国家自制也可以称为国家节制。

回过头来看，即使是相对容易接受的“死刑”这种痛快的了断方式，其执行方式也在慢慢地进行改变，以前是枪决，现在普遍是注射方式，也有人在极力推崇安乐死等替代性的执行方式。这种执行死刑方式的改变，呈现出刑罚人道的一面。也不排斥以后在执行死刑的时候会有执行方式的选择权，提供菜单式的死刑执行方式。相对于以牙还牙式报复性的刑罚思维，刑罚自制的理念则是非常重要的转变。这是我们人类智慧进步的表现，实在不能也不该再退回去把更严酷的刑罚列入刑罚的执行体系里。

可能有的朋友会说，对于罪行极其恶劣的罪犯或者大家极其厌恶的犯罪行为，比如说涉恐涉黑、拐卖妇女儿童、杀人、放火等案件就应该用极其恶劣的方式进行惩罚。这种情绪只要有良知的人谁都会有，我也不例外。这种情绪是在最原始的报复心驱使下引发的非理性的表达，酷刑也是人类在过去文明极不发达的时期所普遍采用。我们都知道，这些犯罪人危害社会，其所用的手段为人所不齿；但是作为刑罚是不能以相同的方式来行事的，否则有何相异？这是国家自制也是刑罚自制的含义。任何人都不可以以任何理由、以国家的名义、用不人道的方式执行刑罚，这基本上属于共识。我们也应当遵循。

人有想改变的一面。身处今天，也会想象明天、明年、五年后甚至十年后的处境。对于一个被判处终身监禁的人来讲，这里特指的是被判处不得假释、不得减刑的终身监禁（我们国家只有这样一类，不得减刑、不得假释，它属于一种纯粹、绝对的终身监禁，西方国家有另外一种可以减刑、可以假释的终身监禁。减刑、假释后可以给人希望，给人一种对生活的憧憬），而我们这种绝对的终身监禁将使犯罪人生的一线希望予以剥夺。有的人说，终身监禁就是给一个笼子，变成坟墓，直至生命自然死亡，甚至没有选择安乐死等一些死亡方式的权利。只能在这个监室里面，以活着的名义度过没有生活的生命。

生命和生活，孰重孰轻？

每个人可能会有不同的理解，有的人会说，剥夺生命是最严厉的，终身监禁不管怎样还有一条命，虽然是没有自由的生活，也是一种仁慈和宽容。但是在有些人看来，这种一辈子暗无天日的没有生活的生命，比死亡本身更加残忍，这一说法得到了很多哲学家和心理学家的印证。这也就是在节目一开始所提到的，人宁愿痛快地去死，也不愿意忍受无休止的、漫长的、没有丝毫希望的、违反人类本性的刑罚的方式。

因此，无论是从刑罚自制的角度还是从人类本性的角度来讲，不可减刑不可假释的终身监禁，这一制度的应被提出疑问。

我们都知道看守所是短期羁押，监狱羁押时间较长的已决犯，是改造人的地方。改造改造，即是通过改过自新，仍对生活抱有一丝希望，重新做人。而如果在一个不存在丝毫希望的地方，这个地方本身会存在很多的危险。这是很浅显的道理。在很多杀人案件中，凶犯如果意识到自己已经没有任何生还的希望，多半会肆无忌惮地再去杀人。那么终身监禁会不会存在同样的问题呢？我想道理是相通的，一个人在没有任何希望的时候，也许会选择更加极端的方式，对己对人。这个问题也应引起我们的思考。

接下来我想谈谈《刑法修正案（九）》引入这个制度有没有可以讨论的空间。我们都知道对于死刑的存废，无论是国外还是国内都一直在讨论。《刑法修正案（八）》《刑法修正案（九）》，陆陆续续取消了一些罪名的死刑，这也是大势所趋。按照一些法学家的说法，现在不是讨论死刑是否废除的问题，而是讨论死刑在什么时间废除是合适的。为什么要讲死刑废除？废除的原因是什么？毫无疑问，对于死刑是否符合刑罚的目的以及刑罚所追求的精神，大家有所质疑，所以才引起了死刑是否废除的问题。

有一种说法认为，如果把死刑去掉，现在有了一个替换该刑罚的方式就是没有假释的终身监禁。既然是替换，那就是说我们还是保留了死刑，无非是死刑的那种痛苦演变成了另外一种痛苦。一方面我们喊着废除死刑，往前进了一步，一方面我们又保留一个没有假释的终身监禁，又往后退了一步，而且在我看来这个退步比进步的幅度还要更大。所以说，这一规定的本身确实值得我们思考。当然，还有一种观点认为，法律规定了以后，我们就要去执行。这点我赞同，但是并不代表我们不可以对法律本身提出一些意见，提出我们认为可行的一些方案。

引人注目的白恩培受贿案，受贿金额 2 亿多元人民币，白恩培被判处死刑缓期两年执行，到期后改为无期徒刑，不得减刑，不得假释，终身监禁。我想大多数人对如此巨额的贿赂，朴素的观点都认为：活该！但是，有没有想过每个人都不是生活在真空之中，每个人都不会想拥有 2 个亿就可以拥有 2 个亿，2 个亿的积累也不是一朝一夕完成的，这其中有多少属于白恩培个人的责任，有多少责任恐怕不应由白恩培一人承担。然而，让白恩培一人为此买单终身监禁，是不是解决问题的唯一有效途径和最理性的选择？贿赂形成的原因和背景，我想才是我们应该更多关注和分析的领域，如此才可能最终从根本上解决问题，而不是一味地强调刑罚，强调打击。

除了“从重打击、严厉处罚”，需要思考的是社会预防机制。现在很多法律的改变是将以前不是犯罪的行为引入犯罪，还有一些专家建议我国应该引入“鞭刑”等。在我看来，所有对刑罚的过分偏爱，是不可取的。因为往往这种方式的偏爱，会“屏蔽”其他真正应该重点关注的问题，这些重点才是解决问题的根本。

关于终身监禁的话题，包括古今和西方的一些制度，我们可以讨论很久。今天做这期节目，侧重于谈一谈我个人的一些感受和启发，抛砖引玉。这里面涉及的问题很多，包括刑罚的目的、刑罚的演变等一些过去的和新的理念都需要我们逐一地讨论。

回到最开始，我谈到我们对终身监禁这个话题并不是特别地敏感，也没有特别的认识。我也希望通过这期节目能够引起大家的关注，毕竟一个刑罚的执行方式关乎社会所有人。大家可能会认为，那些穷凶极恶的罪犯只是极少数，但是别忘了，这种报道往往会使我们默认我们是一个受害者，或者说我们更多地感觉到是受害者，而不可能是犯罪者。而靠角色靠身份来进行评价，本身就不是一种理性的讨论。所以说，摒弃受害者和犯罪者这种身份倾向，站在不偏不倚的角度，站在司法文明、刑罚自制的高度，让我们重新评估终身监禁的刑罚方式，让社会逐渐形成良性循环的机制。

人大代表贿选：意料中的意外

治愈血泡最好的办法是先挑破放血之后再恢复，此办法也可以适用于对疮的治疗。一直以来，发生在村、乡镇等级的干部以及省级的代表选举中部分的贿选行为，就像选举实践中的“疮疤”一样。

医学上讲对症下药，财富向权力的不正当侵蚀带来最大的病症就是对规则的破坏。无论是宝马车拖行交警，国际航班上的无礼打斗，还是留学生之间的残害暴行等，是对规则耸人听闻地践踏。停止财富向权力的侵蚀正是维护社会规则的良药。

人大代表贿选的曝光，犹如混沌之状中刮来的一股清新之风，实乃意料中的意外，甚幸。

事件回顾

2016年9月13日闭幕的十二届全国人大常委会第二十三次会议，表决通过了《第十二届全国人民代表大会常务委员会代表资格审查委员会关于辽宁省人民代表大会选举产生的部分十二届全国人民代表大会代表当选无效的报告》。

《报告》指出，辽宁省在查办辽宁省全国人大代表拉票贿选案中，发现并核实在2013年1月辽宁省十二届人大一次会议选举十二届全国人大代表过程中，有45名当选的全国人大代表以金钱或者其他财物拉票贿选。全国人大常委会代表资格审查委员会经审查认为，这45名全国人大代表违反《选举法》的有关规定，以违法行为当选，应当由全国人大常委会确定其当选无效。

辽宁省十二届人大常委会共有组成人员62名，其中有38名因代表资格终止，其常委会组成人员的职务相应终止。这样，辽宁省人大常委会组成人员已不足半数，无法召开常委会会议履行职责。(来源：网络)

本期我们讨论的话题是“辽宁省人大代表因为贿选被撤销事件”。据初步的信息显示，除了辽宁，其他地方也有类似事件。事件披露后，震惊国人。

的确，人民代表大会制度是我国最根本的制度。人民代表大会可以选出政府机构人员，可以对一府两院的报告进行监督……是代表人民行使强有力的法定职权的机构。冰冻三尺非一日之寒，我认为如此总结还是比较正确的。可能这种贿选的事件，并不是今年才发生的，我们都生活在现实之中，也可能或多或少听到过类似的事件。这并不是一个新闻，而是一个刚被爆出来的旧闻。而且绝不仅仅只是辽宁省，其他的一些省份也有发生类似事件。除了全国人大代表，最基层的村委会的选举，在近些年也或有耳闻，几乎是光天化日地进行贿选。这个问题已经到了极其混沌的状态和应予遏制的程度。因此，这次听到对贿选的问题有所作为、有所行动，真感觉如一股清风袭来。

这起事件中，我们可以明显地看到，贿选实际上是一些财富通过不正当途径向权力的过渡，我想这不需要过多解释，这是对“贿”和“选”的理解。尤其是一些比较有实力的“企业家”的财富在慢慢地过渡到权力。这种财富侵蚀权力的意义何在？我想他们比我们更清楚。

有些人对权力侵蚀有一定的敏感，当然对取得权力后如何使用也更有他们自己的想法。我简单举一个例子，人大代表的合法权利，我国《刑事诉讼法》规定，对于人大代表的刑事拘留和批准逮捕都是要经过人大自己的系统批准的。可以看到，法律本身给人大代表这个群体“法外开恩”，法律所给予的特殊保护有别于一般的民众。所以说，财富过渡到权力的一个根本的或者重要的原因是法律有特殊的保护。

除了法律所规定由其身份而产生的保护之外，人大代表被赋予的一些权力，也存在滥用的空间。比如在某一个具体案件中，人大代表集体联名提交《司法建议书》来监督影响司法，客观上会给司法机关带来很大的压力。因为无论是法院、检察院都要受到人大的制约。

因此，一方面是法律本身所赋予的权力，另一方面是滥用法律所赋予的权力。也还会有其他领域很多我们甚至一时想象不到的权力所带来的“便利”，这些也会使得贿选层出不穷。贿选的影响，不仅体现在人大代表这个身份可能给贿选者本人带来的一切，更多更严重的影响则体现在贿选者身边的人身上，比如他们的子女，身边所谓的那些“朋友”。这些人宣传或者炫耀对权力的崇拜以及对规则的践踏，会影响到其他的人，败坏风气。久而久之，更多的人会对权力充满崇拜，同样会以不正常的手段去接触权力，同样会对规则进行肆无忌惮的破坏。

之前的节目里，我曾经提到过近两年来公安机关的威信在逐渐下降，公安机关遭到的暴力袭击事件也在增加，我不知道我们公安部门有没有分析统计过这些袭击事件发生的原因以及袭击民警的群体。我认为袭警的群体，其中最核心的有两大类，一类是传统意义上的一些暴力的犯罪，对社会不满的一些反应极端的人，对司法系统包括公安机关所带来的一些冲击和影响，这些从古代到现在一直存在，这些人跟财富侵蚀权力是没有关系的。但是，另外一类则需要重视。近年来，越来越多的袭警有某种规律。比如有宝马车撞交警，拖行交警致死，影响极其恶劣；比如在国际航班上视规则为儿戏，大打出手被拘留；再比如个别去国外的留学生，因为对规则的漠视、对留学生同胞的残害，在国外遭受了严厉的处罚。我想说的是，财富本身我们可以不去评价，财富侵蚀权力的行为，我们也可以淡化。但是从结果来讲，权力对规则没有节制的破坏，会导致权力者自身和权力者所能影响到的周围人对规则的破坏呈现出连锁反应。

我们试想，宝马车拖行交警事件，还有在交警脸上打耳光并且口出狂言的行为，哪一个是普通老百姓所为？哪一个不是所谓的财富者，更准确地来讲是财富侵蚀到权力的人或者说财富影响到权力的人，我想大多数都是。然而，当某些财富对权力的迷恋在得到权力的时候，他们对权力不会有尊重的态度，而是游戏的态度。

这无非是他们的一个游戏，可以通过财富来启动的一个游戏。他们可能会因为拥有财富，所以向往着崇拜着权力，但是他们有权力之后绝对不会真正地尊重权力而是在践踏权力，这种游戏规则，危害极大。这次我们能看到对于辽宁人大代表贿选事件做出代表资格无效的决定，我们真是感到由衷的欣慰。我越来越觉得只有尊重规则，从上到下都尊重规则，杜绝对规则的践踏，切断财富到权力的侵蚀，才能真正地形成对规则的信仰。

什么叫规则？规则就是法治，“依法治国”就是最大的规则。

规则之至，我们每个人都会受到规则的庇佑和保护；而践踏规则的人，不仅会影响到社会的各个方面，而且会使我们丧失信心，使我们本来不应该麻木的心灵变得麻木不仁。最后，我还是对这次能够在如此重要的问题上看到披露和处理，感到由衷的欣慰。

略感一股清风刮过，头脑会变得更加清醒，身体会变得更加健康。

押运员枪击事件：和平年代的异行者

异行者，多数情况下是褒义词，指有异于主流文化的创新或坚守，是一种引领社会前行的力量。但是，当与和平相异，用枪击和战争的方式穿行于街道之时，异行者带来的只有恐惧。不安与恐惧的蔓延往往侵蚀着稳定与安全感，数年来，特权崇拜与规则崇拜两者的彼此较量已形成社会不同的全景图。图画里有过为非作恶、不可一世、献媚和勾兑等，也有过规则的清爽、天平的微笑及和平的欢愉。

事件回顾

广东省东莞市长安镇政府对外发出通报称：2016 年 10 月 27 日 12 时 06 分许，110 接报警称，长安镇乌沙社区一辆押款车被一名男子用石头、水泥块等物砸坏玻璃。接报后，乌沙派出所民警迅速到场处置。当时该运钞车正在执行押运任务，路经乌沙兴三路路口附近时，被男子黄某（江西人）用石头、水泥块等物追砸车辆，导致车辆玻璃破损。车内押运员多次劝阻无效后，开枪射击导致其受伤倒地。黄某经 120 医生到场救治无效后死亡。

另有消息称，运钞车曾剐蹭黄某的电动车后驶离，然后黄某追砸运钞车，这一说法目前无更多证据，也未被警方证实。（来源：网络）

本期我们讨论前段时间发生在东莞的“运钞车事件”。

这起事件在网上有广泛的讨论，大家也应该有所了解。事件的缘由是一名男子可能跟运钞车发生了一点剐蹭，运钞车没有停车，男子追上去之后，拿了两块砖头，左手一块，右手一块，攻击运钞车右前方的玻璃，导致玻璃损坏但没有完全破碎。运钞车走走停停，也并没有快速驶离现场而是跟男子有点儿纠缠的感觉。之后运钞员持枪将男子击毙。案件发生过程的描述有这么几点需要大家注意一下。

运钞车没有快速地驶离现场，而是跟男子之间有相互较量的情形；还有一个关键点是，运钞车的押运员开了一枪将男子击毙。这些细节在案件发生后的评论中被进行了放大。主要是说运钞车在受到威胁的时候完全可以选择快速地驶离现场，但因为其没有驶离，所以才导致了这起案件的发生。虽然男子持砖头攻击车辆的玻璃，存在过错，但是押运车过错在先，更为重要的是，押运员持枪将该男子一枪击毙时，不仅没有先鸣枪警告反而枪击了致命部位。通过对行为过程以及法律规定的分析，认为押运员违反了枪支使用的规定。在此，我们也认为押运员完全可以用别的方式或者枪击非致命部位来控制当时的局面，因为在该男子仅是使用砖块拍击很坚固的运钞车玻璃，拼命拍都没有拍碎的情况下，不存在押运员人身安全、车辆安全、押运款项安全的威胁，一枪击毙男子的行为，确属与法律规定不符。

击毙男子客观行为的发生会导致什么样的法律评价？最终会有什么样的后果？是故意杀人还是由误判而导致的枪击事件，因事实信息不全现在还不太好讲。但是，频繁发生的运钞员枪击现象，本身就需要引起我们足够的重视。

关于运钞车跟社会民众之间发生的类似纠纷还有很多。我为什么讲“社会民众”？因为一般情况下运钞车跟一些权力机关的车辆或人员，比如说运钞车跟部队的车辆或者运钞车跟交警之间，我还没有听到有什么新闻。在这些公权力面前，运钞车还是相对遵守规矩的。但是一旦面对社会民众，情况则很不妙。最有代表性的案件发生在辽宁营口，据披露，运钞车到达一个银行门口的时候，有一个储户取款出来，跟运钞员之间因为走路的问题发生了争执而被击毙。那起案件应该是2010年之前发生的，今年东莞再发生类似的事件，也可看作是一个带有共性的问题。

今天讨论这个话题，先要说明的是运钞或者押运，包括押运员本身是一个特殊的行业，这个特殊的行业在以往的时候给人们一种神秘的色彩，但是现在不仅神秘还有一种恐惧。因为在民间纠纷或者民事争议甚至连纠纷都谈不上的情况下击毙别人，这不是恐惧是什么！有一个当事人说，都是这样的社会了怎么可以随意地开枪。然而这就是事实，我们必须接受也应当首先接受这样的客观事实。她的这种说法跟我的感觉一样，这个行业已经给人带来了恐惧。如果我们现在在马路上，看见押运车的时候，大家可能会有一种不安的感觉，唯恐避之不及；但是它们又时常出现在我们的生活之中，保不准哪一天会再发生这样的事情。这是我们将它作为本期话题进行讨论的原因。

我们具体分析这个话题之前，先了解一下大家在网络上表达的观点。一方面是说行为人无论是拿砖去拍车，或者因为过路的问题与押钞员产生争执，行为人本身是不是有过错？这个过错应该是什么样的、多大程度的过错？是不是应该遭受被枪击致死的结果？另一方面，更多的是讨论押运员本人开枪是不是合法的问题。我们的讨论更多地想去探究为什么会发生这样的事件。

有一些新闻媒体披露，现场的人都已经受到惊吓，押运员却非常淡定，而且非常镇静地去报警称被抢钱或可能被抢钱所以开枪。为什么他们能非常镇定并且用一些莫须有的情节来改变事实。我想只有查清楚其中的原因，才有可能去真正走进他们的内心，是什么原因促使他们扣动了扳机？

我们国家在人民当家做主后提出了“专政”的概念，“专政”

这个词本身也没有什么问题，但是，慢慢会被一些别有用心的人滥用而导致了一种对特权的崇尚。现在的风气已经好转了很多，人们逐渐意识到权力也是有边界的，应该受到一定的制约并遵守一定的规则，在法制的范围内行使权力。但是在另外一些地方，这种滥用“专政”的情况依然严重。不仅体现在对特权的崇尚，对特权人的崇尚，现在还出现了“二手的权力”“三手的权力”“二手特权”“三手特权”甚至“四手特权”以及特权身边的那些不是特权的人，只要一旦跟权力沾上边，似乎也有了特权，也拼命地维护特权，这种崇尚权力的状态是极端畸形的。这也就不难理解，当一个很小的连纠纷都算不上的让路的行为，有损于和影响到其特权的时候，就会发生这样的事件。

这两起事件中的押运员至少从年龄上看都不是新手，他们不仅了解而且应很熟悉相关的规定，他们也应该知道所持枪支如何合法使用。但是在那种情况下，他们仍然视规定为儿戏，视生命如草芥。

另外，还必须注意的是关于辽宁营口的事件，民间里流传着一种改变现场的说法，如果属实，那么本来是很简单的一个过路的问题，竟然被篡改为是因为对方想要抢钱所以才开枪击毙这种黑白颠倒的陈述。

为什么要颠倒黑白？

道理很简单，原因也很清晰。那就是不仅破坏制约他们行为的规则，还想要操控甚至要影响司法层面的规则。我们都知道，因为一个让路纠纷把别人击毙，与押运款项可能被抢而把别人击毙是性质完全不同的案件。即使进入司法程序，结果也大有不同。这样的篡改事实的声音能够发出来，就代表着有一部分别有用心的人在试图影响司法的公正，这是我们所不应和不能忽略的。

相反，如果司法能够保持基本的公正，在老百姓能够接受的范围之内变得公正，我想押运员在下一次遇到类似情况的时候会有所顾虑。如果那些使用枪支的规定能够真正起到作用，我想下一次使用枪支的人就不会如此随意。当然，特权的问题，虽然很难消除，但是如果司法能对最基本的大原则有所影响，都会转而形成一种对规则的崇尚，逐渐淡化特权思想。

视频里显示，当时在现场包括银行的营业员都吓呆了，反而开枪的人非常镇定。因此一方的淡定和另一方的惊恐，形成了明显的对比。如此对比，怎么能不警惕。我们不能容忍在现代高度发达和文明的社会里还能有这么一些现象的存在。没错，他们押运的是钱，但是他们子弹击中的是生命，无辜的生命，哪个重要？每个人的生命都只有一次，每个人在社会里、家庭中都承担着一定的角色，这一切都是幸福的基础。而在如此太平的年代却因为一个琐碎的事情被击毙，这种恐惧应被消灭。

规则崇尚，是我们这期最核心的主题。崇尚，引起狂热；理性，引导向善。

对特权的崇尚以及围绕在特权身边的那些不是特权人的那种崇尚，会几何级数地影响和破坏这个社会的秩序，这是我们必须予以坚决否定的。相反，应该推崇一种对法治的崇尚。讲法治就是讲规则，当对规则的崇尚深入人心，能够引起大家共鸣的时候，我想类似事件就不会再频繁发生了。

有人可能会说依法治国的理念讲了多少年，依然没有达到理想的状态，如何能够让人产生信心呢？我不否认我们还有很长的路要走。也正是因为对法治认识的不到位，所以还没有产生质变的效果，但是并不代表这条路走不通，更不能否定这条路的科学性。为什么要崇尚规则？曾有某地的警察在外地被当地警察伤害致死，就是说虽然你是权力者，但你角色转换的时候，在另外一个场合，你变成权力的相对方的时候，依然可能受到这种权力滥用的侵害。有很多刑讯逼供的办案人员，当自己成为阶下囚被刑讯逼供的时候，开始反对刑讯逼供了。甚至我们讲得极端一点，以前的反贪局或者纪委的人员自己被查出贪腐的时候，他们的心态会是什么样的？他们一定会想或者反思，无论是权力者还是权力的相对方，大家一定要按规则办事。这就是规则崇尚，而不是今天的权力者就可以随意处事；明天是相对方就要容忍权力方的随意处事。

权力崇尚的社会是不稳定的，只有对规则的信仰才能够建立起一个稳定的社会秩序。如此才能在看见一个运钞车的时候不会有恐惧，而是心生信赖。如果连生存连生命都无法建立信赖，那还能信赖什么？任何形而上的问题，都应建立在每天的心安之上。

人安，社会则安。

听，有冤魂在哭

四川访民杨天直从国家信访局出来后被不明身份的人员“押”回原籍，受尽虐待，终回川，路边亡。近年来，频频爆出的此类事件，应该有所重视。“信访不信法”的所谓经验，是不是在用口口相授的方式给了法治的大耳光；那“信上不信下”的本能，又说明了什么？这个耳光又应该给谁？纵然，表象问题的暴露并不代表实质问题的把握，信访与法律这两者同为问题的解决途径，各有利弊，但法律若能真正落实到实处，若能真正受到尊重和信仰，还有所谓的信访吗？法治，踏过路边冤魂的哭声，前行吧。路，在远方，在脚下。

事件回顾

警方发布的《关于杨天直死亡案件的情况通报》显示，8 月 16 日，杨天直与同镇丁某一行四人进京上访，17 日 15 时许在国家信访局附近，被犯罪嫌疑人张某（安徽阜阳人）等人以提供住宿为由骗上一商务车。犯罪嫌疑人在问清杨天直等人情况后，主动与岳池县镇裕镇余某联系，表示愿意租车送杨天直四人返回岳池。20 日凌晨 2 时许，杨天直等四人被送回岳池并先后下车。

警方通报称，2016 年 8 月 20 日 13 时 33 分，岳池警方接到群众报警，称一男子倒在岳池县广岳大道人行道上，120 确认该男子已无生命体征。经查，死亡男子系杨天直

（男，68岁，家住岳池县镇裕镇半沟村）。

与杨天直一同到京上访的丁仁祥称，被遣返回岳池途中，他们经常被护送人员殴打，但这一说法警方尚未正式表态。（来源：网络）

本期我们讨论的是四川岳池县的上访人员杨天直在北京的国家信访局上访结束之后，被一群不明身份的人员用一辆面包车送回四川，在四川境内死亡的事件。

目前网上这起事件的文字信息并不算多，也仅是很简单的阐述。这起事件在案发的当时尤其是在当地，引起一些比较强烈的反应。当地的公安机关也对这起事件做出了通报。但从影响范围来讲，还没有达到在全国范围内受到关注的程度。而我们将这次话题定为“杨天直死亡事件”，是因为近年来类似的事件虽然没有引起广泛的讨论，从先前报道过的安元鼎黑保安事件至今，此类新闻未形成铺天盖地的高压舆论形势，但这些事件暴露的问题却应该反思。

这起刑事案件的发生有太多的疑点，也已经被提出来。比如说他们受谁指示？动机是什么？而这些问题提出来后从来都没有得到过回答。

杨天直一行人从国家信访局出来后上车到四川境内，在途中遭受了一些非人的待遇。这种非人的待遇我需要突出进行说明。按照网上的说法有殴打，把嘴给封住，还有长时间不让吃饭，杨天直的肋骨被打断了三根，跟杨天直在一起的还有三名同伴，四名信访人员被面包车上八九名“陪伴者”殴打，杨天直的尸体被扔在马路上。整个过程中的暴力和侮辱行为，我们可以用惨不忍睹来形容。古代战争或同态复仇，其野蛮和残酷我们尚可理解，而在现代战争中也禁止某些不人道的行为。和平年代，光天化日之下，杨天直他们从国家信访局出来，一些人以提供住宿为由把他们带上车，然后对其进行非人折磨直至死亡。他们从国家信访局一路向四川驶去，可能就经过我们身边，车内是一个惨不忍睹的世界；车外，可能大家听着歌，看看风景，讨论讨论目前的天气或者美食，等等，一切都再平常不过。车内车外，这两个世界共存在我们同一个世界里。

这起案件在当地已经按照“非法拘禁”来侦办，有九个人涉嫌犯罪。一般来说，非法拘禁可能出现在一定的债权人与债务人之间，也可能出现在涉及赌债或者说涉黑涉恶等犯罪环境中。通常意义上的非法拘禁案件都可以找到“根源”，知道嫌疑人为什么非法拘禁他人。因此，这起案件的犯罪动机和目的，我们也不应该忽略。

回到案件本身，从案发整个过程的客观行为来综合评价行为人的主观目的，以此来推导出犯罪的动机，这是我们判断问题常规运用的一个路径。本案源自信访，依此法则我们可以进行分析，犯罪嫌疑人张某是安徽阜阳人，以他为参与人的该团伙成员与四川的这四名上访人员根本不相识，这是事实。但是却能准确地把上访者拦截、带上车、押送到四川，这整个行为过程使我们不由得产生一个怀疑，他们的动机是什么？他们为什么这么去做？任何人没有权利，也不会没有任何目的和理由把另外一个人拘禁起来，施以酷刑。既然将此事件列为刑事案件侦办，就一定要弄清楚这些人犯罪的动机和犯罪的目的，这是刑事审判应予涉及的范围，不应当也不能予以忽视。如此我们才能知其然，知其所以然。

我们现在谈一谈信访。信访是争议的一种处理机制，这么多年以来，信访发挥了巨大的作用，这个功劳我们不可否认。制度方面也逐渐对信访进行了规范，包括在什么情况下可以信访、信访的通道和流程等。另外信访办事机构的设置也在完善，国家信访局和省级信访局等机构的设立，标志着信访机制已经成为比较成熟的争议解决的机制之一。

信访涉及的主体笼统来讲是两个部分，一个是信访者，另一个是与信访者相关的政府部门，我们暂且这么来认定。从信访模式来看，一般来讲，信访者如果能够通过正常信访解决基本的诉求，双方关系便能达到一个和谐的状态。另外一种也是在实践中时有发生的信访模式，就是有一些信访者可能选择在国家比较敏感的节日或者大型活动，或者当地比较重大的公共事件和节日，在这个时间点，他们开始信访。在这种情况下，当地的政府部门有可能为了避免一些其他的不必要的一些损失和影响，与信访者达成一种“调解”。长此以往，这类非正常的调解会削弱信访本来的制度意义，形成一种难以破解的恶性循环。

正常的信访和不正常的信访混杂在一起使得问题变得更加复杂，极端情况下很可能出现本次事件类似的问题。各种不和谐的因素仍然客观存在，其中有各方面的利益交织，也必然形成潜在的各种因果关系。本次事件的结果发生又会是什么原因呢？暂未知。

依法信访，有法可依。可见，法律也是规范和保障信访制度的重要手段，是与信访相比范围更广地解决问题或者说解决争端的方式之一。没有法律规范的信访是混乱的信访，是危险的信访。重视法律，才会有有效的信访。

“访民”里流传的信“访”不信“法”，是因为信访可能比较快捷，没有那么多的程序，没有那么多的证据要求，没有那么多的诉讼技术和规则在里面，可能会很快解决问题。相反，法律就有很多很多的限制。法律程序则要有时间成本，要有经济成本还要运用技术手段，因为法律还是一门专业的技术，如果处理不好，可能会因为一点小小的问题而败诉。另外，法律只处理法律层面的问题，而信访不仅可以处理法律层面的事情，还会涉及非法律层面的一些其他的问题。所以说这两个处理机制各有利弊。

信访有信访的好处，但是信访也有信访的弊端；法律有法律的好处，也有法律的弊端。这起事件之中，如果最后认定是因为信访而导致的死亡事件，那么信访的弊端就已经非常明显了。相比法律，信访缺乏足够的规则和适当的程序，而给予了一些人很大的宽泛的空间，在这个空间里很难受到有效的约束，随意而为，无章可循。

法律毕竟有章可循，虽然在灵活性方面多有受限，我们还是倾向于选择法律的途径而不是信访。我们认为信访的路会越来越窄，而法律的道路应该会越来越宽。因为没有限制的自由不是真自由。在一个法治社会里，不应允许有不受限制的自由。法律发展到今天已经非常完备，如果法律能够运转良好，处在有章可循的生活中是一种理想状态。虽然法律途径需要多的时间成本，但是效率与社会的稳定之间，我想还是要优先考虑公正和社会的稳定；那种没有任何约束的效率，我们宁愿不要。

规则是解决问题的核心，有法可依，依规而行。当我们能够依照规则行事的时候，我想有些事件就会丧失生存的土壤。这是我们前进的方向，事态的严重已经不允许我们有所停留，有所后退，必须前进。

校园霸凌：手心里握着的小小世界

当一群孩子一起玩闹嬉戏时，他们更像上天赐予人类的一群精灵。那精灵般的身影，是对生命的礼赞；那亘古不变的笑容，是生命在吟唱。孩子，一个充满未知和期待的天使词汇，它抢走了我们全部的柔情。他们手心里握着自己小小的世界，那个世界里的他们，在慢慢长大，变成现在的我们。

贪婪、自私、谎言、诡辩、欺小凌弱……这些大人世界里的问题是不是来自孩童时代，我不得而知。但任何社会里的文明规则都应该被重视和遵守，任何人的孩童经历都会影响到其日后的成长。如果我们不能给孩子很好的教育，那么我们就欠孩子一个“生命”，那个小小世界里握在他们手里的“生命”。罪恶的大世界，你们担待不起。

事件回顾

一篇题为《每对母子都是生死之交，我要陪他向校园霸凌说 NO》的文章在网上广泛传播。文章作者称，自己是一位母亲，儿子是中关村二小的学生，刚刚满 10 周岁，在学校遭遇校园霸凌。

文章写道，11 月 24 日，儿子在学校厕所如厕时，两名同班男生进入厕所。其中一人堵着门口提出“我要开门看你的屁股”，另一人则将有厕纸、尿液的垃圾筐扔下来，“正砸在儿子的头上，尿和擦过屎的纸洒了他一脸一身。那两个男生见状，一阵嘲笑跑走了，全程不到一分钟。”事发后，他的儿子满脸污秽，哭着进行了自我清理。当日，孩子并未向老师报告。她和丈夫则在当晚得知此事。

事发后，孩子出现失眠、易怒、恐惧上学等症状，被诊断为急性应激反应。家长随后向学校及海淀区教委反映情况。（来源：网络）

本期我们讨论的话题是“中关村二小霸凌事件”。这起事件在网上引起了广泛的关注并且已经持续了一段时间，我们今天作为一个话题进行相对充分的讨论，希望能对大家有所启发。

我们从两个小故事开始讲起。一个是《指鹿为马》，本来是一头鹿，但是有人认为它就是马，然后呢，越来越多人说它是马，到最后是鹿还是马，分不清楚。另一个小故事是《皇帝的新装》，这是我们在小学的时候就知道的故事，是说皇帝本来没有穿衣服，但是有人说皇帝穿的衣服好漂亮，到最后大家都说皇帝的衣服真漂亮。这两个故事的本质，就是把假的说成真的，黑与白的颠倒，是与非的混淆。

我们不难发现，在与这起事件有关的言论中，除了对学校的声明和对这个事件本身发表的一些良性的建议之外，还有另外一种声音，这种声音带来的困扰和印象让我想起了上面提到的故事。有人认为，学校本来就是一个冒险的场所，孩子就应该是去冒险，就应该在一个丛林般的环境里慢慢长大，因为发出这种声音的人小时候也是在这样的环境里面成长的，所以他们认为这个事件属家长矫情，大惊小怪。也有人认为，中关村二小是一个比较好的学校，好学校反而出现了这么恶劣的事件，这种不平衡导致家长很焦虑，而且这种焦虑一传十、十传百，大家都开始焦虑。尤其是有些家长在自己小的时候也有过类似的遭遇，所以就会更加焦虑。

我认为那些提出建设性意见的人对事件的分析，有论证的过程和论证的依据，结合此事件本身来看，这些分析是能够令人信服的。相反，认为家长多作怪的结论，其依据是建立在推测这些家长是因为焦虑、心里不平衡、童年的阴影等因素之上，是建立在发声者自己认为的前提下，一个假设，再加一个假设，得出最后的结论，这是我必须指出的。这些假设以及那种说不清楚的意图和目的组成最后一个结论，我们必须警惕这样一种结论。

多数情况下，一个话题出现之后总有那么一些让人不可思议的声音出来，一些不可想象的理由和论证出来，来阻止有建设性的意见，这种现象的破坏力极大。我们完全赞同不同的声音出现，但是并不代表我们赞同那些不正常的声音和不正常的逻辑，来混淆整个事件，这是两个层面的问题。一个是不同的但良性的言论，而另一个言论本身则带有危害性。

这起事件中，不良言论的危害性是什么？

这起事件第一个危害性是给孩子带来心灵成长的一个阻碍。毫无疑问，对于正常理解范围之内的一些推搡，比如排队踩掉鞋，或者你推他一把，他打你一拳等这些孩子间难以避免的小动作都可以理解；但是在卫生间里面，把一些装有卫生间专用垃圾的东西套到别人头上，当事者认为是一种玩笑，这个说法是实在无法让人接受的。这起事件，本身给孩子会带来很严重的影响，无论是施暴者还是受暴者，这些影响如果没有得到合理的解释，没有获得一个合理的解决，将会伴随这个人的一生。

可能大家说你在胡说，有什么依据和理由吗？我们不妨问问心理学的专家，可以问问一些从事心理健康工作的人士或者参考国外的一些媒体的报道，都可以看到类似因素带来的影响。我再举另外一个例子。世界网球冠军李娜，在她的一本书里曾经提到，她在早期的时候跟一个教练进行训练，这个教练可能在方法上或信心上让李娜内心里有了阴影，当她的球技发展到一定水平的时候，再也无法突破自己。后来李娜回去找原来的教练，双方把这个疙瘩解开以后，她获得了前所未有的一个解脱和心灵上的一种踏实，投入到了以后的比赛中。如此，才成就了一个网坛上的王者。所以，我们不能小看这些事件对小孩子的影响，它有时候远比我们想象的要严重。

我们刚才说了这个事件本身对孩子的影响，现在我们看看解决问题的方式对孩子带来的影响。可以说，当事者目前还是小孩，他们无法进行完整的判断，但是在他们长大之后，他们会进行分析。如何去解决和解决的过程，可能还会给他们带来第二次的伤害。

问题的解决过程中，将一些本来是比较严重的事情轻描淡写，比如认为是开了个玩笑，没有必要大惊小怪，等等。可是站在孩子的角度来讲，这些说法他们将来能接受吗？会不会问那到底是怎么回事？到底是恶劣事件还是家长多作怪？是鹿还是马？我想对于一个刚开始人生的小孩子来讲，这个事情是很重要的。他们有时候对一块糖是你的还是我的，都要理论清楚，非常认真。不像我们大人，经历了这么多事情之后，反而失去了纯真。网上流传着一个事情，真伪性我不是非常确定，但是非常有代表性。有两张图片很让人印象深刻，一张图片是某年某日美国驻中国大使馆所公布出来的雾霾的指数，另一张是当时中国相关部门公布的雾霾指数，前者远远高于后者。然后有人就讲美国驻中国大使馆属于美国的领土，所以其在中国境内检测出来的数据，只能说明美国领土的污染严重，不代表其他地方。我想说明的是在是与非面前，不应该混淆视听，否则不仅贻笑大方，更是贻害无穷。

第三种伤害，我想谈一谈某些外在因素对这些孩子造成的伤害，如此经历会不会有一天转化为孩子内在的一种“气质”。我所说的气质不是“你的气质里藏着你看过的书、爱过的人”等，而是说孩子们在这种伤害的影响下所形成的“气质”。这也许是种带有伤害性和报复性的“气质”，具有破坏力。我想不难解释，如此经历，将会对这个人今后的行为产生极其重要的影响。

第四个影响，是隔代的影响。这些孩子长大之后，有一天他们有了自己的孩子，他们会把什么样的教育理念灌输给他们自己的孩子，当他们的孩子遇到他们童年所遇到的这些问题的时候，他们会如何指导孩子去解决。很明显，我们可以发现，如果这一代人的问题没有解决好就会是一个恶性循环的链条，一代一代地这么下去。也可能有人会讲，你言重了，指鹿为马或者皇帝的新装，不是早已有之，天塌下来了吗？我承认，没有。但这不代表这种说法就是正确的。

人类社会要向前发展，而不是停留在原地或者甚至有所倒退。在中小学的教育里甚至幼儿园的教育里面，对未成年人的保护应当有所加强。而不是像现在一样，任何事情只要出现在孩子身上，就一切从轻化处理。孩子是属于无民事行为能力或者限制行为能力人，孩子在学校中学习、生活，是受学校监护的，那么学校提供的保护手段与孩子们的年龄和行为能力相匹配吗？

我联想到另外一个比较特殊的场所，那就是看守所或者是监狱，当然也包括少管所。当这些受羁押的人到了这些特殊的场所之后发生的霸凌事件，如何去处理？如果这些场所里面存在着霸凌事件，就要具体情况具体分析。如果是刑事案件是一定要追究刑事责任的，并且还要区分这些案件形成的原因，有没有别的指使的人或者有无其他一些共同参加的人。在监管方面，管理是有章可循并形成制度往前推进。相对而言，我们这些未成年的孩子，其权利和保护却未受到应有的重视。

我曾经在之前的节目里提到过孩子是弱势群体，大概是在“毒跑道”那期，我讲唯独在中小学的跑道上使用了有毒有害气味的塑胶跑道，现在中关村二小霸凌事件中，我们面对的也是这些弱势群体，我们仍然无视他们的权利。没错，他们现在是弱者，但是总有一天他们会变强，在他们变强的同时那种“有毒”的变强将会危害社会。我还有一些感受，大家对未成年人，尤其中小学生这个群体里发生的一些事情没有特别关注和重视，或者说了解的信息有限。

现在未成年人以及一些超过 18 岁但在大学里的学生中，发生了很多我们想象不到的事情，比如有恶势力慢慢渗透到学校，进行一些违法甚至是犯罪的行为，敲诈勒索、抢劫，还有专门针对女学生的违法犯罪，这些都是客观存在的。在前些年，公安机关甚至有专门打击包括学校在内的文化单位违法犯罪行为的机构，叫文保支队。这次中关村二小霸凌事件发生之后，国家出台了《关于防治中小学生欺凌和暴力的指导意见》。这个文件有些地方还是不能完全处理实际的问题，仍有待于完善。

说了这么多，是想强调这个问题已经到了我们必须解决的地步，否则会带来一些很不好的后果。这些不好的后果或者说毒瘤不仅会埋藏在受害者的身上，在施暴者身上也同样有副作用。对于受害者，大家能够理解；对于施暴者来讲，他在这种不应该的行为发生之后没有受到及时以及相应的惩罚，将不会有所收敛甚至以后的行为会有过之而无不及。有的时候，如果在孩子犯错的时候能够给予一个必要的和及时、充分、适当的惩罚，他们会感谢这样的惩罚，也会在他们以后的人生道路中感谢你曾经批评过他们、否定过他们，一定会的。人需要受到正确的教育，工作中也一样，尤其是刚开始的时候。如果任其发展下去的话，他们很可能会继续犯错误，而且概率很高。相反，如果在初次错误之后，能给予必要的、及时的惩罚或者说及时的批评，避免他们犯更大的错误。他们会感谢这些最初的惩罚和批评。

大学生如此，小学生也一样。越小的学生改过自新的机会越多、可能性也越大，能够带来的危害越小。所以说及时地给予关注和指导，不仅是对这个孩子负责也是对全社会负责。因此，对于未成年人的保护和评价机制如何能达到良性循环，我想从法律的角度来讲，当然是要完善一些法律，但这是远远不够的，还需要太多人去参与，才能够建立起一个保驾护航的长城，让孩子能够茁壮地成长，让他们从小就能懂得规矩，能够遵守社会的制度，能够慢慢尊重法律，能够成为一个对这个社会充满信心的人。

最后，我想跟大家说一说为什么做这期话题，中关村二小发生的这起事件是属于社会话题，并不是案件，但我仍然把它作为本期话题。因为一个社会事件如果没有及时地去处理，并且在一个可以预见的未来没有很好的处理方式的时候，一定会演变成法律事件，而且会演变成复杂的法律事件。所以我们关注细微，争取能够把事件化解在早期的状态，可能是更好的选择，也是在法律预防方面我们能尽的一点责任。

罗一笑：我们想让你站住

本期节目录制结束后到写这期开篇语的时候，笑笑已经离开了这个世界，去了另外一个地方。

记得刚知道笑笑时的那种情不自禁，在《罗一笑，你给我站住!》的感染下，几乎全民参与行动，那种几近沸腾的参与感，很好。看着大家为了笑笑，用自己的行动让她站住，真的是爱在流淌。笑笑，叔叔想跟你说，大家爱你。

你离开了，离开了大家能迅速熟知你的世界；你离开了，离开了满是套路的世界；你离开了，离开了人声鼎沸喧闹烦乱的世界；你离开了，离开了你留恋的世界，离开了爱你的大家。

笑笑，你的名字真好听。

事件回顾

2016年11月30日上午，一篇《罗一笑，你给我站住!》的网帖刷遍了朋友圈，文章称深圳本土作家罗尔5岁的女儿罗一笑，被查出患有白血病，每天需要高额医疗费。每转发一次文章，便会为笑笑的治疗筹款增加一元钱。然而不久之后，网曝罗一笑的病情治疗实际花费有医疗报销，每日花销并不高，且罗尔在东莞与深圳均有房产，本人收入不菲，善款也早已筹齐，在朋友圈发动募捐一事疑似有公司在幕后营销。更有网友怀疑是罗尔本人与某公司一起策划营销一事。(来源：网络)

本期我们讨论11月底的热点话题“罗一笑事件”。罗一笑的父亲罗尔发表了一篇名为《罗一笑，你给我站住!》的文章，后续还有几篇文章是通过某一个机构的微信公众号发布，经过转发迅速在朋友圈里呈现出了铺天盖地的蔓延之势。

这起事件一开始，我身边几乎80%甚至90%的人都参与了转发。文章里面提到，每转发一次某一个机构会给这个小孩子治病捐一块钱，所以大家普遍选择了捐款。

当然这80%到90%的比例里面没有我，因为我是后来才发现捐款这件事的，而且等我发现了以后总感觉到有一点点不舒服但又似乎说不清楚的地方，所以考虑用再缓缓看的策略。还没缓多久，就出现了另外的反对的声音。有信息披露，罗尔家里并不缺钱，也报出了罗尔的财产、房产以及登记在其名下的公司等。再后来，大家对罗尔的这种行为表示不满，甚至对发帖子的人以及所谓的某一机构表达了遗憾，更对这种慈善的形式提出了前所未有的担心。可以说，这起事件引起了大家非常广泛的参与，酝酿着极其复杂和不断转折的情绪。

我们的核心点不是仅仅集中在情绪的表面，我们更关注情绪所代表的意义。

现代社会，大家对自己金钱和财产的处分越来越小心，这有很多方面的原因。主要的原因是赚钱不是很好赚，所以在处分财产的时候会变得更加谨慎。但是在罗一笑这件事上，却有那么多人参与且自愿把钱打赏出去，很多人后来因为达到上限而无法打赏成功，原因何在?

我想我们还是从这篇文章来入手，文章的标题用了一种很能够让人陷入某种情境的强大暗示。“罗一笑”这个名字很文艺、很好听，“你给我站住”，表示出对孩子越来越远的一种无奈。这么一个很可爱的小孩子得了白血病，正在与死神对抗。罗尔提到“你给我站住”，也就是说要把孩子留在身边，留在人间。我想这样的事情会勾起我们每一个人内心的善良，更重要的是，通过这种表达方式会暗示如果在这条路上，在这条不幸的与死神对抗的路上，你能够打赏或者转发让某机构捐出一块钱，就有可能让这个孩子“站住”，这种心理暗示的作用非常强大。我们会感到虽然付出的钱不多，但是可以阻止这个孩子滑向不幸——我要让她“站住”——这是一件多么令人欣慰的事情，是一种发自内心的善举。这个意义，不用文章再多讲其他的理由，我想我们每一个人都会本能地拿出手机转发。能够如此打动人们，能够如此让大家心力往一处使的事情已经很久没听到了。这次深圳的募捐事件很具有代表性。那一刻，中华大地上流淌着善良。通过大家的参与，让这个孩子尽快康复，一种大爱流淌指尖，感人之至。

之后便是反转和怀疑。有信息披露罗尔家有三套房并且名下有公司，另外罗一笑治疗本身的花费根本就没有那么多，罗尔的花费好像3 万多元，但是已经募捐了 270 万元左右，远远超出了实际花费。

面对质疑，我和大家一样，特别想听听当事者以及募集推广的发起者如何解释。通过一些资料的收集，大概有以下解释：罗尔说房子是有，没错，但无法变卖；几个公司是因为朋友借用他的身份来经营，结论是进行募捐是必要的。但是这个说法真的能让人信服吗？房产能不能变现，名下的公司是不是自己的，这些问题都可以表达出一个事实：他有足够的经济能力来支付3 万多块钱甚至更多的费用。我们可以设身处地地站在他的角度考虑，能有朋友找他合作开办公司，甚至用他的名义来开办不止一家公司，代表这个人在商业领域里有一定的影响力。他所接触的人或者他本人还是有一定经济实力，支付两三万元根本不成问题。因此，以罗尔自身的条件从经济方面讲完全可以度过这次所谓的危机。不难预料，在他进行了所谓的澄清之后更是引来了铺天盖地的批评和否定，很多人表示以后对这种慈善不再有任何的关心，不再相信慈善，不会再有善举。

另外还有媒体信息显示，这起募捐的发起与《慈善法》的规定是不相符的，应该通过慈善机构来进行或者要有慈善机构的平台标注。但是我们知道，无论是否是知名的慈善机构，能够让大家心甘情愿地短时间内大规模募捐，是有难度的。而越来越多的事件表明，大家通过慈善机构去捐献的频率已呈现出减缓趋势。因此用一种机制来评价这个行为我认为并不全面，也并不完全对症。在一个互联网媒体如此发达的今天，线上支付又如此方便快捷，相对一个比较陈旧的运行机制，罗尔的方式显然有较为突出的优势。因此，慈善机构固然有新媒体不可比拟的重重把关，但慈善机构的影响力和新媒体的号召力已不可同日而语。

现在的问题是，募资与实际花费引起人们心理上如此巨大的反差，难道就真的没有办法解决吗？难道就任其自由发展等到下一次遇到这种情况的时候再去判断这是不是陷阱吗？我想可以作如下分析。分析的目的是为了能够建立起一套应对这类事件的办法和解决的机制。

我们每个人面对这条信息的时候都会有自己的判断，很多人选择了通过这种方式打赏或转发，让某机构捐献一块钱；可能有另外的一些人包括我在内没有选择这种方式。为什么没有选择这种方式？当我发现这种捐献所用的方式是转发一次，某机构会捐出一块钱，就觉得有点不对劲，一个暖意流淌的事件中出现了一种令人无法理解的事件。这句话的意思难道就是说，如果你不转发这个机构就不会给他一块钱，两个人转发这个机构就给他两块钱，而且很隐晦地说这是“某机构”。我不知道假设一切都比较圆满地结束以后，这个某机构会不会有一天站出来说，那个“某机构”的善举就是我们所为。一个所谓的慈善者却用这种转发的次数来限定捐献的额度，这根本就不是慈善，这是跟慈善完全没有关系的一个冷血的所谓的机构，然后用“某机构”的名称来加重了一种神秘感。如果身边的好朋友或者某个机构发现有一个确实需要救助的孩子，一定不会绞尽脑汁用这种看似非常聪明和高明的所谓运作方式来此处理。所以无论是参与捐赠的人还是像我一样关注了但实际没有捐助的人，都能够觉得情感受到了欺骗。

回归法律，这个欺骗应该如何理解？首先，大家在转发的时候，其实已经形成了一个合同关系。如果大家无动于衷，这个孩子就因为医疗费的问题，滑向一个不幸的境地，大家选择转发出来或者打赏，这就是一种合同。无论是赠与合同或者其他合同，当大家发现基于信赖的转发以及打赏的前提是不成立的，或者是过分夸大的，即使大家可能不会起诉到法院要求撤销这个合同，但是这条路是可行的。

对于有观点认为这是典型的诈骗，我持保留意见。诈骗罪有核心的两个方面；一方面要求数额比较高，而这起事件中打赏的钱数额较少，转发而捐献的钱是某个机构的钱而非转发者的钱。因此即使募捐金额逐步递增到 270 万元左右，这是一个累积的过程，很难讲行为人一开始就想要募捐这么多，他可能是抱着试试看的态度来做这个事情，这与传统的金额要求还是有区别的。另一方面是诈骗要有主观上骗取的故意，本起事件中，毕竟孩子的生病是客观事实。因此，本起事件的特殊性决定了还是不能用传统的诈骗犯罪来进行处理。

在刑法问题上，现在有很多人痴迷刑法，认为所有的事情都要搞严刑峻法，这个观点我是持反对意见的。最近，还有一种声音认为未成年人负刑事责任的年龄应从 16 周岁下降到 14 周岁，因为 16 周岁以上对全部的刑事案件都不能因为年龄问题而豁免。这种把刑法万能化的声音，是非常值得警惕的。

还有一种声音认为这起事件涉及非法吸收公众存款，其实刚开始的时候我的脑子里有过这个罪名。因为从表面上看是比较像的，行为人通过一种不合法的方式把大家的钱聚集过来，但这个罪的内涵并非如此。首先要求是一个变相的储蓄，只有在变相的储蓄中大家为了高额的利息回报来进行投资才可能构成非法吸收公众存款，这与本次事件是两回事。

说到此，我自然联想到了对回报更广泛的理解。回报可以指传统的为了追求高额的收益或者高息，也可以体现在心灵方面，如果认为这是一件好事，我们做善举，佛经里讲的“福报”，也可以增加我们的福报，我想大家也一定会有这样的认识。另外，按照法律经济学的观点，没有无缘无故的行为，行为都是逐利的。这种逐利不仅表现在直接的金钱或利益上，还表现心灵的“福报”，这可称为“逐利性”。

我想应该逐步出台相关的一些规定，当然这些规定要跟时代结合起来。无论是传统的慈善机构还是新衍生的慈善行为，最核心的核心，就是善待大家对慈善事件的悲悯，以及大家对慈善机构和慈善行为的信任。没有信任，一切都将烟消云散。

美国耶鲁大学法学院院长哈罗德·H·Z. 柯在一次开学典礼上送给法学院新生一句谚语：“永远别让你的技巧胜过你的品德。”这句话我奉为座右铭，我也对很多从事法律的人士说过这句话。我认为不仅从事法律，恐怕任何行业的“技巧”都不如品德重要。这起事件中的罗尔是从事文字工作的，懂得使用文字的技巧，在讲究技巧的行业里如何使用自己的技巧，这是一个话题，一个很重要的话题。打个很容易理解的比方，杀人毫无疑问是一项技术，在特种兵里面奉为必备的技能，若用在杀敌人或者战争里，则无可厚非。但从来没有人赞同杀人犯的技术。法律也一样，我们多少冤假错案是因为把所谓的小聪明、小技巧用在了跟品德违背的方面，所以说掌握技巧是很重要的，但拥有品德，才是最重要的。运用文字，难道会例外吗？

最后，我想站在孩子的角度来说，小孩子得了白血病，这是非常非常不幸的，我想在她生病的时候，她应该会希望自己的爸爸能更多地陪在她的身边去安慰她，去关爱她，能够让她尽快地康复起来。我希望每一个孩子都能够健康地生活，我们大人有责任为他们净化和维护好生存的社会环境。

再读雷洋案：人们内心深处的本质

“科技，使文明进步，让人类强大，但是，人们内心深处的本质并没有改变，飞向太空的人和一万年前躺在草地上数星星的人并没有不同，一样要思索，一样要怀疑，自己作为什么而来临于这个世间？这一生又该做些什么？当远古的人第一次不需要为了食物而亡命奔波时，这个问题就产生了，并将随着历史的进程不断持续。”——何马

“如果要维持一点基本的人的尊严，我们就不得不仰靠一个合理的社会秩序。这个社会秩序不仅只要求我们自己不去做害人利己的事，还要求我们制止别人做害人利己的事。你自己不做恶事只尽了一半的责任，另一半的责任是，你不能姑息、容忍别人来破坏这个社会秩序。”——龙应台

“秩序，让自由得以延续。”——智艳军

事件回顾

2016 年 12 月 23 日，北京市丰台区人民检察院对邢某某、孔某、周某、孙某某、张某某等五名涉案警务人员玩忽职守案依法做出不起诉决定。经丰台区人民检察院依法审查查明：2016 年 5 月 7 日晚，根据北京市公安局昌平分局专项行动部署，东小口派出所时任副所长邢某某带领民警孔某，辅警周某，保安员孙某某、张某某等人在昌平区龙锦三街涉黄足疗保健店附近执行便衣蹲守、打击任务。

当晚21时许，雷某在位于龙锦三街23－13号的足疗保健店接受有偿性服务离开时，被邢某某等人发现。因怀疑雷某有嫖娼行为，邢某某等人立即追赶，示明警察身份后进行盘查。因雷某试图逃跑，遂对其拦截并抱腰摔倒。在制服和控制雷某过程中，邢某某等人对雷某实施了用手臂围圈颈项部、膝盖压制颈面部、摁压四肢、掌掴面部等行为，后邢某某违规安排周某、孙某某、张某某独立驾车押送。在车辆行驶至龙锦苑东五区南门内丁字路口西侧转弯处时，雷某试图跳车逃跑，并呼喊挣脱。邢某某等人再次对雷某进行制服和控制，并使用手铐约束，再次向雷某示明身份。其间，邢某某等人对雷某实施了脚踩颈面部、强行拖拽上车等行为，致使雷某体位多次出现变化。后雷某出现身体瘫软和不再呼喊挣脱等状况，邢某某等人在发现雷某身体出现异常后，未及时进行现场急救、紧急呼救和送医抢救。待送到医院抢救时雷某已无生命体征，于当晚22时55分被宣告死亡。经委托司法鉴定机构鉴定，雷某符合生前胃内容物吸入呼吸道致窒息死亡。吸入性窒息的形成不排除与死者生前在饱食状态下，因执法过程中的外力作用和剧烈活动以及体位变化等因素有关。事发后，邢某某在接受媒体采访时做虚假陈述，引发公众质疑，并与其他四名涉案警务人员故意编造事实、隐瞒真相、妨碍侦查。

北京市丰台区人民检察院依法认定：邢某某等五人在执行公务活动过程中，不正确履行职责，存在不当执法行为，执法行为超出合理限度，致执法对象发生吸入性窒息；不履行职责，在发现雷某身体出现异常后，未及时进行现场急救、紧急呼救和送医抢救，致执法对象未得到及时救治，以致发生死亡结果，且事后故意编造事实、隐瞒真相、妨碍侦查。该行为触犯了《中华人民共和国刑法》第三百

> 九十七条第一款之规定，符合玩忽职守罪构成条件。鉴于邢某某等五人系根据上级统一部署开展执法活动，对雷某执行公务具有事实依据与合法前提且雷某有妨碍执法行为，犯罪情节轻微，能够认罪悔罪，综合全案事实和情节，根据《中华人民共和国刑法》第三十七条之规定，不需要判处刑罚，依据《中华人民共和国刑事诉讼法》第一百七十三条第二款之规定，决定对邢某某等五名涉案警务人员不起诉。同时，检察机关已向纪检机关通报有关涉案党员违纪情况，向公安机关发出检察意见书，并移送相关材料，建议纪检监察机关和公安机关对邢某某等五名涉案警务人员及相关责任人依纪依规严肃处理。（来源：网络）

本期我们讨论一个陈旧的，但又再一次引起舆论大波涛的话题，我们在之前的一期节目里谈到过，就是雷洋事件。当时雷洋事件刚刚发生，还没有一个明确的结论，大家的舆论主要是集中在对发生这起事件的一些愤慨，包括意见分歧和讨论，以及对这起事件最后走向的一个预判。而我们这期节目再次讨论雷洋事件，这是从来没有过的。但是，这起事件却有必要，因为这起事件在已经有了定论之后，却引起了比之前那一轮讨论更大的风波，所以说我们有必要用这期节目继续讨论雷洋事件。

台湾地区作家龙应台有本书，名字叫《野火集》。她说："没有过去，现在就没有意义，未来就没有方向。"我们都知道，任何一个事件包括任何一个人都不可能永远存活在历史之中，十年，一百年，一千年以后，不管多么大的事情和多么大的人物，都会成为历史的尘埃。但是，这并不代表雷洋事件过去之后我们不用任何反思，或者说无须进行有效的讨论，就让它这么轻易地过去，这对我们的现在以及未来是不负责任的。这也是我们为什么仍然将本期话题讨论雷洋事件的一个原因。

《野火集》中还有这样一句话：“所谓‘慎思明辨’、‘格物致知’、‘打破沙锅’指的都是同一个原则：对真相、真理的全心全意地追求；学问由此而来。”我没有那么高的境界，学问这种事情好像离我有点远，我虽然是在追求的路上，最后也不一定能够追求得到，但我不想让自己变得麻木，变得不再去思考法律问题，因为我是律师；我也不想变得不再去思考社会应该如何前进，因为我是社会中的一员。我既不是忧患的青年大军，也不是没心没肺的没谱青年，我只是想做一些我认为应该做的事情，这样的话我会心安理得。

谈到心安理得，谈到以什么样的心态以及什么样的身份来自处和进行自我定位，我想这不仅是我一个人要面对的问题，可能大家都需要考虑这个命题。雷洋事件中，无论是雷洋的家属，还是外围帮助他们的人、警方之前被羁押的警察以及检察机关，大家都会考虑以什么样的方式让自己心安理得或者说尽可能地心安理得，一定会这样的。从法律经济学的角度来讲，每一个人做出来的决定，都是对自己利益最大化的考虑，这个利益包括金钱，包括声望，包括权威，包括社会秩序。但是问题的关键是在考虑这些利益的时候，有没有考虑准确，是不是符合社会的发展，有没有考虑错，这是问题的关键。

言归正传，我们谈一谈为什么这起事件的处理结果会引起如此大规模的一个言论的反弹，基本上一边倒。我在想这些言论者会以什么样的方式自处，又以什么样的态度让他们心安理得。我又想到了龙应台女士的一句话，她说：“我们的上一代，受战乱和贫穷之苦，期望我们这一代温饱安定，我们这一代温饱安定了……期望下一代在没有恐惧、没有控制的自由环境中成长。”这是她在 20 世纪针对当时台湾地区的社会状态讲的。她还有一句话很有启发性，她说：“如果要维持一点基本的人的尊严，我们就不得不仰靠一个合理的社会秩序。这个社会秩序不仅只要求我们自己不去做害人利己的事，还要求我们制止别人做害人利己的事。你自己不做恶事只尽了一半责任，另一半的责任是，你不能姑息、容忍别人来破坏这个社会秩序”。我认为这两句话似乎谈到了言论集中爆发的部分原因。我们大家都是希望社会一天一天、一点一点地变好，而不是有所倒退。

回过头来我们谈论一下在这些言论的反面，对这些言论进行批评的其他的言论，有一种观点认为，有一部分所谓的公知、大V有着自己不可告人的目的，发布一些有煽动性的言论。我认为应当区分来看，至少从两个层面来看。

社会公知和所谓的大V只是一个称呼，类似于职业的区分，就像律师、警察、检察官以及法官和记者一样，只是一个行业的区分。我们用一个现象来否定一个行业，这是不正确的，也是不应该的。人类社会发展以及中国社会发展的这么多年里，任何一个行业能够长时间地存在，一定有其正面的合乎社会发展的理由和意义，我们绝不应该以某一个现象为借口来抨击它背后的某一个群体。在这次事件中有人说警察都如何如何坏，记者如何如何坏，对律师的评价还相对好一些。但如果没有成千上万的警察，如果没有一些正义有良知的记者，这个社会可能会变得很混乱，所以我们一定要对一个职业保持最基本的尊重。这是第一个层面。

第二个层面我想重点提示的是，我们也不能忽视在职业里面出现的个别的现象，更不能用这个职业整体的荣誉感或者说职业的标签来淡化甚至掩盖个别的一些不应该发生的事件，一定要区分来看，这是最基本的观点和态度。在这起事件里面，到底涉事警察有没有构成犯罪，有没有错误存在，我想大家每个人心里都有一杆秤。同样的，在这起事件的言论评价中，所谓的公知和大V等，有没有哗众取宠或者通过这样的言论来为自己谋取其他利益的嫌疑，我们必须予以证实才行，毫无理由的推测本身就是不公平的。

谈到了公知，谈到了大V，我们需要为这个称呼来正名。我们中国人都知道有两句话：“事不关己高高挂起”和“多一事不如少一事”，而这些别人的事件，公知们和这些大V们能够发出自己的声音，能够引导这个大家进入一个相对开放的、公正的舆论交流空间，他们做的是有意义的事情，这点我们必须充分予以肯定。如果任何人只管自己的话，那么就没有所谓的言论空间，也没有言论自由的必要；只要不关涉你的事，跟你没有关系，那你就不可以说任何话。那么，当清洁工以及类似基层的民众，遭受到一些不公平的时候，他们的声音该怎么发出！社会是一个相对分工的社会，而且越来越细分，这些公知和大V有他们存在的意义，他们本身也有独特的贡献，我们必须予以承认。那些认为哗众取宠或有些不可告人的目的的声音，则要具体事情具体分析，不能一概而论。然而回到雷洋事件中，我没有觉得有什么哗众取宠的地方，他们的确为这起事件中发生的一些情况奔走呼告，“哗”众但未有取“宠”。

所以，我们可以明显地看到，在舆论中永远有两种力量或者说两种言论在焦灼。这种感觉，在去年甚至前年网络媒体比较发达的背景下，已经基本形成了好像很常见的一种状态。这样的状态和现象，我在龙应台女士的《野火集》里面找到了共鸣。她说：“风在吹，云在走，人在思想，博弈在拉锯，前进和后退在迂回交错，价值在惊奇翻转。”她还提到了一个现象也许也应当引起我们的重视，她说：“很长时间后我才完全明白，常常不是善与恶之间的力量在战斗，而仅仅是两个不同的恶，在为了控制世界而相互争斗”。

这起事件中舆论的喧嚣或多或少地都有一些纠缠其中的价值观在相互周旋。我们可以发现，这两种纠缠的价值观或者这两种言论本身，一个共同的特点就是完全处在感性的支配下，也可说是在调动大家感性层面的一些因素，但这不是解决问题的良性的办法。我最后引用龙应台的一句话，她说：“关心可以是感性的，只是对于生于斯长于斯的土地的一份爱，但是空有感情无济于事，它必须有冷静的理性的支援——判断与行动需要坚强的理性。”所以说抛去感性的喧闹的一些因素，回归到理性来仔细分析雷洋事件以及雷洋事件所带给我们的以及应该带给我们的是什么？这是我们这期节目的目的和初衷。

很多人说在这起事件中，法律好像就是一块遮羞布，我没有反对，当然我也没有认同。还讲法律真的变成了教科书里面所提到的“法律是统治阶级的工具”。我在《律客先生》节目第一期里面曾经提到过，法律是你我的社会福利。那么到底是社会的福利还是统治阶级的工具？这两者之间是必然的矛盾还是可以进行统一？我认为是可以进行统一的。我们认为法律是社会秩序的维护者，而不是所谓的某一方强加给另一方进行破坏的工具，对秩序的破坏一定是对社会不利的。因此，我们对法律本身首先要有一个正名：法律有其本身存在的意义，是工具但不仅仅只是工具。

雷洋事件有结论之后的分析，我突出两点内容。之前一期已有过分析的问题就不再多说了。

第一是案件的事实真相。我在之前的节目里面曾经提到过，案件事实的真相与当事人本人陈述的真相以及与证据所显示的真相，包括司法机关认定的真相，可能都是有差别的。在一些案件比如聂树斌案中，一些现在看来是制造了冤假错案的证据，在当时就是被作为事实真相予以认定的。这一点我在第一期雷洋事件的论述里提到过，不要天然地相信所谓的尸检的报告，尸检的报告是人按照一定的方法做出结论的；不要天然地相信所谓的旁观者的言论，旁观者的言论都是人个体讲述的。不是不相信，而是不要不加思考地相信。很多时候，发现证据有问题又对之前证据进行补充说明的情况也是存在的。作为一个独立的司法人员，作为一个独立的法律人，一定要有自己独立的意识和自己独立的判断，这种判断可以结合其他专业人员的看法。这起案件以大家没有想到的不起诉方式结案，所有的卷宗都仍是不公开的状态。所以说从案件本身来讲我们掌握的信息很少，那么在接近客观真相的路上好像没有足够的信心，但是这并不代表我们可以忽视真相，因为任何问题的解决只能建立在真相的基础上。如果做出结果的事实有问题，无论结果怎么样，那都没有说服力。

第二个是引起我们重视的问题，是这次检察机关竟然以这起事件情节显著轻微做出了不起诉的结论，没有人能够想到，这起事件竟然会被认定为情节显著轻微。我所办理的案件中，如果出现类似情况并分析这种情况能否被认为情节显著轻微，我的答案一定是偏向否定的。我做出这种判断是基于一个能被大多数社会公众所接受最基本的常理，而法律判断离不开社会常理。这也是该事件能够引起广泛关注的一个原因：检察机关的处理结果与社会预期差距甚远。

不可否认，这是一起毫无疑问的错案。可能大家说我们应该进行更多的技术分析，但如果从根本上都错了，细节会对吗？当大家对这个不起诉决定的理由进行大量论证的时候，有一个声音冒出来说，通过我们对这种案例的研究，发现很多玩忽职守致人死亡的案件，有被追究责任但很轻微的，也有没被追究责任的，所以说你们这些人小巫见大巫，根本就是少见多怪。这样的论证真的成立吗？要搞清楚一个前提。在其他所谓的引用的案件里面，如果是滥用职权，在那个案件里面大家对滥用职权这个罪名本身不持有太多的异议，是基于大家认可的滥用职权而得出一个大家可以接受的很轻的一个结果。但是在这起事件中，大家对滥用职权、玩忽职守的认定本身就持有很大的异议，那么再依据所谓的认定后得出一个轻微的结论，这两种情形是不具有可比性的。

不要小看民众的判断力，不要高估所谓的法律技术，不要将自己的技巧凌驾于品德之上。我又想起了美国耶鲁大学法学院院长送给法学院新生的一句谚语："永远别让你的技巧胜过你的品德。"这次雷洋事件结论做出之后会引起这么大的一个波动，是因为这种所谓的技术对品德的侵蚀已经到了大家不可忍受的地步。很多冤假错案里面，可能或多或少地也会存在技术对品德的侵蚀，但并未在社会上引起那么大的关注。但是这起事件，所有的素材全部到位，却会出现如此技术对品德的侵蚀，这难道不是明显的对法律的践踏吗？

这起事件，这起事件的结果，离法律已经越来越远，以法律的名义，应当引起重视。不要真的把法律变成一块遮羞布，那是法律的悲哀，也是法律人的悲哀。

此次事件，包括我在内的多数人认为，这不是个单纯的法律事件。那么就要进行下一个追问，既然不是法律事件那是什么事件。或者可以不那么明确，但在这起事件真正的决定或者决策层面，如何来判断并是以什么样的方式做出这样的决策以及应不应该做出这样的决策？这才是解决问题的核心。

如果法律失效，我们只能寄希望于法律之外的真正起决定作用的力量。一般情况下，没有人愿意与善为敌，大家都愿意进入一个良好的社会秩序，人心向善。因此，我希望或者说我相信，我愿意相信，这样的做法是有其他的苦衷。尽管如此，如果对一个社会的秩序本身没有进行一个梳理和引导，我们无法证实警察在出警过程中是否存在其他一些问题，以及事件发生后，在司法程序里每一个环节都没有得到一个合理的通报或解决方案，那么，这个问题即使看起来解决了，实际上永远不会解决。外伤易好内伤难愈。与其把这个事件做一个这样的结论还不如以这个事件为契机，重新梳理秩序，也只有对秩序的梳理和进一步的巩固才能真正解决问题。

节目谈论到现在也到了该结尾的时候，我真诚地希望我们能够排除情绪站在理性的角度，以一种社会学的视角分析和解决问题。雷洋事件虽然是一起悲剧事件，但是若能有所悟、有所思、有所改、有所得，也不失为一个不幸中的幸运，为我们整个社会造福。

回头看，为了更好地前行

走走停停，不知不觉时光变老。在历史的大河里，人类实在没有骄傲的能力和自负的资本。河里流淌过的人与事，或大或小，都会灭失，就像不曾发生过一样，那滔滔的河水淹没一切，好似那永恒的黑夜。

光明只是短暂的一瞬，黑暗，才是永恒的，但正是这短暂一瞬的光芒，诞生了生命与希望，因此，虽然我们都自黑暗中来，却注定了要用此生追随光明。

追随光明的脚步响在脚下，那一路走来的回声，虽落成一路荆棘，但似空谷幽兰，回荡在河水的两岸，守护着行走的人，不再孤寂。

本期节目我们没有特别的某一事件需要讨论，马上就春节了，过去的一年，我们的节目也已经做了很多期，今天相当于一个总结。

春节对于我们每一个华人来讲都有特殊的意义，这几天里无论是广播还是电视媒体，对于这个重大的传统节日，都营造了一种集体的等待和期盼，这标志着一年的辛劳和工作能够暂时停下来，不用再着急地往前走。有人说停停走走是人生最好的状态，我很赞同。就如我们的节目，一直以来都对每一个话题一点一点地分析，走了这么长时间，到今天也应该暂时停下来思考、反思，对未来进行展望。停下来享受春节，也许是华人社会里最主要的一个文化现象。

我们充分享受春节文化之前，似乎先要回顾法律文化，考虑社会文化与法律文化之间的关系是我们在本期进行总结的理由。我记得小时候学过一句课文：“小孩子做什么事情都不能三心二意，要学就学个踏实，要玩就玩个痛快”，因此，为了能够静下心来充分享受春节，就通过这期节目把过去的一年里发生的那些与法律有关的社会事件从我们的心里化解出去，我想是我的追求，也是我所倡导的一种生活方式。

过去的一年发生了很多很多的事件，这些事件不停地刷新着我们的价值观，刷新着我们的认识，这些认识让我们变成了另外的我们，这样的改变也不见得是往好的方向发展。有太多的事件，到最后我们依然不知道如何去思考，如何去判断，如何去对待，以及该如何去预见以后可能发生的事情。我们所评论的法律事件基本上都是公共事件，梳理和分析，将有助于我们整理和找回信心，收拾心情，轻装前行。面对那些过于庞杂和复杂的观点，我们偶尔也会无所适从，但我们还得去进行分析，去解决难题。也许我们的能力有限，也许我们的观点不够全面、不够系统，甚至也许会有错误，但是我们愿意在这方面付出我们的精力。

回过头来看，简要地总结过去一年里所发生的与法律相关的社会事件，有这么几个方面的特点。

第一方面，有关事实的认定。

过去的事件都已经讲过，我只是提出来最近这几天里一个引起大家关注的新闻，是跟事实有关的。大概的意思是说从 2017 年开始，所有小学的教材要把八年抗战改成十四年抗战。我想说的是对八年改成十四年这个事实本身来讲没有意见，尊重这个决定，这不是我关注的重点。而是在我们很长时间以来，在我小时候一直到现在所经历的时间里都被告诉是八年抗战，这似乎是一个默认的确定的不可置疑的事实。如果以前我说不是八年是十四年抗战，我想会被人笑话的，会被讲难道你的历史课是体育老师教的吗。但是一夜之间，发现改了，而且被告知改的很有道理，以前才是错的，现在才是对的，所以不要大惊小怪。我们则要接受另外一种事实，两个事实都用最肯定的语调要求接受，所以到底哪个是真的？到底应该信哪个？我在这里需要强调的是我们并不评论到底是八年还是十四年，八年可能确实是有错误的，十四年是正确的，往对的方向发展是正确的。举此例是为了便于理解事实的改变，引出以下我们应当如何适从事实的改变。

从过去一年发生的事件我们可以看到，在某一个具体事件发生后两三天就会变成另外一个版本，然后再过两三天又是另外的一个版本。我们发现好像越来越弄不清事实真相，因为总是在变。但是，我又需要特别指出的是，对事实真相的追求永远是法律工作的前提和基础。社会工作也是一样，如果一个基本的事实大家都无法达成统一的认识或者说大家都无法相信一个最基本的事实的时候，其他的一切判断都是不可能的。无论是对案件的分析还是最后结论的做出，都是以一个最基本的事实为前提。所以我希望通过 2016 年整个年度的分析，我们能有一个提炼和总结，那就是在 2017 年，我们更核心的或者说要把重点放在对事实的追求方面，我们要重视事实，不能无视事实，更不能歪曲事实。在一件事情发生之后根本不考虑事情的真相是什么，直接发表观点，或在一个假设的前提甚至在混淆事实、忽略事实的基础上发表一些说法和和观点，这都是不应该和不严谨的，所以讲对事实的关注将是解决问题的重中之重。

第二方面我们谈一谈证据。

事实之后，法律之前，乃是证据。

社会事实变为法律事实，这一转换中间的衔接靠的就是证据。对于证据的收集，我们要注意两点，证据收集的主体和证据收集程序的合法性。突出证据收集的主体，是因为有些证据收集的主体本身就是事件的一方当事人或者说有利害关系的一方。前段时间发生的影响很大的所谓涉嫌嫖娼因公安执法而致死的某事件里，检察机关所做出的结论已经被很多人质疑证据的收集主体或者说部分证据的提供者就是案件的当事者，这样的证据收集主体和程序会不会存在一定的瑕疵甚至是问题都值得考虑。2016 年披露的冤假错案中，哪一个不是在证据上出了问题。证据是办案的手段，是定案的依据，如果这些手段和依据出了问题，怎么可能会有正确的结果，则谓“毒树之果”。如果证据本身是一个树，这棵树是有毒的，那么有毒树上结出的果子能不能吃？

我们现在不去讨论毒树之果能否吃的问题，而是如何不生成毒树，把证据本身进行无毒化处理，便可结出无毒的果实。过去的一年，我们对证据本身也进行了重点关注，在 2017 年，这个重点我们也会继续重视。

第三方面我们讲法律。

过去的一年里，法律基本上成为大家关注的一个“事件”了，我的说法可能有点儿语病，但是并没有错误。法律不是事件，但是如果大家对法律本身进行讨论的时候，法律以讨论对象的身份出现则其本身就是一个事件，尤其是当法律遭到质疑、遇到信任危机的时候。我打一个比方来说明，河里的水用来洗衣服，河里的水是干净的才可能把衣服洗干净。社会事件出现之后需要法律去解决，那么这个社会事件就是需要洗的衣服，法律则是河水。衣服需要洗，河水也当然会被讨论。遗憾的是，现在很多起事实已经告诉我们，法律本身已经被怀疑，已经有声音提出河水已经变污，怎么能够洗出干净的衣服来，只会越洗越黑。

我们是一档法律节目，我也是学法律的，从事的也是法律的工作。越来越多的法律事件将对社会造成越来越重大的影响。如果法律本身不保持一个清洁的状态，就不可能有一个很清洁的法律环境、很清洁的社会。

我简单提两个案例，大家可能会有同感。最新的热点事件是天津的一个大妈摆了个用气枪打气球的地摊，公安机关鉴定气枪属于枪支，法院判决这个大妈有期徒刑三年半。这起事件在网上有些讨论，很多人认为一个为了谋生的老太太，并非有持枪抢劫或者说贩卖枪支等恶劣的想法；而且所谓的“枪”只是一个气枪，不是仿真枪，特别不是那种高仿的仿真枪，它的枪击力度也是有限的，就这么一起案件，判了三年半实刑实属不对。另外一起跟枪有关的新闻是河南的一个法院，在网上公开拍卖枪支，也是仿真枪，跟天津这个案件一样都不是真枪。天津案经过鉴定认为枪口比动能超过1.8焦耳/平方厘米，可能河南那个案件没有此鉴定。但按照此标准，可能都会符合，因为这个鉴定标准非常低。两个让人匪夷所思的事件在同一时间发生，一方面，国家机关对天津的大妈进行了刑事司法处理，判处了三年六个月有期徒刑；另一方面，我们的司法机关在网上又公开拍卖仿真枪，也没有听说追究责任。这两起事件结合到一起就像一则寓言故事一样，把法律置于其中，尴尬不已。

天津这起案件，我们更应当关注的是司法的善意、司法本身、法律本身是什么？如果法律的适用者在运用法律的时候失去善意和公允，那么也就失去了法律的尊严和权威。甚为痛心。

第四方面我们谈谈文化。

社会事件凸显法律，法律形成法律文化，法律文化再融入社会文化，社会文化孕育着社会事件，像一个圈，不停歇，但又在变化着。

法律文化是社会文化一个很重要的组成部分。关注法律文化就是关注社会文化，影响社会文化更多的时候要从法律文化入手，因此以法律文化的名义，在这里我单独再提一提天津大妈的这个事件。

这起案件无论从任何角度来讲，这个刑期都是过重的，是极其重的。关于定不定罪的问题和能不能成立犯罪的问题，网上有些讨论，在此我们不予考虑。假设在可以成立犯罪的情况下，这个量刑本身就有严重的问题。为什么这么讲？如果是制式手枪或者明知是制式枪支的话，这样的结果可能不存在什么问题，但是作为在全国很常见的气枪摊，她根本不会知道这属于枪支且打气球可以构成犯罪。还需要指出的是，我们司法机关此案中一个最重要的环节是，用这个“枪支”去进行鉴定，最后才认定为枪支。那么，司法机关都要进行一个司法的鉴定程序才认定是枪支，怎么能够要求一个老太太在没有进行任何鉴定程序的情况下“明知”这是枪支。技术处理是一方面，关键的技术分析之后还原到案件的客观事实就是必须要求老太太以何目的、有何行为，且该行为客观上符合法律所规定的犯罪。若主观上不具有故意犯罪所要求的故意内容，如何处理？我们在此不进行展开分析，只是提出这个问题。

我们中国的法律文化，不能脱离中国的社会文化，不能脱离中国的传统文化。有时候我在想，是什么原因导致我们社会越来越崇尚要追究刑事责任，一味地强调严厉的打击。我们中国文化里讲的宽容，体现在刑法里就是宽严相济，而我们现在看到的更多的是严的一面，忽略了宽容与仁慈。然而，在某一些案件中涉及某些公权力的时候，又会体现诸如“不起诉”的宽容，如此又怎么能够让人信服！

我们回顾了2016年的事件大概有的几个共性，又提到了我们的法律文化向中国传统文化的借鉴和学习，用我们老祖宗流传下来的优良的社会文化，逐渐地以法律的形式来驱动社会的良性发展，这是我们整体法律人的责任。至少我们法律人应该知道自己去做的事情，使我们可以站在中华文明面前说出我们法律人没有给中国传统文化丢脸，没有给中华民族拖后腿；能够让大家过春节的时候感受到祥和，能够让大家尽心尽情地享受中国传统文化留给我们的春节的精彩和幸福。

过了寒冬，春暖花开。

医疗安全：要重视规则，更要重视规则所代表的意义

我相信你，不是在风平浪静之日，而是在风口浪尖之时。我相信你，没有理由，如果相信你需要理由，那就不是相信。我相信你，因为相信，所以相信。

信仰的纯粹，不是驱邪避祸的买卖，而是彻头彻尾的敬畏。信仰，不问原因，也没有原因，像空气般存在。因为信仰，所以信仰。

伯尔曼在《法律与宗教》一书中写道："法律必须被信仰，否则它将形同虚设。"反过来说，有多少形同虚设的法律就有多少法律未被信仰。

其实，在现阶段谈法律的信仰，完全是奢谈。那种不问理由的相信，那种纯粹，距离还很遥远。但是，这并不能否认法律背后所代表的意义和价值。规则与规则所代表的价值，构成了规则的全部。虽然我们还达不到抛开价值而纯粹的相信规则，但至少可以基于规则所代表的价值来相信规则。真正有价值的规则，也必须被信仰。

因为信，所以仰。

事件回顾

浙江省卫计委通报一起重大医疗事故，称浙江省中医院报告，因该院一名技术人员在某次技术操作中严重违反规程，该次操作涉及的治疗者可能存在感染艾滋病病毒的

风险。

经查，此次传染源为一名治疗者因个人原因在医院外感染艾滋病病毒，浙江省中医院一名技术人员违反“一人一管一抛弃”操作规程，在操作中重复使用吸管造成交叉污染，导致部分治疗者感染艾滋病病毒，造成重大医疗事故。经疾控机构检测，确诊5例。（来源：网络）

本期我们讨论浙江省中医院前几天发生的艾滋病病毒感染事件。

从一些披露的情况来看，关于这起事件观点主要集中在医院存在极其低级的错误从而导致了不可思议的悲剧。浙江省中医院在进行一个类似于手术的技术操作时，使用了一个器械，这个器械不是新的，而是已经在30多个人身上使用过的，从而造成了5名患者感染了艾滋病病毒。官方通报指明院方出现了最低级的错误，违反了最基本的“一人一管一抛弃”的原则性规定。对事后的追责还进行了一些报道，比如对医院的领导以及主要的操作人员进行了处罚，也以医疗事故罪对相关人员提起了刑事责任的追究。

后来我注意到另外一些信息，这起事件里涉及的器械是很贵的，每个器械价格上万元。也就是说这30多个患者，如果每个人都使用一个新器械而非使用同一个旧器械的话，那么对医院来讲是一种创收，医院仅医疗器械就可以在每一个患者身上收取1万多元的费用。那么，说医院放弃了也就代表着医院放弃了器械可以带给医院的收益，我觉得这样的解释并不是特别合理，说不过去。

医院的操作违反了最基本的原则，而大家都知道医疗器械交叉使用一定会存在感染的风险，对于医院的医护人员而言，更是医疗常识。因此，无论从哪个角度来看，都不应该发生这样的事情。我们只能根据已披露的或者按照常理进行判断的事实来进行分析。

与本次事件相类似的案例，也有很多。即使价格不是很昂贵的医疗器械在使用过程中，同样发生了许多让人不可思议的血液交叉感染。还有携带艾滋病病毒的人去无偿献血，导致无辜的输血患者感染了艾滋病。发生了这么多不同但相似的事件，我想我们有必要用一期的节目来予以讨论。

从整个的链条我们可以看出来，医疗行为本身是大家在脆弱的情况下不得不接受的一个行为，可是如果在这么一种不正常的状态下，连一个基本的信任都没有，反而还存在不但没有把病看好却很可能被感染类似于艾滋病病毒的致命病毒，这是更严重的毁灭性的灾难和打击，如此情形下，不发生纠纷才是怪事。我们每个人都有可能是患者，这种遭遇是任何人都无法承受的，这种事件对普通人造成的心理阴影和恐惧感是必然的。应予制止，也可以制止。

一个最基本的操作规程，一个人、一个器械、用后丢弃，最简单的原则，现在引发了如此严重的后果。是什么原因导致的？那一定是规则意识的淡薄。一个刚毕业的从事医疗行业的人我想不可能出现如此严重的违规，他一定是慢慢地从遵守规则到一定程度不遵守到严重不遵守的过程，到最后可能都忘了什么叫规则。小错不断，大错会现。就像日常生活中行人闯个红灯或者排队插个队，认为违反的都是小规则，殊不知，严重的交通事故很可能都是对小规则的漠视引起的。前段时间又发生了一起老虎伤人事件，也是因为游客对规则的漠视，导致了严重的后果。对小规则的不重视，最终带来一个无限的灾难。所以，这种规则意识的普遍淡薄真的值得我们反思。

不仅是对规则的漠视，大家对规则背后的意义或者对规则的精神缺乏领悟和了解。人们常常表现为，我知道这个规定，对我有利的时候就遵守这个规定，对我不利的时候就考虑不遵守，很少把精力放在领会为什么要遵守这样的规定，规则背后的意义是什么。

而我想任何一项规则，一项符合自然和社会发展规律的规则，都代表着一定的意义，代表着这个规则之所以存在的价值。在这起重大医疗事故的背后，医方应该知道违反操作规程存在很大的风险，但是正是对医院这些规则的漠视和规则所代表的价值的忽视，以及侥幸的心理才导致了最终的后果。携带艾滋病病毒者去献血，在献血的相关环节里也是有规定，也是可以预防的，如果严格按照规定执行，是完全可以把这些风险排除在外的，可是事实上在规则存在的情况下，对规则的坚守出现了问题，这就是一种对规则的漠视，对规则背后价值的漠视。本次事件中，这 5 个人以及他们的家庭，包括大家对社会规则的信任一点一点地被侵蚀掉了。

从法律上讲，此次事件该撤职的撤职，该追究刑事责任的追究刑事责任。目前是以医疗事故罪来启动了司法程序，如果相关部门还存在监管不力的话，也可能会涉及玩忽职守的问题。对于所谓的携带病毒去献血者，如果是不明知的情况，可能对献血者来说并不是特别严重的问题；相反，如果明知携带艾滋病病毒而献血，则构成犯罪，至少可以以危险方法危害公共安全罪来进行刑事处罚。所以通过上面机械的法律分析，法律所能起的作用最后仅仅是一个冷冰冰的处罚，但是如果仅仅依靠这些处罚，完全达不到理想的社会治理，有法律意义但社会意义有限。

对于这次因为操作违反规定而引起的严重医疗事故，到底这个事件的真相是什么，我们还不得而知。对于这类的事件，我想还是把事件的真相搞清楚，只有对事实本身大家没有异议，才可能会有分析的观点，观点可以不同，但事实要确定。

追求真相，用事实说话，此乃万事之源。

彩云之南，逃不出人间的仙境

谁负了谁？似乎永远是一个悲壮的话题。

也许，仙境就不应该留在人间，或者，人间就不应该有仙境。人与仙，属性不同，谁又负了谁呢？

魂牵梦绕的彩云之南，那里有经年不消、苍山的雪，清辉万里、洱海的月……她的美好沁人心肺。如果不是闻到了烧烤的味道，如果不是听到粗鲁的喧闹和经常的喊叫，很容易有不在人间的错觉。

回到人间，美好已走远。降临的是弥漫四处的不安和新闻中的鸡飞狗跳，新闻里不再美好的仙境越来越多，反复证明着到达人间车站。

我相信一切美好的东西都不是一蹴而就的，我也相信这些糟糕的现象不是一日形成的，我更相信问题的发生是可以治理的，我还相信是人间辜负了仙境。

信仰规则，可以让生活方圆有据；信仰法律，可以让人间变得美好。美好的人格才配拥有美好的仙境。

事件回顾

爆粗、打人、毁容……春节前后，丽江接连陷入舆论漩涡。

某女游客在云南丽江被打毁容事件再起波澜。2017 年 2 月 11 日，云南丽江警方官微发布情况通报：2017 年 2 月 10 日 23 时许，丽江市公安局宣传民警在浏览一篇网络文章（该文章有侮辱该被打女游客之嫌）时，将文章分享到@云

> 南丽江警方新浪官方微博，导致文章被转发，@云南丽江警方新浪官方微博管理员发现后，第一时间删除了微博，并与当事人进行了沟通说明，表达了歉意。对此事给@琳哒是我造成的影响，我们再次表示歉意！丽江市公安局在核实情况后，2017年2月11日，经丽江市公安局研究，依照公安机关纪律规定，对涉事民警给予行政记过处分。今后，我们将汲取教训，严肃纪律，加强管理，杜绝此类事件再次发生。
>
> 今天凌晨，云南丽江警方官方微博管理员发布致歉信："近期我们警方官方微博登录出现异常现象，2月10日晚，我们发现警方微博转发了网络上的一篇博文（不代表官方）。发现后，我们立即删除了博文，给@'琳哒是我'带来的不便，我们深表歉意！今后，我们将加强微博维护管理工作。同时，我们也发现有新浪微博用户，使用了我们的官方微博头像，请广大网友留意，我们也正在核查。"
>
> 2月10日，丽江市召开"提高旅游服务质量 提升旅游发展水平工作推进会"，丽江市委书记罗杰称，近期，网上披露的游客被打事件给丽江旅游带来极不好声誉。市长郑艺表示，我们必须以刮骨疗毒的决心，铁腕治理丽江旅游市场，重塑丽江旅游形象。（来源：网络）

这期话题我们从云南的丽江以及大理最近发生的游客被毁容和游客被打事件说起。这两起事件可以说是在我们原有的印象之上，又一次对云南的旅游业蒙上了一层阴影。

近几年来，云南的旅游业尤其是比较著名的一些景点，频繁地发生了游客被打事件。最严重的是近期发生在丽江的一个女游客被毁容，对于此次事件云南警方的处理也存在或多或少的一些争论。这些问题在媒体上也都有所披露，本期以专题来进行讨论，是因为那是一个被称为彩云之南的地方，风景美丽，大家对那里充满了无限的憧憬，去过云南的人也会流连忘返那里的自然景观。但是越来越多在云南的游客人身遭到伤害，事后又得不到保障，给迷人的自然景色抹上了很多不和谐的色彩。

一面是迷人的风景，一面是令人糟心的旅游环境。那么问题出在哪里？是怡人的自然景色出了问题？还是当地的社会治理出了问题？问题跟法律有没有联系？我们以此来展开这期的节目。

首先可以回答的是，云南的自然景色从来没有变过，依然是那么的美丽，所以不是自然景色发生了问题，而是处在自然景色中的人出了问题。那么这些问题是什么？又如何去解决？我注意到了在相关的报道中有这么一种声音，认为每一个纠纷的责任并不是完全在云南旅游业一方，有些游客自身存在一些或多或少的不文明或者是瑕疵的地方。这个说法我不敢断然否认，我想也许的确存在这样的问题，也不仅是在云南的旅游者身上存在，可以说国民素质整体都是有待提高的。不单是在国内，我们出国的游客都存在同样的问题，有时行为、言语很不雅。这是我们必须正视的一个客观的事实。

然而，为什么打骂游客事件在云南更加突出？这是我所说的重要的问题。我们可以看到在云南，一些很小的纠纷就能演化为新闻事件，这些负面的消息不仅没有得到有效地解决，反而造成严重的后果和舆论的哗然。似乎为到云南旅游就要被导游以及当地其他人"宰割"，甚至人身的危险性变得越来越大。一个行业里本不应该发生的现象但却经常发生，本不应有的特殊情况在这里变成普遍情况，极不正常。我想这是云南旅游业事件的特殊之处，不能归责于游客普遍的不文明，并且上文所提到的游客不文明是假定的，并非讲云南游客受伤事件中的游客真的存在不文明之处。

我们可以看到，丽江的这起事件之所以能进入公众的视线中并不是单纯因为事情本身，而是事情发生后的处理过程。第一个需要注意的是，在这起事件处理过程中，云南丽江的警方在官方微博上发出了一个消息，有对涉事女子的侮辱之嫌，大意是说该女子是背着自己的男朋友来丽江跟别人进行约会等。后来这个帖子被删掉，丽江的警方也为此出面道歉称：这是他们公安机关的一名宣传民警误操作发到公安官方的微博上面，事后进行了删除；并对民警进行了行政记过处分。

另一个需要注意的是，警方还称：还发现了近期有其他人冒用丽江警方官方微博的头像来发表消息，使账号的登录信息出现异常。

综合这些信息我们可以看出来，作为国家机关，公安机关官方的微博上竟然对一个涉事的民众发出如此之恶劣的评论，即使不代表官方仅是民警个人的行为，但毕竟是宣传民警，负责管理微博，竟然转发未经确认的有关事件当事人的言论，实属不该！

我们再来看一看云南警方的解释，认为是民警个人的行为造成的，也对民警进行了行政处分。但是一方面认可是公安民警自己所为，另一方面又说可能是别的人冒用警方官方微博的头像进行了账号异常登录而为，这样就是一个事实出现了两种说法，这两个声音显然是互相矛盾的。如果是其他人私自登录的行为，那么跟民警没有关系也就没有必要来处理宣传民警；如果是民警的行为，那么就不存在冒充民警和冒用账号来登录的问题。这起事件里，在涉事女游客人身受到伤害，需要得到司法帮助的时候，遇到的种种恐怕是她根本想不到的，还会有想到的或者想不到的理由来解释这些事情。

还有一个问题需要我们注意，涉案的嫌疑人员据报道现在只是进行了行政处罚，也有一些教授从受害者身体的损伤鉴定的角度认为鉴定需要3— 6 个月的恢复时间，所以认为公安机关以行政程序来处理并不损害受害人的权益。确有规定鉴定需要恢复期，3— 6 个月待病情初步稳定之后再进行人身伤残程度的鉴定，确认到底是轻伤，轻微伤还是重伤，但是并不代表这个时间之内用行政处罚的程序来代替是对的。实践中，更多的时候是临检，如果临检在轻伤以上就可以采取刑事强制措施，后期再出具正式的人体损伤鉴定报告。何况本案受害者面部大面积遭受伤害，根据常识判断都会得出在轻伤以上，采取刑事强制措施无任何不当。因此，从程序的角度来讲，用一个行政处理的手段来暂时代替刑事措施的手段，与常规的操作并不完全相符，但也不是不可以。区别在于行政程序到期之后仍然无法出具正式的鉴定报告，后续的羁押状态则是完全不同的。本案如此严重的伤害，不讨论理论仅从个案具体问题具体分析的角度看，适用行政处罚程序，显然是不能让人信服的。所以，我们又一次遇到了法律技术与社会影响之间的较量。如此处理，虽有法可依，但与法律的实际操作和人们对法律的期待是不相符的。

也正是基于这些原因，事件发酵的负面的情绪就像雪球一样越滚越大，现在丽江政府已经表示，要采用刮骨疗伤式的方式来整顿旅游行业。这场所谓的较量里，没有赢家。

事情发展至此，我们可以进行一个初步的总结。

如何准确地认识这起事件以及如何去解决问题，在我看来有现成的解决办法，那就是严格适用法律。严格适用法律可以避免很多的问题。全国游客的素质普遍有待提升，这个问题需要我们重视，但是对于素质这些不太好量化、不能指标评判、道德层面的、不是立竿见影的问题不太好治理。如果不文明行为从道德层面演变成了社会性的问题，比如发生治安案件甚至是犯罪案件，就有完整的法律体系应对。无论是你方过错还是他方过错，所引起的法律纠纷，都是可以依据法律办事。所以强调严格执法和公正司法将是解决一切纠纷的最后手段，也是必要的手段。

最后的观点非常明确：依法行政、公正司法是解决丽江问题的良药，确保法律的正确运用，再进而影响和优化道德层面。法律还是解决问题的王道，任何不遵守法律的主体，无论是行政机关还是社会的民众，都是对社会秩序的不良影响。因此，我们先解决法律赋予我们的安全感和对法律公正实施的期待，然后再去追求人们互相之间能够礼貌相待、和气有加的人文环境，用好心情来欣赏和感受上天赋予我们云南的独特美景。

武昌火车站砍头事件：1 - 1 = ?

1

1 - 1 = 0

2 - 2 = 0

3 - 3 = 0

杀人偿命，欠债还钱，天经地义

2

我们生活在一个逻辑简单的数据时代

我们生活在一个逻辑混乱的迷雾时代

我们生活在一个计算精准的大时代

我们却还有一个结果推导不出原因的小脑袋

我们生活在泾渭分明的纸页里

我们也生活在随风飘荡的油墨外

3

一个人用刀把另一个人的头砍下来

一个人确定地走了

另一个人如果也走了

就没有人了

4

零，彻底的虚无
零，又孕育着可能
那缥缈的、令人不安的、匪夷所思的和担心不期而遇的可能
零，有无融为一体，真的是零吗
不是的
零是丰富的

5

那种未知的丰富，正在袭击着我们
看
你的朋友圈，你的电脑屏幕，你周围人眼神里的恍惚
还有
那与平常不平常的天空和云朵
这一切，真实地存在
恍惚的真实，真实的恍惚
恍恍惚惚
天晕地旋

6

1 - 1 = ?
我不知道
是零吗
是
不
不是
是

也不是
我不知道

7

可怕的未知
你快现身吧
亮出你的真面目吧
我们是聪明的数学人
我们知道 1 - 1 = 0
我们还知道
1 - 1 =
=
=

8

数学人
蠢货
告诉你，这根本就不是一道数学题

9

不是数学题
那是什么题

10

人题

11

人题

数学是不是还得找语文老师教
不是语文老师
难道有“人”老师
复杂的人题

12

你别藏起来
告诉我，到底 1 - 1 = ？

事件回顾

湖北省武汉市武昌区公安分局通过官微发布消息：2 月 18 日中午 12 时 25 分，犯罪嫌疑人胡某（男，22 岁），因口角纠纷，持面馆菜刀在武昌区武南一村 71 号一面馆门口，将面馆业主姚某砍死，犯罪嫌疑人已抓获。

现场视频和图片显示，被害人姚某的头颅被砍下，扔进了垃圾桶。（来源：网络）

本期我们讨论前段时间在湖北武昌火车站附近一个面馆发生的砍头事件。为什么我不说杀人，而是讲砍头？是因为杀人有很多种方式，也不见得有这么极端；但是砍头呢，是在杀人之后把人的头砍下来，网上的一些照片和视频可以看出来死者的头被扔到一个垃圾桶里。所以说相比与正常的杀人来讲，这起砍头事件更应该引起我们的重视。也就是说，它不同于以往通常理解的杀人案件，所以我们将这个案件作为本期的话题进行讨论。

这起杀人事件引起了很多人的震惊，在一片祥和的气氛里发生的砍头事件，的确让人感觉很是突兀。而且据了解，所谓的动机或者原因也不是什么天大的仇恨，仅仅是一些琐事而导致的纠纷所引起。对民众来讲，这是一个非常让人震惊的事情。所以我们首先想分析民众为什么会感到震惊，这是我们深入分析问题的一个前提和基础，也就是说必须了解我们内心正常的认识规律或者说思维意识。这起事件中到底是什么因素引起大家普遍的恐慌和震惊，在我看来可能有三方面的原因。

第一方面原因是我们都生活在同一片蓝天下，随着互联网的发展和科技的进步，这种人与人之间地域的距离感越来越被缩小，甚至现在有一种“地球村”的提法。这件事就发生在我们国内，而且是一个火车站的附近，当这些关键词连接起来的时候，能感觉到它就像发生在我们身边一样，所以说作为同胞，作为我们生活在同一片天下的同类，我们表示关切。

第二个方面的原因在于，这起事件发生的导火索据估计是一些很琐碎的摩擦，而很多时候这些琐事很难避免。我们每个人都有可能在买菜的时候，在开车的时候或者说人际交往的时候，出现类似的摩擦或者说我们不能在任何状态下都能保证我们言语是完全妥当的状态。所以通过这起案件可以看出来，我们平时的生活中也有可能存在不稳妥的地方，这种可能性是完全有的，而且大多数人都认同这个观点。那么，如果我们因为一时的疏忽，或者因为某一天的状态不好，再或者某一天因为心情不好而说出了一些别人认为不应该说的话，但也绝不是严重到要砍头的话，都有可能导致这么严重的事件发生，我想对我们来讲是个天大的灾难。所以我们会关注这起事件。

第三个方面的原因是，换一个角色，我们在面馆吃饭，我们的角色转换到在饭馆吃饭的嫌疑人，当然不是说我们是嫌疑人，而是突出在日常生活中，我们处于一个接受服务者或者说是言语冲突的相对方的时候，偶尔会有一种突然之间怒火冲天的感觉。这种情况下也有很多非常智慧的建议，就是在你非常生气的时候要缓一缓，数个“一二三”可能情绪就缓和了。但是会不会数到“一”或者“二”的时候就已经控制不住了，我们也不能完全肯定地说我们在任何时候都可以压住自己的情绪。这样的思考也是大家关注的原因。我们在之前的节目里也提到过每一个人去关心一个事件，其实不是关心这个事件的本身，只是跟他们有关系了或可能有关系了才会关心。从本能的角度来讲，是因为会假设自己有一天变成这起事件的某一个人或者类似事件中某一个人的情况；而这种假设成立的可能性越大，关心的程度就会越强烈，这是经济学里人逐利性的一种表现形式，这是很正常的心理反应。

我们分析完大家为什么会关心这起案件，再谈一谈另外一个话题。这起案件的事实到底是怎么样的，现在众说纷纭。网上有不同的版本，一个版本是说因为三个人去吃饭，在结账的时候老板临时起价加了一块钱，因此双方争执不下就发生了这起事件。另外有一个版本是说，这个案件的嫌疑人是在被老板掐了两次脖子之后才采取的一个防卫的行为。还有的说法是，这个嫌疑人到面馆面试找工作被拒绝之后发生的纠纷。后来又有人提到嫌疑人本身精神有问题，等等。的确，大家对这起案件的发生原因说法不一。在之前的节目里，我一直强调案件的事实是一切论证的基础，当案件本身并不明确的时候或者说没有可靠的信息来源的时候，我们所谓的评价和基于事实本身的论述是不成立的。

具体到案件的信息披露，我们基本没有信息披露的规则。如雷洋案中或有些重特大的刑事案件中，公安机关都会及时地披露出一些案件的信息。所以从案件披露信息来源上讲，公安机关所了解的信息是以前的案件披露的重要途径。还有的途径就是记者通过看守所进行的案件披露，但是如果没有办案单位的同意，记者是绝对进不去的。另外在披露方面有一个很特殊的案件，是李庄的那个案件，在法庭审判中突然披露李庄嫖娼的信息，虽然这些信息被证实是假的，但这也是案件信息披露的途径。

与此相对应的另外一个问题是作为信息了解的另外一方，比如辩护律师或者公诉案件中的诉讼代理人，在案件没有正式开庭之前，我们是有纪律的，不能轻易把案件信息对外发布。因此，可以对比出一种不对等，这种不对等的规则一方面要求律师有保守秘密的义务，而另外一方则没有这些义务，这就是我为什么讲是一个畸形的信息披露的机制。

还有一个标准问题，就是说信息以什么样的标准来进行披露，什么样的案件可以进行披露？好像没有什么标准，想披露就披露，不想披露就不披露。所以说在信息披露的制度上，还是有待完善的。

还有另外一点需要特别说明是关于言论的禁止。西方发达国家的法院有发布禁言的权力，如果诉讼中某一方的言论会对案件的相对方造成影响或对法院形成压力的时候，法院可以做出一个禁言令，双方不得违反，任何一方不得通过言论的发布而影响案件或影响对方。我们没有发布的规矩，也没有禁止发布的规矩。这也就不难理解，有些案件我们可以了解到一些信息，有些案件我们根本就了解不到。我们应当在信息的披露和言论的发布上有所规制，而不是目前这种“野生”的一种状态。

下面我想谈论对于这起案件的一些看法，正如我刚才所讲的在事实的基础之上进行评论。虽然这起案件中有很多信息的不一致，包括犯罪的动机以及原因等，但是有一个核心的、大家都不怀疑的细节，那就是仅因为一些琐事而引起的纠纷，他们之间没有什么深仇大恨，也不是熟人，而是一个日常生活场合里发生的。我想基于这个确定的事实，就已经足够我们进行分析。

这起案件从犯罪的分类来讲显然不同于侵犯财产的犯罪，也区别于传统意义上侵犯人身权生命权的犯罪，不是盗窃、不是抢劫，也并非蓄意杀人、故意伤害。从主观上看，嫌疑人并非意在追求财物或单纯人死亡的结果，不是单纯往外发的一个犯罪，而是在一种被认为受到侵犯的时候所采取的反向的犯罪。

有的犯罪是一种向外发的犯罪，别人没有招他，没有惹他，为了自己财产或者为了伤害别人的身体而进行的犯罪，当达到目的比如拿到财物或者他人死亡结果出现后会停止。但是这起犯罪或者说这类犯罪显然不完全相同，嫌疑人是在认为受到别人侵害或者说自认为受到别人侵害的时候进行反击的犯罪。用一个成语来说就是，同归于尽。行为人在遭受某一种状态的时候，他会采取另外一种行动来达到一种自己心理上的平衡。

这样的犯罪案例我想大概有这样的分类：一种是受到侵害的时候，自己结束自己的生命，或者说以伤害自己或自己身边的亲人等为表现形式。另外一种是以伤害他人，大家同归于尽的方式来表现出来。前段时间有个案例，一个人把村里包括村委会主任在内的十几个人杀了，这就是在他认为自己受到侵害或者说他实际上已经受到侵害的时候，采取了一种对外的、损害别人的一种犯罪的方式；而在以前的节目里也提到过，有一个农村的妇女可能是因为各种的原因，认为自己日子过不下去，把自己的几个孩子杀死后，自己也喝农药结束了自己的生命。

之所以谈这个问题，是因为大家要进行分类，不能采用“一刀切”或者采用很武断的方式来浅层次地处理法律问题。法学是一门讲究技术的科学，可以解决一些社会问题，但是多数仅仅是治标并不是治本的。治标不治本的现象应当引起我们司法的重视，因为法学属于社会科学，而社会科学的所有领域不应该是一架机器就能完全解决问题的。法学一定要与社会学在一些层面上进行联动，才能够产生法学应有的社会意义。

从法律规定的角度来讲，定罪不仅要考虑犯罪的客观行为，也还要注意到犯罪的主观故意。比如前段时间天津的老太太因为摆了气枪打气球的摊儿被判了三年半，后来二审改判为缓刑。这个例子就能说明虽然在客观上达到了枪支的认定标准，但是也要考虑主观意识的内容和社会危害性等社会属性的内容，综合来看，它本身就不是一个很严重的问题。我们按照法律规定和社会学进行联动还有一个典型案件就是雷洋案。雷洋案的典型在于，它是一个应该用法学来进行评价的案件，但是最后检察机关以在社会层面情节轻微、危害不大为由，做出了不起诉处理。我们不再讨论这个决定正确与否，仅是强调要兼顾法律的运转和社会层面的考虑，偏重法律因素与偏重社会因素，都是不正确的。

谈完法律，说说心理，再聊聊精神病。

一个外发的犯罪和一个在受到或者自认为受到侵害所进行反击的犯罪应该有所区别；从另一个精神层面的视角看，精神病或者说间歇性精神病在发病的时候所犯的罪是不进行追究刑事责任的，这是精神病案件我们要关注的问题。

更重要的是与此相对应的心理疾病。比如“心理洁癖”并不是一个陌生的词，是一种严重的心理疾病，心理容忍度过低最后会造成对己或他人不利的行为，极端情况下，患者宁愿以自己付出生命的代价来寻求心理的安慰。“宁可玉碎不可瓦全”“士可杀不可辱”，这两个语句是典型的正面的含义，但若过之，则会走向反面，走向极端。其实本次事件用“小不忍则乱大谋”或许更贴切，但在心理层面则无所述的对比意义，特此声明。还必须声明的是，大家日常生活中所说的某某星座的“强迫症”等，这些都是正常范围，远非我们所说的心理疾病问题。再有的声明就是，我此次的分析并非我认为行为人不构成犯罪或者对具体的司法活动意见相左，只是对此次事件所涉及的相关问题进行学术式的探讨。

最后，我们的法学和社会学要进行联动，通过与社会科学其他领域，如心理学的互相促进，法学的发展才能枝繁叶茂。另外，更重要的是要建立一种预防机制和发挥一种预见的能力，从而提升法学的科学性和驾驭度。

共享单车：新鲜事的新鲜事儿

“五色令人目盲，五音令人耳聋，五味令人口爽，驰骋田猎令人心发狂，难得之货令人行妨（注：珍奇财宝令人行为不轨）。是以圣人为腹不为目，故去彼取此。”——老子

我们生活在一个物质极大丰富的环境里。而非老子的时代。老子生存的环境里，没有雾霾，没有共享单车。

我们也不可能退到老子的时代，回到物质那样匮乏的环境中。物质的丰富与行为的规范，相辅相成，共融并生，推动着社会的发展。物质的匮乏难免令人生厌，也是对人性的压制。行为规范的缺失难免导致行为不轨，则扭曲了人性。

行为的规范，依靠外力，更依靠自制。如此便能在万变的物质洪流中有不变的根基。否则，根基不牢，就会有不断的“新鲜事儿”，比如灰蒙蒙的天空、扭曲的车轮和集市般的“监狱”。

事件回顾

2月22日下午，火箭军总医院门口，两名女护士下班时刚要打开被自己私自上了锁的共享单车，就被在附近的民警抓个正着。两名女护士承认私自占用共享单车。两名女护士因盗窃被处以行政拘留五日。（来源：网络）

本期我们讨论共享单车。

共享单车在最近一两年发展非常迅猛，已经基本上成为大城市

解决“最后一公里”的交通方式，有它的便利性，有它独特的优势，大家已经能够体会得到。如果说不符合市场规律的话，它也不可能发展这么迅速，但是共享单车繁荣的另一面，也就是很多网友评论说共享单车就像照妖镜一样照出了民众素质的百态。新闻曝出的有人对共享单车加私锁，有的将共享单车的车轮卸掉一个或者两个全部卸掉，有的把车座或者车把卸掉，甚至把共享单车扔到河里面，只有想不到没有做不到，共享单车遭遇了五花八门的破坏。深圳的城管部门甚至在某共享单车的座椅上发现一个针头，不太容易发现，如果坐下去，后果难以想象。

有什么样的途径可以解决这个问题并能使这个现象得以扭转?是靠外在的规则，靠强有力的法律还是靠人们内心素养的真正提升?我想可能更多的是要靠后者，靠人们内心的道德律让人本能地遵守心里的约束。仅靠外在的制约，在另外的共享模式中可能还会出现问题。除了现在的共享单车之外，以后可能还会有共享汽车，问题则会更加复杂，因为汽车要涉及加油的问题，会不会加一些别的东西在里面，这些车开完以后放哪里，有些还涉及违章甚至是事故，还涉及车辆的提供商是不是提供了一个合格的车辆，以及很难避免的交通肇事，再甚者还会扩展到酒驾、飙车、用车贩毒、以危险方法危害公共安全等刑事问题，是比共享单车更加复杂的考试。

因此，仅在共享单车这么一个简单的考试里，如果仍然要靠我们以强有力的监管和法律来给予外在的一个强制，那么在其他领域里的试题里面，我想考试的成绩更加难以预测。所以仅靠外在的一个规则，无法彻底有效解决问题。

我们可以看看解决这个问题现在已有的一些措施。前几天在北京的某个区县，有两个护士对车辆私自加锁，在下班打开锁的时候，被警察抓获了，理由是盗窃单车并作出行政拘留五天的处罚。新闻曝出后，大家又有一种惋惜和受冲击的感觉，认为加一把私锁与有些人破坏车辆、毁坏锁或者在座椅上弄一个针出来相比，前者的行为好像轻微很多，只是为了下班图个方便而已，处罚是不是过重。我也认为这样的结果确实是非常可惜，也有些震惊。

围绕着单车，一方面，单车的毁坏程度和毁坏的方式让我们震惊；另一方面，对一些轻微情节的毁坏的过重处罚，也让我们感到震惊。法律问题跟日常生活是息息相关的，如果解决不好，会让人感到法律是粗暴的，反而不能促使人们形成内心自觉的约束。

法律界有一些讨论，比如说成批量地毁坏单车，则可能是同行恶性竞争所为，会涉及故意毁坏财物或者是破坏性生产经营等犯罪。个人方面，比如把单车长期占为己有，从主观目的来讲就把单车视为自己的，例如有一则新闻报道，一个硕士毕业生月薪一万元以上，却把单车拿回家喷上黑色漆并加装了婴儿座椅，变成了专属他自己的车辆。这种很明显在主观上有占有故意且绝无归还的意思，如果他的涉案金额还没有达到刑事追诉标准的话，当然是不能按照犯罪来处理的，但类似行为其涉案金额达到了刑法的标准，则可以追究刑事责任。另外，对一些还有讨论空间的问题，到底如何去处理？比如两个护士私自加锁或者其他的一些事件，是构成犯罪还是依照《治安管理处罚法》的规定进行处理，还是要具体问题具体讨论。

遗憾的是，所有围绕共享单车问题解决方案的讨论中，没有提到民事救济途径，也没有提到刑事自诉的救济途径，所有的方案都是要靠公安机关的行政权力或司法权力予以救济。而民事救济途径和刑事自救途径，我认为应当被优先考虑也可以被优先采用。

共享单车的法律关系可以这样描述，作为消费者的我们与共享单车的提供商达成一种租赁合同关系，付给提供商租金并使用这辆单车，这是基于合同的租赁而享有的一个占有权。占有结束后单车使用者并没有返还，这仍然是基于合同而产生的后续的纠纷，完全可以用私力来救济。共享单车的运营商可以要求占有人返还原物并要求占有人承担一定的赔偿责任。我们可以打个比方来更好地说明这个问题，你借钱给另外一个人，约定借期为一年的时间，到期后他没有还给你，这是一个典型的借款纠纷，这种纠纷应当到法院打官司而你不可以要求公安局把他关起来，因为他应该还钱给你的时候没有还钱。那么共享单车也是一样，无论是租赁合同还是借款合同，占有结束后未归还和借款到期后未还款，都是民商事纠纷，不必使用刑事手段来解决。

从刑事方面看，盗窃是公诉案件，侵占是刑事自诉案件，两者最大的区别就是对于前期的占有是否具有合法性。如果是盗窃一辆自行车，一定是指本来没有合法占有的权利，也没有任何的合同关系或者其他的行为作为合法占有的前提。但如果是基于合法的占有，基于一个租赁合同或者借用合同关系而合法占有的情况下，占有结束后拒不退还，则非盗窃而是侵占，达到一定的数额，受侵害者可以直接向法院提起刑事自诉，这个救济途径也是成立的。

还有一个问题，很多人提到在共享单车事件里不构成纯正的盗窃，理由是基于共享单车所有人通过技术手段和定位系统可以知道共享单车的位置并找回车辆，所以只要不破坏单车的定位系统，就不存在对单车失去控制的可能性，那也就不存在盗窃的问题。

法律关系的确定应当纯粹而不应掺杂过多的非法律因素。我们不否认共享单车对社会和民众出行便利性的贡献，就如同我们也不否认银行、电信运营商、汽油的提供商等这些对大家日常生活比较重要的主体。但无疑这些主体也仍然是平等的民事主体，仍然不能在民商事纠纷中让公权力机关为己所用，这个观点我想大家应该能够接受。所以公权力在运用的时候，要保持一种谨慎的态度，不可以让自己陷入为某一个主体进行服务的嫌疑，这也是法律产生权威的核心所在。法律是公平的、谦逊的，这是一个核心问题。

所以说在有关解决问题法律途径的讨论里没有提到私力救济的问题，没有提到靠当事人本人去主张权利，而是我们公安机关冲到前面去，无论是行政处罚还是刑事追究，我认为并不是很妥当。无论是民事诉讼还是刑事自诉的自力救济问题，我觉得是可以走的途径，虽然不能快速地解决，在现阶段从力度上来讲也弱于行政手段，但从长久看是有效的。

现在之所以发生这样的情况，我想根源在于我们长期以来固有的思维和解决问题的模式。我们国家从古代到现代，虽然程度在变轻，但依然有些痕迹，就是重刑轻民的思维，重刑事手段，轻民事途径。理由也很简单，因为公权力的效果来得快，公安机关出面好解决问题；民事途径要老百姓打官司，不但交钱还要举证，麻烦多而且还慢。可是问题就在于，刑事手段或行政程序是便利，但也危害无穷。为什么公安部三令五申严禁公安机关插手经济纠纷，公权力不允许介入平等主体之间的经济纠纷，因为公安机关插手经济纠纷的危害多年以来大家有目共睹，危害无穷，以至于刑事行政方面公权力的运用过度；而另外一方面，民商事领域法律适用越来越萎缩，形成一种法律体系的畸形。这是要引起我们关注的倾向性问题。

因此，遇到什么问题都要靠公权力冲到前面解决不见得是好事，我们现在有权有势的一些企业可能会利用这个“便利”，慢慢地那些靠近这些有权有势的企业的人也会采用这种办法，时间一长，社会民众自然也会想尽办法靠近公权力，而摒弃掉原本应该采取的民事诉讼。当然我并不是完全针对共享单车的问题，而是对很多案件里相似的情况表示担忧。

可能有人会说，这么多的共享单车按照5%或10%的比例来追究的话，那企业的诉讼成本就太高了，每天去法院打官司都不见得打得完。没错，但是也只能如此。我也相信随着时间的推移，比例会越来越低，因为打官司对于个人来讲，诉讼成本同样很高，没有人会愿意因为这种琐事而被诉。这也就回到我刚才说的问题，尽管有很多的成本，但是我们也不能以削弱法律权威性为代价去帮助某人或某一方主体。除此之外，当然我们也可以考虑一些非法律层面的途径来解决问题。

酒驾入刑之后，全国范围内对酒驾进行了全面的专项打击。我曾经发表了一篇文章提出过我的观点，醉酒型危险驾驶罪是故意犯罪，所以要求行为人主观上知道自己喝了酒且达到了醉驾的标准而不是饮酒的标准，因为对不同的酒精含量数值规定了不同的处罚。那么怎么能证明行为人知道自己身体中的酒精含量已达到醉酒的标准？我说每位驾驶员可以在车上标配一个酒精检测仪，在上车的时候吹一下，如果吹了超标，或者在遇到交警检查时，你根本不吹，再或者你的酒精检测仪提示坏了而你没有更换新的，视为行为人明知道或应当知道自己已经超过了醉驾的酒精含量，构成危险驾驶罪。否则，在行为人无法预判也无法知道自己醉驾的情况下定罪，有违于故意犯罪的故意之内涵。

现在已经有一个做法跟我当初的看法是吻合的，而且更加科学——在未来的汽车里要吹口气才能启动发动机，否则根本无法把车开走。这也被认为是把法律的规定以技术的方式直接嵌入到汽车上，我非常赞同。如此一来，老百姓根本不用担心马路上的酒驾问题，因为司机只有在酒精含量符合正常标准的情况下才可以启动发动机把车开走。我想这个技术方案跟法律规定的结合，对我们是很好的启发。

法律不应仅仅停留在书本之中，法律还应该嵌入百姓的生活里，尤其是高科技的产业或新兴的产业，更要有这方面的思维。回到共享单车，有没有可以改进的地方，能把法律融入共享单车里，非常值得去花心思。我虽对科技很不专业，但也有一点想法，比如共享单车提出的口号是解决“最后一公里”难题，最后一公里是一个很短的距离，我们可以用固定导航的方式确定行车的路线，如果严重偏离这个路线，则可以发出预警，在特殊情况下可以直接锁车，中断租车服务。在上车的时候导航好要去的目的地或者有可以选择目的地的菜单，然后开始骑行，租车合同开始履行。这里我只是打一个比方而已，虽然是麻烦一些，但是把法律、技术融合在一起，也许很多事情都可以很好地解决。老百姓不用担心我今天有没有违法，会不会被拘留等。我想两个小护士在锁车的时候绝对没有想到可能要被行政拘留五日。

行政拘留对一个人的影响很大，尤其是年轻人，属于劣迹、前科。最近又有人说要把追究行政责任的年龄从十六周岁下降到十四周岁，引起了大家正反两方面的讨论。有的人认为年龄降到十四岁是必要的，尤其校园霸凌事件出现以后；有的人则持不同的意见，认为教育出了问题用法律来堵，法律堵不住就要改法律，似乎不大妥当，当然这也是我的意见。在我看来，所有问题都交给《刑法》、交给《治安管理处罚法》，抓起来、关起来，严刑峻法，似乎太过粗暴。法律运用既具有技术性，又具有社会属性，是一个运转很精细的工具，粗暴使用，是不懂法律，更是对法律的不尊重。

最后回到我们这一期的主题，问题的解决还是要靠民众素质的提高，绝不能依赖简单粗暴的方式，对于青少年而言，尤其如此。惩罚与教育相结合，这是我们法律的基本原则。而对于青少年来讲，一定是倾向于教育而不是倾向于惩罚。一个孩子出了问题，只知道惩罚孩子，大人干什么去了？大人没有责任吗？教育的归教育，法律的归法律。

法律的中立、谦逊、悲悯以及法律的运用，逐渐在民众心里产生内化的道德律，而不仅仅靠法律，只有提高全民的道德律，让人们内心主动去遵守规则，形成对法治的真正信仰。有信仰的人，不管是共享单车，还是以后的共享汽车等“考试”，我想都会答出一个很好的文明分数。

辱母杀人案：尊严是不是文言文？

谁懂尊严的意思？尊严是什么意思？好像并不是很清晰，似天边的晚霞，一不小心就会被吞散。但尊严就算不大声读出来，仅仅在心里默念时，都有一种无以言表的正义感。这种小澎湃在血液里泛起浪花。

我小时候没有上过尊严的课程，长大了也没有。我不知道古时候有没有，会不会记录在文言文里。文言文晦涩、难懂，无法跨越的距离，登不了现在的高奢之堂。把这些仄仄平平埋在空气里，发霉去吧。

糟了，糟了糟了。空气里有霾，不是发霉了，是霉变了。浪花还是红色的吗？又发霉还霉变，那可不好说了。没关系，可以检测一下，试着读：尊严。读完有没有小澎湃的感觉？没有的，出去读名著，《水浒》《三国》《西游》《红楼梦》也超赞。

别读刑法，大殿之上，刑法在色彩里打转，都难保本色。

也许，读出了小澎湃，就体会到了尊严，浪花就是红色的了。

事件回顾

南方周末在微信公众号发布报道《刺死辱母者》，迅速引发大众关注。“刺死辱母者”血案发生于2016年4月14日，因暴力催债引起。女企业家苏银霞曾向地产公司老板吴学占借款135万元，月息10%。在支付本息184万元和一套价值70万元的房产后，仍无法还清欠款。催债人用极端手段侮辱被告人的母亲。有人报警，民警进入接待室后说“要账可以，但是不能动手打人”，随即离开。被告人欲离开但被阻止，摸出了一把刀……4 个催债人被刺中，其中一人因失血过多死亡。法院认为：虽然讨债人限制了苏银霞母子的人身自由，并当着于欢的面羞辱了他的母亲，但杜志浩等并未动用工具，在已出警的情况下，不存在防卫的紧迫性，因此判定于欢犯有故意伤害罪而判处无期徒刑。虽然在去年 8 月，催债人吴学占已被抓获，黑势力团伙被摧毁。但报道一出，引发网友讨论的重点仍是于欢无期徒刑的判决。

山东省人民检察院认真贯彻最高人民检察院要求，第一时间成立由反渎等部门组成的专门调查组，通过实地查看现场、询问现场证人、调取分析处警现场视听资料、调取 110 接处警记录、查阅卷宗材料、提审在押人员、询问处警人员等，依法对于欢案处警民警是否存在失职渎职行为开展调查。经调查，2016 年 4 月 14 日晚 10 时许，冠县经济开发区派出所接报警电话后，民警朱秀明（女，26 岁）带领两名辅警携带执法记录仪迅速赶到冠县源大工贸公司现场，对现场十余名讨债人员采取口头制止和警告措施，针对现场人员众多、警力不足的情况，及时拨打电话请求增援，在离开接待室中心现场后，继续在厂区听取知情人员反映情况，于欢伤害行为发生后及时收缴作案工具、收集固定证据。朱秀明等人在处警过程当中也存在对案发中心现场未能有效控制，对现场双方人员未能分开隔离等处警不够规范问题，但上述行为不构成玩忽职守罪，决定对朱秀明等人不予刑事立案。

人民日报微信公众号发布的《辱母杀人案：法律应如何回应伦理困局》评论写道：“在很多人看来，于欢的行为不仅仅是一个法律上的行为，更是一个伦理行为。而对于判决是否合理的检视，也正显示出在法律调节之下的行为和在伦理要求之下的行为或许会存在的冲突，显示出法的道理与人心常情之间可能会出现的罅隙。也正是在这个角度上看，回应好人心的诉求，审视案件中的伦理情境，正视法治中的伦理命题，才能‘让人民群众在每一个司法案件中都感受到公平正义’。也正是因此，转型期中国的法治建设，无论是立法还是司法，需要更多地正视这些人心经验，正视转型时代保护伦理价值的重要性，从而把握好逻辑与经验的关系、条文与人情的关系、法律与伦理的关系。”（来源：网络）

本期我们讨论一个比较老的话题，之前新闻已经引起了广泛的热议，就是山东的“辱母杀人案”。经过相对比较长的一段时间，我们在本期讨论这个话题，其实是有一定的用意。一是因为节目时间的安排，确实只能在这个月来录制这一期的节目，更重要的是我也想听听大家都从哪些角度来分析，会谈论到什么样的深度以及最重要的是会有什么样的建议，并且对这个案件在实质上会有什么样的影响或者说预判。还好，基本上我都听到了相关的一些声音，但是有关建设性的意见，对于这起事件如何看待，以及我们以后应当如何去避免，好像没有一个系统的或者比较让大家有信心的方案出来。

我们也看到，最高法院的副院长最近到了山东。他提到人民法院的审判要适当地结合民意，民意也是审判必须考虑的一个因素。所以我们很自然地就联想到这次讲话跟山东的这起世人所关注的案件是有一定关系的，并且我们也预测可能会对这个案子二审的结果或者二审发回之后最终的结果有一个很大的改变，这是我们一个合理的预判。

这起节目录制的准备过程中，我其实有比较艰难的一个选择，关于这个新闻，大家可能跟我有同样的感受，网上的声音来自四面八方，有正面的有反面的，甚至不断有新的情节被披露出来，这些头脑风暴式的信息袭击着我们的大脑。

应该从何入手？我在考虑这个问题的时候，有一种熟悉的感觉。

为什么有一种熟悉的感觉呢？律师尤其是刑辩律师在处理案件的时候，经常会有不同的选择感，大概分为两种。

一种感觉是就一个相对比较简单的案件而言。案件简单应该如何来定义和准确地理解？不是说案件很小，或者标的很小，或者被告人并非罪大恶极，我指的简单是指对案件的基本事实或者从辩护的角度以及从被告人的角度来讲，对法院的定罪本身可能没有什么太大的争议，那么律师更多的不是无罪的辩护，而是在罪名确定的情况下进行一个从轻或者减轻的常规的辩护。在这类案件中，律师的压力或者说律师工作的力度和范围相对较小。

另外一类案件是我们认为完全无罪的案件，在这个时候会有很大很大的压力，这个压力的表现形式就是我不知道怎么样去入手或者说不知道应该怎么样去处理，从刚一开始就需要详细地去组织去策划。为什么这么去讲？为什么我有这样的感受？我们都知道刑事案件尤其是主张无罪的案件，一般来讲多数是公诉案件。从侦查到审查起诉再到审判，到法院开庭这个环节的时候，都已经经过了前面的程序，而案件到了这个程序还没有停下来，就像机器一样在不停地运转。这时候你要说我要把它停下来，被告人是无罪的。此时运转惯性是很大的，律师要有对抗这种惯性的能力，不被惯性所压碎。还有的工作人员会因以前承办案件改判无罪而涉及各方面的包括行政的或者说内部管理的甚至可能是违法犯罪的一些问题，所以这个时候律师的工作难度是非常非常大的。

另外，我相信在任何一个无罪案件中，无罪的理由或者说无罪的辩解，绝不可能只是在法院开庭的过程之中被告人才呈现出来。更多的情况是这种无罪的事实本来就已经存在，要么是侦查人员自己就了解，要么在侦查人员不了解而讯问被告人的时候被告人自己提出来，无论何种途径获知无罪事实，仍然没有使这个步骤停下来。然后在检察院审查起诉的时候，可能仍然存在这个问题，被告人也说了同样的话，依然没有停下来。这种情况下案子再到法院，我们想把它停下来，难度可想而知。

还有一个难点，这个可能稍微有一点点难理解，我试着解释。难点在于，律师的辩护多数情况下是一种很乏味的或者说很没有激情的辩护，好像也没有什么太多的创新。总是陈述被告人在侦查的时候、在检察院的时候以及在法院的时候都提出来的一些理由，很难被裁判者听进去，也很难对他们的认识或者说内心的判断有多少冲击和影响，对改变案子最终的结局，我想作用不是特别大。所以说对于律师来讲，做无罪辩护所要求的技术，所要求的理念，所要求的陈述的方式以及表达的力度都非常重要，与有罪辩护的案件是不一样的，所以说它有很大的难度。

再有一个难题是，法律共同体里的任何一个角色，以及角色之外的被告人，每一个人的角色不管是什么，都是人。既然是人，都会有人的特点和人先天的本性，而在司法审判领域尤其是在刑事案件中，在进行主观判断的时候，多数情况下，没有任何一个职业群体会说我是你意见的背书者或者我是你意见的传播者，准确地来讲，他不是作为你意见的发声筒。尽管内容差不多，但不会讲我完全同意你的意见。比如律师说了这个案子应该是无罪，也穷尽了所有的理由，可能到审判者那儿，如果他把你的话全部转述出来，那他就是你的传声筒。而事实上，也从人性的角度看，他会有自己的语言自己的方式和自己的“发现”来做出自己的“结论”，这是人的本性。中西方都一样，法系不同，但人性差不多。

西方发达国家的刑事审判制度采用是陪审团制，陪审团负责事实，法官负责法律。他们高水平的刑辩律师也有一个不成文的规则：辩护人的陈述只引导而不下结论，只引导陪审员或者法官作出判断，但绝对不会直接说出来，要给法官留一个他来裁断的空间。

可以讲，有很多因素影响一个无罪辩护案件的判决，律师所需要注意的，所需要做的，都是非常非常之复杂的含有高度技术含量的工作。

现在已经提出来的和没有提出来但实际上可能会影响到裁判者的各种科学的因素，包括科学技术、心理的影响等，我们都要去考虑。所以讲刑辩律师涉猎的是一个或者说刑辩这个领域本身就是一个需要博大精深的跨各个学科的领域，这是我想表达的一个观念。

其次我想谈一谈，在无罪辩护的案件中司法机器运转到最后审判阶段的时候，应当如何去做，能够达到一个更好的结果。我们必须面对现实，现实是我们一直以来“公说公有理，婆说婆有理”的局面，这次事件中也能发现类似的迹象，有人认为有罪，有人认为应该是无罪，是正当防卫，有人认为是防卫过当，这是法律适用上的分歧。在事实方面，现场的情况算不算达到一个很严重的不法侵害的程度，大家也有不同的认识。有的人认为侵害者对女企业家实施了侮辱行为，她儿子还在现场，应当认为已经达到了很严重的不法侵害的程度；可有的人，比如一审的法官就认为还没有达到一个很严重的程度。所以说在司法的认定上尤其是在这个案件的司法的认定上，有很多是你讲不清楚的或者说你能清楚但另外一个声音马上就可以把你溶解掉，大家没有一个共识，没有一个有要达成共识的意识。

刚才讲了机器已经运转到这里，应当如何去做？我们只能靠一些不会或者很少有认识上分歧的问题，把它放到主要的位置。这些对老百姓或者可能对任何一个正常的人而言都能够接受的常识，是我们进行阐述和法庭辩护的一个重点。我们靠常理，靠一些常识去辩论，这是无奈之举但有效，太过分歧的问题的讨论，被接纳的程度并不是很大。所以说首先我们要靠的是一些常理和常识去撼动或者影响裁判者的思维，从而能够松动和融化原来的那种认识。我们就靠的是这种松动和融化，来祈求能得到一个相对公平的和符合人性的判决。尽管如此，也有一些案件可能是比较复杂，比如之前有很多案件成立专案组，这种案件最后的结果或者结果的一部分可能不是在法庭上决定的，在这种情况下，我们通过一些常理和常识来撼动和影响现场的裁判者，还要进一步希望裁判者在汇报案件或他们内部沟通的时候，由他来影响真正的决策者。

我们再回到山东的这起案件，无论是侦查阶段的侦查发现还是被告人的陈述，我想在案件一开始就知道有这种侮辱情节的存在。那么从侦查、审查起诉到最后法院审判并做出一审判决的结果可以看出来，此案的裁判没有达到预期的效果恰恰是因为它触犯了人类最基本的作为人的底线和尊严，所以才能引起这么多人的关注。如果基本常识、基本人性、最基本的道理都不遵守，必然会引起这么多人的关注和大家比较一致的评论。这就是为什么在刑事审判之中无论是控辩方还是司法的裁判者，一定要重视最基本的人伦，这是一切司法存在的基础。

尽管如此，尽管本案存在违反最基本的人伦的情况下，在舆论发生的时候，我同时也关注到一些非常不同的声音。一种声音认为，在案件事实没有完全了解的情况下或者在没有看到全部卷宗的时候，不应发表评论。

对于提出的那个问题，必须拿到全部的卷宗才能做出一个讨论的提法，我觉得并不完全准确。大家不是要对全案发表意见，也不要对每一个证据发表意见或者要重新再开一次全社会参与的庭审，都不是。大家只是针对披露出来的某一些无争议的具体的事实，这些事实经过论证之后大家认为是最客观的事实——确实现场有人，现场有一个侵害者，有侵害的行为，警察来了之后又走了，后来出现了一个使用刀的行为。这些核心的事实没有变动，大家也没有异议，完全可以依据这些无异议的核心的事实来发表言论。还有一个现象是，当提出来很多复杂的问题来指向判决有问题的时候，被指责要看核心问题；那么现在靠核心的事实来说明问题的时候，又被指责说要靠外围的一些事实，要全部来综合考虑。

还有另外一个声音，认为案件的审判过程中有新闻媒体的介入，这种方式本身不可取，影响到以审判为中心的理念。现在主张审判为中心，法院说了算，不可以影响司法机关的判断，这个问题同样也是不存在的。有没有影响到关键在听的人，而不是在说的人。这是一个公开开庭的案件，宪法里有言论自由的权利，不能以案件用披露出来的方式来质疑这个案件本身的事实。

这个个案里，我看到了这么多的现象，应当如何去理解？经济领域内中国的发展以及整个世界的发展都已经突飞猛进，但我们的司法，是否符合社会发展的需求？司法与社会之间的关系，我不用多讲，良性的互动一定会带来更加蓬勃和繁荣的社会进步和司法技术的提升；而如果一个力往前，一个力往后，两者的发展步调并不一致，自然不是理性的发展模式。不仅法律本身很难实现无论是辩论技术还是司法裁判者的裁判技术炉火纯青的程度，甚至于在社会层面也是另一种伤害。

谈到这儿似乎节目应该结束了，但是还有两个问题我认为需要说明一下。

第一个问题是，在这起案件中警察扮演了很重要的角色，很重要的不应该扮演的角色。之前的节目里曾经提到过两次，都是因为警察的不作为而直接导致了最后事件的升级。回到这起案件中，警察的不作为对案件最终的结果有没有带来影响，我想这是显而易见的。假设一下，大家现在的评论，包括很多大学教授也认为于欢的行为构成正当防卫，其中一个理由是警察不在的情况下，现场已经达到了正当防卫紧急危险的一个程度。如果没有报警，警察也没有来，在这种情况下直接去伤害别人，是不是构成防卫，防卫有没有过当，可能我们会打个问号，并不是那么的肯定。但是，如果有了一个情节，警察来了之后问题没解决又走开了，相当于公权力不再过问，在这种情况下被告人再去实施这个行为的时候，我们一定很坚定地认为或者大多数人都能认同应该这么去做，是正当防卫。所以说本案中警察不作为的情节对被告人来讲是加分项。

我们不允许任何一个国家的任何一个公民，在公权力不保护的情况下任人宰割，还要来责难公民的自力救济。现场如此不堪的场面，会在大脑里留下不可磨灭的记忆，难道真的要等到很老的时候回忆这一生，还想起母亲受辱的画面吗？是可忍孰不可忍。我想一个中华男儿或者有点儿血性和尊严的人，都完全理解这样的行为。如果这个孩子有错，他会被宽恕，即使以法律之名被判处了无期徒刑。

第二个问题是，为什么这些所谓的“要债人”可以如此嚣张？他们会是第一次这么做吗？他们当时是怎么想的？这些都是我们需要考虑的。当然限于时间关系，我不展开去分析，问题提出来，大家来思考。令人担忧的是，在这起案件之中我们看到这么一种迹象，警察来了，又走了。接下来，问题就大了。

最后我想说，在司法跟社会的互动中，司法不能拖后腿。我们法律人任重而道远，一起努力，共同进步。

泸州学生坠亡与么宁辞检从律：对于脆弱，要等还是要弃？

严肃的法律事件和人生职业的改变，都应该至少在某一个时刻被认真看待。作为人，一个必须生存下来的人，理智才能致远。

漫天的谎言，弥漫在网络里，倾倒在法庭上。一个太过脆弱的人说出的谎言，连她自己都不信。

脆弱是什么？如此伤人伤己。难道在交锋中败下阵来的只能是理智吗？徒留一痕残血。

要等？要弃？每个人有不同的选择和信仰。

至于结果，只有神仙和鬼才知道。

事件回顾

四川泸州市泸县太伏镇初级中学初二学生赵海（化名）于2017年4月1日上午6时许被人发现死在宿舍楼外。泸县县委宣传部发布通报称，经公安机关现场勘验、尸表检验和调查走访，赵海损伤符合高坠伤特征，现有证据排除他人加害死亡。

这些天，一起发生在泸州泸县太伏中学的学生死亡事件，在网络上引起了关注。有些别有用心之人，将非本事件视频移花接木，硬是要扯上关系。截至目前，泸州市公安机关依法行政拘留了在此事件中大量传播谣言的人员闫某娟、侯某，程某彬等6人，依法批评教育了刘某杰、黄某桂、唐某等7名传谣人员。

重庆市检察院证实，该院公诉处处长么宁已经辞职。这一消息迅速引发了法律界特别是律师界的话题风暴。

么宁曾经担任李庄被控“辩护人伪造证据、妨害作证罪”一案的公诉人，还因为她在法庭上抛出“李庄嫖娼”而引发的舆论风波。

2010年2月28日，重庆市召开“打黑除恶”专项斗争阶段总结表彰大会。市委、市政府决定，对市公安局“091”专案组等83个集体分别记集体一、二、三等功，授予王立军、么宁等6名同志“重庆市人民卫士”称号。么宁还曾获得“全国十佳公诉人”、重庆市“十佳女检察官”等荣誉称号。(来源：网络)

本期话题并不只是讨论一个问题，有一个偏好有一个偏不好，先听哪个？其实按《易经》来看，事物没有好坏之分，好中有坏，坏中有好，没有绝对的二分法。只是从我们评论角度讲，可能才分出了好与坏而已，并不代表事物的整体。

我们先来评述坏中有好的事件。这起事件发生在4月，就是前几天在四川泸州的太伏中学，发生了初二学生在学生宿舍坠亡的事件，这一起事件引起的反响比较强烈，但也未到不可控的程度。在当地引起很大反响是因为对于死因的形成各方有不同的意见，各种信息和猜测流窜在网络，人心惶惶。四川省公安厅也派人参与了调查，新闻媒体报道了当地的公安机关抓捕了6名在网上造谣的人并进行了治安拘留，也回应了各种各样的造谣视频。当地的政府部门已经公开表态，对于此次事件所暴露出来的问题予以纠正。

这起事件之所以引起大家的恐慌，我想从两个角度来说。一个是大家关心事件本身，真相到底是什么样的，事件的真相将决定社会民众是不是信任当地警方做出的解释。另一个原因就是网上的造谣者，是造成此次风波的一个重要原因。

回过头来我们讲，这起事件之所以能够在一定范围内形成一定的共鸣和关注，除了外在的原因之外，我想有以下几个意识层面的原因。

我们都知道，从国家战略的角度来讲，国民年龄的构成状况是很重要的，新一代人应该受到更多的重视。毛主席也比喻学生为八九点钟的太阳，是希望的一代，是我们这个民族的未来。所以说对于年轻人尤其是对学生的关注，我认为给予再多的帮助都不为过。以前很少有校车，现在就比较普遍，对于学生的重视和人身安全的保障，开始做得越来越好，当然还是有很多的提升空间。我们要关注他们，爱护他们，培养他们，这是一方面的原因。

另外一方面是爱子心切。无论是谁家的孩子，现在都是“孩子的事情大于天”，市场的经验也显示孩子的钱比较好挣，随着经济条件的改善，对孩子的关心更会被放大。所以在孩子发生了伤亡事故后，大家表示极大的关注，这是非常符合人性的。

还有一个原因是大家的联想。太伏中学发生事故后，网上报道出了另外一个省也发生了学生的宿舍坠亡事件，虽然只是一个学生在学校发生了这个事件，但是我想这个学校里面其他学生的家长，一定会非常关注。因为谁也不清楚，下一个会不会轮到他们家的孩子，这是最自然的联想，我们非常能够理解。

我们可以察觉到，无论是谣言还是实际情况信息的发布都有一定的感情承载，才会被关注和传播。如果大家认为一个信息是无中生有，或者跟他自己没什么关系，那么也不可能大范围地蔓延。谣言只有在迎合民众的某种心理的时候，才可能像病毒一样四处扩散，所以，谣言只是表面，背后的是民众的情绪，谣言背后的难题才是需要我们重视的。

大家的情绪不仅停留在关注事件真相的层面，只有确定这个问题解决了，孩子上学能比较心安。这是一个情感的基础，没有这个情感的基础，不会引起如此之大的恐慌。

回到警方对此次事件的处理。根据坠亡之后的体表伤痕，公安机关得出了自杀的结论，但也有人认为是他杀，涉及校园的霸凌行为，也有人特别提到尸检结果出来之前和出来之后，警方可能存在阐述不一致的地方，这在一定程度上影响了大家对真相的追问。当一个非常渴望真相的心情，没有得到合理的解释，人们的内心一定是不安的。因此看到谣言也许就会有“宁可信其有，不可信其无”，这也是可以理解的。幸运的是，后来警方做出了系列的说明。警方对于谣言的澄清也是很到位的，解释得很清楚，大家一目了然。工作做到这个程度，让事件能够平息下来，从而抑制了谣言的蔓延，也进一步打击了制造谣言的违法行为。

综上分析，从外部讲，打击谣言是我们应当形成的一个共识，在任何时候，传播谣言都是应当打击的。从内部讲，民众的信任是要一点一滴形成的，要在辟谣的过程中慢慢地去建立。只有在个案中民众对司法形成信心，才有信心才能去抵制那些谣言。破坏信任很容易，但信任的建立非常不容易。这起事件中，我们看到了当地公安机关在信任的维护上做出的努力，因此，我们认为当地警方在这起事件中的行为值得表扬。

接下来，我们谈一谈另外一起事件，发生在前段时间的重庆前检察官么宁辞职一事。这个检察官有当地人称其为“公诉公主”。显而易见，无论是相貌还是业务素质都被人所赞赏，属于当地的检察系统办案能手、“全国十佳公诉人”，所以说办案能力应该不成问题。她之所以引起大家的关注并不在于她的办案能力，当然也不是因为相貌，而是因为她已经不做公诉人了，转而想要做职业律师。职业身份的转变引起了大家广泛的讨论，而这个讨论更多的是一种批评。

大家一方面讨论她职业生涯的转变，但更多的讨论是有关她以往的“战绩”。这个“战绩”需要不一样的思考。她引起大家关注是在重庆打黑时备受关注的李庄案件，这个案件的公诉人就是么宁。这才是她引起大家关注的一个很重要的理由。重庆打黑结束后，她被授予了一个很高的荣誉：“重庆市人民卫士”。现在么宁离开检察系统转行当律师，引起了大家一些讨论。

回到问题本身，任何一个公诉人在法庭上以与指控犯罪无关的虚构的事实侮辱他人，是与该身份完全不符的。可能大家没有这种实际参与刑事案件的经验，更没有刑事案件辩护的经验。我们有切身的体会，处于弱势地位的辩护人或者被告人在遇到这种情况的时候，会是一个很无力的感觉，哪怕是一瞬间之后再组成强大的反对意见，但那一瞬间有时候对法治的信仰是毁灭性的。我们应当从中吸取教训和总结工作方法。如果这个行为轻易地被忽略，那么很可能会导致一而再、再而三的效仿。

我们也注意到有些对么宁进行人身攻击的不当言论，这是完全不应该的，也是要坚决提出反对的。我们每个人都有优点也都有缺点，人在特定环境下的一些行为很多时候并不是一个人的本性，环境是很重要的影响因素。在那个大环境里，再换一个检察官，我估计从公诉指控的角度来讲，可能区别也不会特别大。一个大的环境里我们一定要客观地分析一个人的具体作用，我们过分地去评价么宁，我觉得对她不是特别公平。我们要客观地认识到那个环境所起的至关重要的作用。每一个人在特定的环境中他的行为是不一样的，而么宁这种方式的确是少数。那么，问题就来了，为什么这样？她是想极力地去表现吗或者说是那种通常所指的恶吗？我觉得这个也得要考虑。么宁的业务能力是过关的，她的反应能力是快的，她的智商没有问题。“当人性在脆弱的时候，它的欺骗性会很大，它有时候还会欺骗它自己，因为它太过脆弱。”这是某部电影里的一句台词，我是很赞同这句话的。所以我想为她做一些辩解，不要去轻易地批评一个人，人的本性有共通的地方，所以说关注人更多地要关注深层的一些问题。

节目一开始我说在中国的哲学里，世界上任何一个事物似乎没有什么纯粹的好和纯粹的坏，永远就像太极图一样，坏中有好，好中有坏。泸州的这个事件虽然有很悲剧性的成分，但是我们也看到有一些正能量的存在；么宁检察官辞职做律师的这个事件，我们看出了很遗憾的一面，但是我们通过讨论和分析，也能够得到一些正能量的东西。所以说大家要辩证地看待问题，只有能够辩证地去看待问题，只有从这些让我们眼花缭乱的、不堪重负的声音里，提取一点正能量，轻装上阵，才能在充满希望的氛围内成就和谐司法，构建一个司法与社会良好互动的理想道路，我们慢慢地努力去做，朝着前方。

台湾女作家自杀：绊倒在社会，自尽于社会

小的时候，就听说过一句很振奋的话："从哪里跌倒，从哪里爬起。"可是，如果不是自己跌倒，而是被绊倒，现在看来，又有多少人能够真正爬起？或者愿意爬起？

假如每一个人都是自己的国，又有几个人能做到整理自己像杜甫所说的："国破山河在，城春草木深"。破碎后的国又岂会在意草木和山河，身为自己的王，玉碎与瓦全，自己做主。纵然眼眶滑下的泪，映着水中的一痕冷月，孤独但也能定义悲壮。

千百年来，人类无数次地茫然。取火、使用工具、狩猎、筑城、革命、突破科技、追寻文明……我们人类一次一次地爬起来，站立，向前，我们从无知走到了文明。然而，回过头去，这一路的尘土中又有多少尸骨在叫喊？这些喊声里刻满了人性之恶和无知之罪。

我们应当警惕。

事件回顾

2017年4月27日，26岁女作家林奕含自杀，留下《房思琪的初恋乐园》小说，内容是女主角遭到补习班老师性侵，并强调是真人真事，之后曾担任其语文老师的"陈星"，遭影射就是故事中的老师，涉诱奸未成年少女。

林奕含的父母在爱女轻生翌日透过出版社发表声明："谢谢大家的不舍……我们夫妻有几句话想说……奕含这些日子以来的痛苦，纠缠着她的梦魇，也让她不能治愈的主

因，不是忧郁症，而是发生在8、9年前的诱奸。”（来源：网络）

本期我们讨论一个比较严肃的问题，问题源于前段时间网络上曝出台湾的女作家小时候在补习的过程中被老师性侵，经过这么多年，依然摆脱不了这个阴影，所以选择了自杀。这起事件在网上流传了一段时间，一方面是披露了一些事实，到后来更多的是留下一些“心灵鸡汤”。

最初听到这个消息，很茫然，只是觉得这是一个天大的悲剧，这种茫然我想不仅仅是我一个人，很多的普通人都会有这样的感受，这起事件使人内心不安。一个年轻的女作家，作品受到大家欣赏，一定很有实力，这么优秀的年轻的生命，在她决定要自我了断的时候，我难以想象那种悲哀和荒凉。身处在灯红酒绿的繁华人世间，又有谁能懂她内心的孤独，在一点一点蚕食着她的意志，她败了，败给了自己。没有人有资格自杀，我关心她，但反对她。

自杀，对她来讲是一个天大的决定；对我们来讲说，只是一种茫然，一种无知的茫然。如果无知是一种罪恶的话，我称之为无知之罪。

今天是“世界不再恐同日”。与性侵不同，同性恋曾经挑战人们的心理承受范围，但是我们也可以发现，同性恋从一开始被极力排斥慢慢发展到在很大程度上被接受，经历这个过程之后，同性恋这个群体已经不再让大家感觉到陌生和另类，大家也不会再让同性恋这个群体感觉到恐惧，这是一种文明的进步，是社会的发展。人们对性侵和同性恋态度的反差，让我陷入了思考。

这个事件有一个特殊点，如果按照网上推测的小说的女主角就是作者本人的话，性侵发生在很多年之前，这个事件对她内心造成了巨大的影响，这么多年可能多次徘徊在生死线上。我们常人无法想象她内心无数次的拷问，最后决定了断自己的生命。相比于结果来讲，做出决定的过程更让人心疼。那么到底是由于她自己内心过不了这个坎，还是社会没有给予一些应有的保护和关爱？压垮她的最后一根稻草是什么？

在这起事件中性侵可能跟法律有点儿关系，而关于自杀的大部分内容，多数人可能认为跟法律的关联不是特别大，自杀或者心理的问题，更多的是社会学方面或者心理学方面的内容。但是我并不完全赞同这种理解，法律本身是社会学的一个组成部分，而且是很重要的组成部分。法律评价社会行为，又引导社会行为，所以说一个社会现象最终被法律评价的时候，法律要尽到它应有的担当和责任。

如果我们的茫然是无知之恶，那么，在这起事件里面补习老师性侵的行为显然属于人性之恶。当然对于这起个案具体的前因后果，包括有没有受到司法追究等内容没有很多的披露，我们也不需要过多地去关注这些具体的事实方面的问题，只是把这个事件作为一个我们评判的素材。

对于人性之恶，我们现在的司法状况如何，有没有需要更进一步或者更深地思考之处，我们做得怎么样？对于一些犯罪或者违法事件，真正惩处的力度又有多少？扩展来讲，当发生一些社会事件的时候，我们的法律和司法体系能不能把人性之恶所带来的不良影响抹杀掉？事实上，从现在我们所能听到的一些冤假错案，一些应当追究而没有追究的以及一些不应当追究而追究了的情况来看，现在的司法状况对于人性之恶，还不能完全达到有效的或者说应有的符合人们内心期待的纠正水平，我们还停留在合格线上，就好比女作家的生死线。

我们可以假设，当时那个性侵的老师被法律给予了公正的裁决，能不能避免这个作家生命的消亡？也就是说，人性之恶之外，无知之恶也不可小视。

谈论无知之恶，是因为在人性之恶能够解决的情况下，从法律的制度设计上看，法律跟社会的融合并不是完全地严丝合缝。法律层面的问题解决了，但是受害人内心的恐惧和心灵所受到的伤害，真的也能跟着法律层面一起解决了吗？不可能的。

法律之外的内容，要靠智慧才能化解，能够化解但没有化解，称为无知之恶。无知之人并无主体偏好，均可成为无知之人，均会有无知之恶。

先谈法律人，我们能在多大程度上做出更进一步的对他人心灵的关怀，我们能不能消除我们的无知之恶。这样说可能比较抽象，我具体展开。从司法的设计来看，我们大陆的司法体系跟西方英美法系的司法体系和司法审判风格是很不一样的。我们的审判更多地集中在就事论事，就法律事件论法律问题，而这个法律事件被限定在人性之恶的讨论之上，我们在多数情况下不允许或者大家还没有意识到要讨论无知之恶的问题，无知之恶被屏蔽掉了，它躲在法庭的上方偷笑。英美法系的陪审制度下，司法的理念和司法的实践要求一个案件往往要审判比较长的时间，类似于诉辩交易的程序除外，虽不绝对但包括律师在内的司法参与人员有更多发挥的空间，审判可能涉及更多的领域。我们在法庭上很少去讨论一些所谓的人性之恶和无知之恶的问题，我们也不可能把心理学，无论是犯罪心理学还是受害人的心理去作为一个论述的基点和视角。我们的庭审单调的结果导致非法律层面的、非人性之恶的但是对案件的社会效果有重要影响的因素被忽略。如果我们能更多地在法庭上将社会学、心理学等因素与惩罚犯罪人相结合起来，则能够达到一个更好的社会效果。我们目前的司法理念也在讨论要达到法律效果跟社会效果的统一，这个理念是对的，这个趋势也是对的。有理念才可能有实践，连理念都没有了，那就会更远。

不单是法律问题，丰富的庭审才能够真正地把法律融入社会，也才能够将社会的全貌客观地呈现在法庭上，而不是断章取义或者在整个社会的篇幅里截取出来一小部分作为法律的评价。因为，既然法律要评价社会问题，如果社会问题不能全部呈现的话，那如何去评价？进一步，如果法律不能有效地评价社会问题，那又如何能引领社会的进步？所以，看似是一个制度的设计，看似是一个好像无关紧要的跟法律结果不太相关的领域，但是这种看不见的领域才是最重要的。

因此，应该放宽我们的庭审范围，在法庭的平台上，能够更多地发挥出其他学科的知识成果，重视法律与这些科学的融合度。而不是单调地依据法条，这不是一个成熟的理想的模式，法庭内应该呈现的是一个社会最前沿的理论和最先进的一些文明。这才是人们内心对法律人原有的期待。法律跟社会要进行融合，这样的话才能真正地去引导社会，也能让法律体会到社会的脉动，融为一体，而不是屏蔽社会，孤芳自赏。

是不是这些问题都解决了之后就能够挽回这个女作家的生命？我不是很清楚，也不敢肯定。但是我觉得我们可以去做这些尝试，我觉得挽救的可能性还是很大的。应该关注她内心的挣扎，即使辅导老师的人性之恶被法律惩处之后，她应当被关注的内心，法律所能起到的作用是很小的。

这期的话题有很多我之前根本就没有考虑过的一些理念，也是最近这个事件给我带来的一些启发和思考，所以说观点可能不是特别的成熟，也可能不是特别的周延，或许还会有疏漏和错误，但是我依然说出这些话。一方面我并不是宣扬某一个专业的科学性的问题，我并非这方面的人才，我们有大量的专家，他们比我更专业；另一方面我从自己的感受出发是希望能够引起大家重视和提供另一个思考的角度，纵若有错，也乃我的无知之恶。我们每个人都是从无知到有知，每个制度甚至每个改革都是如此，我们为此付出了代价，有的代价小，有的代价则太大。

希望我们提到的法律理念和制度的设计，能够引起大家的重视和注意，毕竟一个人的生命消散了，虽然远在台湾，但是谁能保证我们周围的人或者身边的人没有或不会遇到类似的情况。我们应当给予更多心理上的关怀，也以法律的名义温暖受伤的心灵，我想这样才是文明和社会进步的重要体现，就像“世界不再恐同日”那样，在很多年之前我们根本无法想象会有这么一天，正是因为大家的关注和讨论才有了进步。

这个女作家从被侵犯到她做出决定自杀再到现在，如果我们没有任何人去评价和分析它，如果还是原地踏步，那么可能10年、20年甚至100年以后，问题仍然得不到解决，这样的情况应该有所改变。

最后我想说“无知者无罪”，这句话在一定的层面上是可以适用的，但是我认为在更多的时候或者说在面对生死的时候，那么无知者是有罪的。如果说我们的一项制度，对于知识本身进行屏蔽，那么是不是更加有罪呢。所以，我们一方面在反思“无知者无罪”，另一方面也要避免“无知之恶”。

司法两难：驱动与制动的衡平

世界范围内，当历史的列车从远古时代缓缓驶来，并没有停下来的打算，我们惊叹隐藏在列车中的驱动力。

现代司法文明，已经成为人类历史上纠纷解决的智慧结晶。为社会的发展提供了源源不断的能量保障。

2017 年 6 月 1 日，互联网新闻检查新政开始施行。我们节目组经过慎重考虑决定采取制动措施，《律客先生》节目将于第 45 期后停下来。

诗人李商隐在《夜雨寄北》中写道："何当共剪西窗烛，却话巴山夜雨时。"诗句的迷人之处在于伟大文学不单单是时间的定格或是空间的记述，而是时空交融后活生生的画面呈现。

我们每个人的每一天，都生活在不同的画面中，学着衡平的艺术，走在时光的轨迹中，淹没在历史的脚步里。

本期没有具体的话题，只有一个主题：两难。

为什么讲这个主题?

要从我自己的两难来开始讲起，我们这个节目一个很重要的考虑就是在什么时间结束，原本打算在 100 期后结束，仅考虑到时间的问题。但是近期我们节目组做了一个重要的决定，将在第 45 期后停止节目，也就是说还有 2 期节目。跟大家一起走过了 22 个月，有必要将我们做出这次决定的理由简单说明。2017 年 5 月 2 日，国家网信办公布了《互联网新闻信息服务管理规定》，将在 2017 年 6 月 1

日开始执行。大家都知道我们节目是对社会事件的评论，新规对我们节目会有一些影响。原先的这么多期涉及的法律和社会事件，每一期节目的准备和制作是很费精力的，所以新规也引发了我进一步的思考。一方面，我要考虑新规之后节目上传的情况，这一因素很重要；另一方面，我们的节目一直完全是公益性质，没有什么商业上的考量，虽然我并不反对义利相济，但仍然是以公益的性质来定义栏目，只是想让更多的人了解我们的想法和信心，我们自认为还算能够对社会带来一定的进步意义。可是，对于一个兼职的讲述类的节目如果有太多的困难，几近一厢情愿的时候，执着并不是值得提倡的，我是孔子的信徒，这个道理我是懂得的。所以，两方面因素的考虑，就形成了我的两难。

这里有个问题，对于这次国家网信办所出台的这个规定，很多人都持一种很否定的态度，在我看来，倒是有一点不一样的看法，当然这个不一样的看法并不代表着是赞同。

从2005年的规定到2017年的新规出台，已经过去12年。从一个旧的规定到一个新的规定出台，这个社会已经发生了很大的改变，尤其是在互联网领域，信息技术的革新和应用，简直可以用天翻地覆来形容。法律应当对社会生活有一种规范，这是法律所应有的含义。而问题就在于，如何去进行规范？应当以什么样的方式和力度，更进一步讲应当以什么样的管控技术来进行规范？以便于技术在法律的保障和规范下能够朝着更新的、符合民众利益的方向发展，被技术伴随和影响的社会的各个方面，尤其是思想的发展能够更加的丰富和多元。所以这也是一个两难的问题，一方面需要一定的引导和控制，也就是我们通常所说的新闻检查制度；另一方面又得考虑如何去进行推动而不是堵塞。

回归司法两难。

应当被首先提出的是刑讯逼供问题，公安机关的刑讯逼供，这是一个很老很老的话题。当然并不仅限于公安机关，还包括其他可能会有刑讯逼供的机关。不可否认，刑讯逼供的情况已经得到了很大程度的改善，但是很长一段时间以来，当大家提出要遏制刑讯逼供或者讲刑讯逼供是一种不对的行为的时候，另外一种声音就会出来说，我们刑讯逼供是没有办法的，我们不想刑讯逼供，可是你不打他就不招，你打得快他就招得快，这种声音持续了很久很久，而且支持人的基数很大，这是典型的两难。

检察机关也面临这样的问题。我们曾经有一期节目里面提到了重庆打黑时的一名检察官，这个话题也有所涉及。一个案子要公诉的时候，是以什么样的心态或者以什么样的标准来进行公诉，是不是也存在两难的问题？我们在节目中也曾提到一个小故事：在冷战期间，一个士兵枪杀了一名逃亡的但不应该被杀的人，后来这个士兵在接受法庭审判的时候说，他只知道执行上级的命令要击毙这个人，他是个士兵。但是后来法官认为，执行上级的命令是士兵的天职，上级只是让你开枪，并没有告诉你打什么部位，作为一个有良知的人，你应当将枪口抬高一厘米。公诉机关在诉与不诉的问题上，在诉到什么程度的问题上，有时候在特殊案件中同样会存在把枪口抬高一厘米的问题。似乎也是一个标准的两难问题。

法院的审判也必然会遇到同样问题。很多人都说冤假错案的发生是最后在法院这一关没有卡得住，法院没有完全地按照证据规定进行事实认定，最后做出了一个错误的判决。我们都知道民商事案件相对好一点，尤其是刑事案件中，公诉案件通过了侦查、审查起诉，最后到法院审判的时候，前面的工作已经完成，就像一台机器的链条一样到了最后一个环节，如果做出了一个与起诉罪名相左的判决，那么表示前期认定都是不成立的，相关人员可能或多或少会受到一些影响，因此，必然存在很大的难度。

我再提另外一个主体，那就是在法庭上的被告人。我们曾经有一段时间讨论过被告人是不是只能进行罪轻辩护或者只能进行无罪辩护？是不是进行了罪轻辩护就不能进行无罪辩护？反过来一样，是不是进行了无罪辩护之后就不能进行罪轻辩护？两条路，自己选，各有各的利弊得失，也是一个两难。

律师也一样。律师在法庭上能否对无罪辩护和量刑意见均发表意见，也有很长时间的讨论，现在虽然在制度层面上有所涉及，但实践中仍不能完全统一。而且制度是一方面的考虑，还要注意到具体策略选择后的效果问题，会不会反而带来不好的影响，都是需要考虑和选择的。这都是两难的体现。

走出法律，我们回归到大生活中。

前段时间在网络上有人说，北京的交通拥堵、雾霾的严重让人无法忍受，但是又讲北京的工作机会以及文明的程度让人倾心。所以一方面因为客观的环境，想离开，逃离北京；但是北京又有很多吸引人的地方。有时候，不思考法律，单纯地看大家的生活态度，也蛮生活的。

还有，现在基本上大家都认为中国的治安相对好一些，尤其是在国外发生一些暴乱和层出不穷的校园枪击事件的时候，大家觉得中国就很安全了。还比如遇到大型的活动，我们可以全民动员去参加和投入其中，在国外可能很难做到这一点。另一个更极端的例子，拆迁。我们的城市化进程在加速，必然会遇到一些拆迁问题，如果在国外，可能要经过很多很多的程序，进程会比较慢；而在我们国家的某些地区，拆迁推行得很快，以前暴力强拆的问题总是闹得满城风雨，现在虽然有所好转，但也很不彻底，甚至在现阶段也发生过涉及拆迁的案子法院不立案的事情，当然这是明显违法的，更有甚者，法院又不出示任何不予立案的裁定书，法院在公然违法。坦白讲，我能理解法院的难处，但这样违法处理，实在不应该发生在法院自己身上。这个时候，我们想拥有更好的制度，也想有更高的效率；我们想要清洁的空气，又想要一种自己认为称心的工作，我们所有人都处在两难里。

前段时间有一个案子也引起了我的思考，发生在深圳的“鹦鹉案件”。法院有一个观点是，有几十只鹦鹉，其中被告人卖掉两只可以定罪；还有几十只没有卖掉，认定的是未遂，理由是准备要卖但还没有来得及去卖。这种主观的判断如果没有证据的话，是否是适当的？而如果有证据的话，基本上不会引来争议，所以我们暂且按照无证据来看。我经常在法庭之上会用这么一句话：“度君子之腹”。在我看来，主观上的认识在没有任何依据的情况下，不好代替别人的内心，这就叫“度君子之腹”。回到这个案件，我们可以看到这30多只鹦鹉有可能会被捐赠，也有可能会死掉，当然也不排除会再次出售，所以问题是不排除也就是不确定，就不具有唯一性，而确实充分才可以定案。我们先不讨论这些法律上的问题，也不探讨自行繁殖的鹦鹉出售够不够罪的问题以及这个判决本身正不正确的问题，我们仅仅讨论的是还没有出售的鹦鹉，被主观认为将来是要出售的唯一可能，而进行了一个法律上的评价，这样做合不合适？法理要合一，法经常会被解释为很多，道理似乎大家会有共同的评价。

两难之间，二选一的结果经常会带来不平衡。

有些时候，可能审判机关先入为主地觉得辩护人一方根本就没有可能推翻公诉机关的一些意见，所以在庭审过程中，尤其前些年一些敏感案件庭审的时候，经常会有控方和审判方互相配合的情形，而不是一种正常的相互制约关系。这种两难将会导致做出了一种选择，而这种选择如果长期没有任何人提出质疑，那就形成一种默认的做事风格，就由两难变成了一难，而且这种一难在不断地巩固和维护，形成了一种风气。这个过程能导致什么样的结果？除了对案件判决的结果会有疑问之外，对于事实的认定，对于证据的采信也同样能够体现出来。

因此，如果对两难不加以分析、讨论和解决，最后一定会变成一难，变成一个我们不想看到的一难。

进一步的问题是，如果说这种两难的选择变成了一难之后，还会发生什么呢？更极端的情况是会逐渐发展到人们不可以接受的程度。比如我们在之前谈到“天津大妈气枪案”，虽然法院按照它的逻辑和理论进行了判决，但媒体报道之后大家认为确实有问题，后来进行了改判。同样的，“山东的辱母杀人案”，法院做出的一审判决，也必然有支撑该判决的事实认定、证据采纳和法律适用，但无期徒刑的结果遭受到大家的批评，最后也进行了改判。这次的“鹦鹉案”同样存在这样的问题。

因此，一难如果不加节制将会带来无穷无尽的而且是日益复杂的问题，直到演变为一种人们不可接受的程度的时候，另一种声音就会很强烈地出来，才能有所中和，有所抑制。

可以讲，这又是另一个层面的两难，一个更深层次的两难。

我在考虑这期节目的时候，我在想，两难的问题必须首先要认识得到，分析才能有利于其解决，而不能以两难为借口并选择违背我们良知的其中一个选项。如果两难没有办法解决的话，就没有办法做事情，更不可能把事情做好，而我们还极有可能仍然停留在“原始社会”，所以，两难是可以解决的，而且能解决得很好。

两难，就像汽车的引擎与制动，本身是一对矛盾，但也正是因为如此，才能前进得更稳。假设两难的问题没有得到重视，也没有人解决，那么我们不会看到有汽车工业的到来。因此，我们完全可以鼓起勇气并满怀信心地期待着我们的法治和历史的列车，在两难中快速平稳地驶向我们中华民族更文明的前方。

法治信仰，盘旋在民族上空的勇敢

猎鹰起，苍穹碎，雄叫彻山边。古老的民族从火把的星辰中走过大山大水，我相信我们的血液里还流淌着勇敢。一样的血、一样的天空，让我们互相集结。信仰的诞生，是为了直面恐惧，终极的拯救。除此，无人能下达使命。

夕阳西下的驼铃声中，会飘荡着昭君怎样的心情。4G 网络的今天，又会有多少的心绪通过键盘显示在屏幕上。《律客先生》节目 45 期以来谈论的种种事件，有多少是法律的不公，又有多少是对法律的践踏所导致。被践踏的心情和叹息，没有司法信任可言，不会生长信仰！

是时候整理步调了，我们一起踏破心中的荆棘，踏出拯救的勇敢，以信仰的名义。

作为最后一期节目，我想讨论一个话题，信仰。

可能大家听到这两个字，觉得好像那么遥远，那么陌生。但是从心底里来讲，信仰似乎又是一个值得严肃、冷静考虑的话题，因此处于一个比较尴尬的境地。其实，选定信仰作为本期的话题，从关注度的角度来讲，是有一点点风险存在的，因为确实信仰离我们的生活好像比较远。可是有另外一个词比较近，我却没有选它作为本期的话题，这个词是信任。一个是信任，另一个是信仰，虽然两个之间差一个字，但是我认为差距还是有很多。信任是在于人与人之间或者人对于某个事物或者其他的组织和机构甚至对国家的层面，有一定的信赖并有些能说服自己的理由存在；当信任达到一定程度不再需要有理由的时候，就变成了一种信仰。

我们将这期的话题定在终极的信仰上是有所考虑的，在考虑这个问题的时候，我们可能想到宗教，任何宗教都有自己特殊的信仰，并且他们各自的信仰可能还存在或多或少的一些冲突，甚至互相进行诋毁，发生战争也是历史多见。

我们的信仰是什么？我们应不应该有信仰？如果有信仰我们应该信仰什么？坦白来讲，我在问自己这个问题的时候，我是有一个答案的。这个答案很模糊，似乎是需要很多解释，才能够说得清楚并让大家有所领悟。如果可以的话，最后我们能达成一个共识，那是我很高兴看到的。

为什么说一个信仰还需要过多地去解释，这本身就是一个让人觉得很别扭的地方。正常来讲，信仰是不需要去解释的，更不需要过多地去说明，但是我现在必须进行说明。我的观点是或者讲我长期以来的感受是，我们确实需要信仰，而这个信仰只有法律才能担当。

大家可能会想，那是不是跟你是学法律的或者跟你自己是律师有关系，你有一个先天的偏见，所以认为只有法律高高在上。其实不是这个道理，从我个人私利的角度来讲信仰，没有任何的意义。把法律作为信仰，是因为我执业这么多年以来，尤其是从 2015 年开始到现在近两年的时间里，做这个节目每一期的话题或多或少都跟法律有关系，在对这些事件的评论中我会发现一个共同点，法律是解决社会问题最后的工具。

法律还有另外一个特点就是几乎覆盖了我们生活的全部面向。我打个比方，比如说最近大家会看到在韩国的总统现在仍然处在司法程序中，再到我们在街上买任何一个东西，哪怕是买一瓶水等都会涉及法律，它涵盖了人类生活的各个方面，所以我认为法律应该被信仰，它有广泛的存在基础。

不仅是说法律涉及的面更广，它可能起到很多的作用，可以让人们去信任它。更重要的是我刚才谈到的，法律是解决问题最后的途径，是我们这个社会最后一道屏障，这是两个很关键的特点。

无论将法律称为社会问题的泄压阀还是最后的底线，都可以凸显这层保障意义，我们以前谈到很多的案件，尤其是一些冤假错案，到最后问题都是出在司法的层面。如果说我们最后的这条底线没有守得住，带来的影响则是非常巨大的。为什么这么说？我再展开阐述一下，法律事件不仅仅对于个案的处理有重要的意义，这些法律事件的结果还具有预测和评价的功能，让大家对将来可能会发生的事件能有所预判和认识，这才是它最重要的功能。久而久之，就会形成一个互动，大家就会预测某一个事件最后会不会得到一个很公正的处理。我之前谈到过一个观点，对于一些违法犯罪的人，他们有种侥幸心理认为既违了法犯了罪还会有可能逃避或者减轻法律追究。这种预判心理，就是司法问题所导致的一种恶果。

除了我们能够想起来的一些冤假错案，社会上其他方方面面的问题，无论是一般的调解或者是家庭纠纷，社会的治安案件甚至包括民间的商事仲裁和国际仲裁，还是国际公法领域里所需要处理的国家和国家之间的战争等问题，任何的争议，人类最后都会交由司法来处理。仲裁最后的解决还是要司法来进行评价和配合，所以说司法应当被我们所信仰，只有这样我们才能有共同的引领，只有这样严格执法公正司法，才能够反过来净化社会，去引导和评价社会。因此这不仅仅是我从事法律工作得出的一个结论，这是我这么多年以来的一个切身的感受，法律至关重要，无论是对于一个个人来讲还是对于一个群体或者对于一个国家来讲，如果大家对法律不抱有任何的公正的期待，谈何信任存在，更谈何信仰存在。

谈完了比较沉重的话题之外，我们谈一谈王昭君，中国四大美女之一。

昭君出塞，是一个真实的历史事件。大概的情况我简单来说明一下：在汉朝，因为发生战争，昭君出于和亲的原因从汉朝去了匈奴，换取了汉朝长达半个多世纪的和平时期，这就是昭君出塞一个大概的脉络。我想凸显一个画面，这个画面是昭君作为后宫三千佳丽其中之一的时候，因为当时的皇帝他自己可能顾不过来，或者这个人确实比较懒，不亲自去看这些佳丽们，他就让一个叫毛延寿的画师把这三千佳丽的画像画好之后供给他来选择。后宫的佳丽们知道这个事情就拼命地想办法跟毛延寿搞好关系，让毛延寿把她们画得漂亮一些，能够脱颖而出让皇帝在众多画像里面找到。但是王昭君是一个比较有个性的人，她就不找画师毛延寿，毛延寿极为恼怒，在给王昭君画像的时候，就把她画得很丑，昭君自然也就没有被皇帝看中。因为战争的问题，匈奴和汉朝就达成和亲，需要一个公主，皇帝不愿意把自己亲生的女儿送去和亲，他就要任命一个公主，当时这些后宫佳丽们都不愿意去匈奴，王昭君这个比较有个性的人主动站出来说她要去，皇帝一看画像这么丑，就批准昭君去了。当匈奴的首领来接公主的时候，王昭君才出现在酒宴上，皇帝第一眼看见王昭君就极为震惊，竟然有这么美的人，但是没有办法，已经不可能有任何挽救的机会，因为大家所有人在场，匈奴的首领也在。就是在这种情况下，王昭君去了匈奴。

当然，后来毛延寿很惨。

讲这个故事的原因，是我联想到一个制度、一道程序，如果说画师是一个司法的程序，这个司法程序的公正与否，不仅仅是一幅画像漂不漂亮美不美丽的问题，它可能还会带来很多很多连带的问题。

讲完这么一个走出去的故事，一个比较悲壮的故事之后，那接下来我们来谈一谈现在我们国家的一些事情，来做一次对比。

我们都或多或少听说过外国的机构或者是外国人来到中国之后，变得不那么守规矩。他们可能在自己的本国比较遵守法律制度，因为其本国可能有很严格的管控标准和力度，以及有一个很高额的惩罚制度。但是他们到了中国之后，所谓的“本土化”也就出现了，他们可能会去行贿，这样的新闻并不少见。这个问题引起了我的另外一个思考，国外的法律制度以及司法的运行本身，在信任以及信仰的环节里面会体现出什么样的作用？国外法律文件都会很厚，包括法律规定、判决的引述和说明以及合同文本也是非常复杂，我们国内的一些涉外合同也开始学习他们，这是对的。

而我们的规定似乎越来越简化，越来越粗线条，可能文本上也会有很多很多的规定，但是从老百姓真正去理解法律和宣传的角度却越来越简化，导致在执法过程中就是粗线条。打个比方，我们每天在三环或者四环路上看到大屏幕上显示的“追尾事故后车全责”，还有“并线事故并线者负责等”这样的话，可能在大多数时候是这样的，但是这种挂一漏万的完全绝对化的宣传，则忽视了事故发生的复杂性，进而引导大家对法律的理解绝对化。这种越来越标语式的法律宣传有它的好处，但用不考虑准确度的极简化方式，来处理一个有很多演变可能的法律问题的时候，反而变成了法律适用的障碍。

再转向国外，在整个司法的运行过程中存在高昂的惩罚机制，人们会有一个司法公正的期待，这种司法公正的威力，一方面是从受害者角度来讲可以得到一个公正的赔偿，另外一方面从侵害者的角度来讲，这种公正的司法可以让他们预判到自己将受到一个严厉的惩罚。因此，从司法制度本身以及司法运行的角度看，这种确定性就会达成一种对法律公正性的期待，就可能形成对法律的信任，进而形成对法治国家和法律的信仰。

谈到法律的运转，我在这儿也举一个简单的例子，让大家再进一步地认识到司法不公的危害。我提个问题，在十字路口，违章的人或者违章的车，最担心的是什么？从发生交通事故和发生意外事件的角度来讲，当然不是担心警察出现，我不知道大家有没有类似的体会，此时不是担心其他正常行驶的车辆和行人，最担心的是跟他一样违章的人，因为这些人是不可预判的，是和他一样不按套路出牌的人。如果其他人都正常，只有他一个人违章，他能够预判到什么时候发生什么情况，他能够避免开危险；但是当其他人也违章的时候，而且这种违章人越来越多的时候，就不会有什么预判可言了，大家都是活在当下，都只能看到眼前的路，这就是危害性所在。

期待法律的正常运转，是大多数交通参与者的期待，也是违章人的期待。我们可以原谅违章人，但是如果司法的运转出了问题，很难被谅解。因为大家没有了预见的可能，不敢相信法律，又怎么能建立起对法律信任和达成信仰。

节目至此，有一个愿望就是能够让大家真正地认识到法律的重要，真正地去依法办事，我想才会有一个比较好的循环，才会逐渐地去提高我们社会的整体信任度。谈到这儿我又想起了王昭君，虽然跟她不熟，但一个画面一直在我的脑海里，夕阳西下，她在去往匈奴地域的路上。驼铃响起来的时候，王昭君心里在想什么？她会有什么样的感受？我想可能连她自己都不见得清楚。在那样的环境里，三千后宫佳丽没有一个人愿意去匈奴，她站出来了，这种悲壮，在路上的凄凉和豪迈之感，我想应该是比较复杂的。但是我可以确定一点，当时她的心里绝对不会想到什么信任和信仰，绝对不会。

后　记

不知不觉三年已经过去，从最初的筹备、购买器材、给节目起名字，到后来慢慢找到感觉等都历历在目，那是探索的一段时间，没有任何的经验，国内也没有法律人的脱口秀节目，后来慢慢地才有了“律客先生”这个名字，所有的一切都是新的开始。无知者无畏，做好每一步的事情。

虽然有还算比较丰富的庭审经验和还算训练有素的逻辑思维，但节目往往只有一个新闻，没有其他素材，要完成三十分钟左右的讲述还是颇有难度的。

为了能够达到预想的社会功能，节目不流于观点之争，不屑于哗众取宠，不停于知识普及，不安于技术卖弄，仅仅意在思维升级和提高法治意识，着力在不变的领域里，一直在践行法治的“持经达变”。

纷繁的社会环境，毫无逗点的舆论大潮，总是让人随着这些变化而心生不安，因此要更多地关注不变的东西，关注“经”，从而“达变”。“经”能生安，安居，而乐业。如果说倡导“安居乐业”也属于一种梦想的话，我想这就是我们节目的梦想。

时光回溯，我很欣慰有很多身影陪伴着节目一起走过，因为这些身影我才不至于形单影只，有你们的支持和帮助，我很幸运。感谢田文昌老师、曹树昌老师和公丕国律师等所里领导的支持，感谢原助手王译贤的策划，感谢徐莹律师和王锦明律师的帮助，感谢张轶楠老师和穆怀怡律师的指导，感谢顾晶辉先生和杨晓东先生的支持，感谢王春军律师和赵攀律师的鼓励，感谢李振华老先生的赐字，感谢陈宇律师和王菲律师的建议，感谢赵岐龙律师和李波律师的启发，感谢小伙伴们在节目录制、制作、字幕加工和片头词修订等过程中宝贵的付出，感谢席琪、高琨、崔慧莲、翁小平、王娉、刘畅、张妍、欧洋、李嵩、尚立博、苟怡然、季婷婷、吴希瑞、王可怡、刘宥佐、陈睿雯、马思维、孙祎、李莹、王爽、王青楠、陈文镝、李佳卉，感谢北京弈博明道教育王胜会女士，特别感谢知识产权出版社有限责任公司和庞从容女士、薛迎春女士，感谢所有关心节目的前辈、同事、同学和朋友们。

三年来，感谢关注节目的观众以及特别关注节目公众号的朋友，谢谢你们的选择，成为我坚持的力量。感谢阅读本书的朋友，我猜想这次的巧合有一丝的天意。谢谢大家，也在此祝福大家。

于我而言，三年的节目时间占据了十年律师执业生涯很重要的一部分，也构成了我生命成长的一部分。像教堂响起的钟声，像午后海边吹过的风，都已过去。

推开门
万里晴空
下一个十年，会是什么？
……
无论是什么
我们的怀抱
依然有温度